高管背景特征下
企业内部控制对税收激进的抑制研究

付 春 著

江西高校出版社
JIANGXI UNIVERSITIES AND COLLEGES PRESS

图书在版编目(CIP)数据

高管背景特征下企业内部控制对税收激进的抑制研究 / 付春著. -- 南昌：江西高校出版社，2024.10.
ISBN 978-7-5762-5075-6

Ⅰ. F272.3；\tF810.423

中国国家版本馆CIP数据核字第20243QU185号

出 版 发 行	江西高校出版社
社　　　址	江西省南昌市洪都北大道96号
总编室电话	(0791)88504319
销 售 电 话	(0791)88522516
网　　　址	www.juacp.com
印　　　刷	江西新华印刷发展集团有限公司
经　　　销	全国新华书店
开　　　本	700 mm×1000 mm　1/16
印　　　张	15
字　　　数	301千字
版　　　次	2024年10月第1版
印　　　次	2024年10月第1次印刷
书　　　号	ISBN 978-7-5762-5075-6
定　　　价	68.00元

赣版权登字-07-2024-558
版权所有　侵权必究

图书若有印装问题，请随时向本社印制部(0791-88513257)退换

引言

税收作为国家财政收入的主要来源,是政府更好地履行公共服务职能、优化社会资源配置的重要保障。然而,企业通过税收激进行为将本应属于国家的财富更多地留存于公司内部,以图公司扩张或谋求个人私利。凭借各种节税与避税活动,采用大量避税手段有效减少税负,成为企业降低经营成本的重要方法。税收激进行为愈演愈烈,似乎正在成为各国公司的现实选择,对国家税务系统形成了巨大的挑战,并最终影响社会福利。

企业避税现象日益严重,导致大量研究开始关注企业避税行为的影响因素。内部控制是企业的一项重要的内部治理机制,必然会对源自企业生产经营活动的税收激进行为产生影响。自2002年美国颁布《萨班斯—奥克斯利法案》以来,内部控制在企业经营管理活动中的重要性日益凸显。继2006年上交所发布《上海证券交易所上市公司内部控制指引》、深交所发布《深圳证券交易所上市公司内部控制指引》之后,2008年财政部等五部委联合发布了《企业内部控制基本规范》,并于2010年颁布了与之相关的配套指引。截至2017年,财政部陆续发布了行政事业单位及小企业内部控制规范等。这些规范性文件使建设和评价内部控制有了可遵循的标准,标志着我国内部控制规范体系的建立。2018年11月,财政部等发布《我国上市公司2017年执行企业内部控制规范体系情况分析报告》(以下简称《报告》)。《报告》指出,企业内部控制规范体系在上市公司得到有效运行,内部控制在提高上市公司合规经营、防范和化解重大风险方面提供了有力保障。那么,内部控制究竟如何影响企业的税收激进行为?其作用机制又是怎样的?

国内外学者在这方面的研究有些滞后和不足。国外鲜有人关注内部控制对税收激进行为的影响。国内现有的两篇文献,在内部控制如何影响企业的避税行为这一问题上,不仅没有形成一致且较明确的结论,反而得出了完全相反的研究结论。其中一篇文献基于内部控制的"效率"目标视角,认为高质量的内部控制提高了公司内部的税务管理效率,进而促使企业采取更多的避税行为。另一篇文献则认为内部控制的"合规"目标,有助于降低企业违反税收法律法规的风险,从而对税收激进行为起到抑制作用。此外,"高阶理论"认为,高层管理者在企业中处于核心地位,其认知基础与价值观受性别、年龄、任期、教育背景、工作经历等人口统计特征影响,从而影响到企业的战略决策与组织绩效。因此,内部控制必定受到其建设和维护主体——高管人员的影响。由此推断,不同背景特征的高管通过影响内部控制,进而对税收激进行为产生不同程度的影响。在研究内部控制与税收激进行为的关系时,如果不考虑核心高管的背景特征,可能会影响研究结论的准确性。

基于此,本文将核心高管背景特征、内部控制、税收激进行为纳入一个完整的研究框架,根据上市公司核心高管的背景特征,将其划分为同质性与异质性两个维度,并以此为视角来考查其对内部控制与税收激进行为关系的影响,以系统地探究多维度的核心高管背景特征对内部控制与税收激进行为关系的影响及其背后的作用机制。首先,从内部控制及税收激进行为的影响因素与经济后果、核心高管背景特征的同质性与异质性以及上述三个变量的两两关系层面对国内外相关研究成果进行梳理。其次,对本研究所涉及的重要概念予以界定,并依据相关理论阐述上述三个变量的作用机制,进而构建三者关系的理论原型。其中,内部控制的目标与税收激进的含义是后续理论分析的基础,核心高管背景特征的同质性与异质性对企业战略决策的影响是理论分析的重要依据。再次,研究内部控制对税收激进行为的影响,设定计量模型,运用数理统计方法进行实证检验。最后,关于核心高管背景特征对内部控制与税收激进行为的影响,分别从同质性与异质性维度予以理论演绎和实证检验。在整个实证研究过程中,本文选取2010年至2015年我国沪、深两市A股上市公司为初始研究样本,并结合我国的制度做进一步分析,最终形成具体的研究结论。整体而言,本书通过理论分析与实证研究得到的研究结论主要包括七个方面。

第一,关于内部控制与税收激进行为的关系。(1)全样本视角下,内部控制质量越高,企业税收激进程度越低。高质量的内部控制能够有效抑制企业的税收激进行为。(2)进一步区分不同的产权性质后,国有企业内部控制对税收激进行为的抑制作用要显著大于非国有企业。

第二,关于核心高管性别对内部控制与税收激进行为关系的影响。(1)全样本视角下,核心高管性别的同质性(以女性比例作为替代变量)削弱了内部控制对税收激进行为的抑制作用。按女性比例高低分组后,核心高管中女性所占比例越高,内部控制对税收激进行为的抑制作用越小。进一步区分不同的产权性质后,核心高管性别的同质性削弱了内部控制对税收激进行为的抑制作用。在作用的程度上,非国有企业强于国有企业。(2)全样本视角下,核心高管性别的异质性削弱了内部控制对税收激进行为的抑制作用。按性别异质性高低分组后,核心高管性别的异质性越高,内部控制对税收激进行为的抑制作用越小。进一步区分不同的产权性质后,核心高管性别的异质性削弱了内部控制对税收激进行为的抑制作用。在作用的程度上,国有企业强于非国有企业。

第三,关于核心高管年龄对内部控制与税收激进行为关系的影响。(1)全样本视角下,核心高管年龄的同质性(以平均年龄作为替代变量)削弱了内部控制对税收激进行为的抑制作用。按年龄大小分组后,核心高管年龄越大,内部控制对税收激进行为的抑制作用越小。进一步区分不同的产权性质后,核心高管年龄的同质性削弱了内部控制对税收激进行为的抑制作用。在作用的程度上,非国有企业强于国有企业。(2)全样本视角下,核心高管年龄的异质性削弱了内部控制对税收激进行为的抑制作用。按年龄异质性高低分组后,高管年龄的异质性越高,内部控制对税收激进行为的抑制作用越小。进一步区分不同的产权性质后,核心高管年龄的异质性削弱了内部控制对税收激进行为的抑制作用。在作用的程度上,国有企业强于非国有企业。

第四,关于核心高管学历对内部控制与税收激进行为关系的影响。(1)全样本视角下,核心高管学历的同质性(以平均学历作为替代变量)并不会显著影响内部控制与税收激进行为的关系。按学历高低分组后,内部控制对税收激进行为的影响并不存在显著差异。进一步区分不同的产权性质后,核心高管学历的同质性削弱了内部控制对税收激进行为的抑制作用。这种抑制作用只存在于非国有企业,在国有企业并不明显。(2)全样本视角下,高管学历的异质性削弱了内部控制对税收激进行为的抑制作用。按学历异质性高低分组后,核心高管学历的异质性越高,内部控制对税收激进行为的抑制作用越小。进一步区分不同的产权性质后,核心高管学历的异质性削弱了内部控制对税收激进行为的抑制作用。在作用的程度上,国有企业强于非国有企业。

第五,关于高管任期对内部控制与税收激进行为关系的影响。(1)全样本视角下,核心高管任期的同质性(以平均任期作为替代变量)削弱了内部控制对税收激进行为的抑制作用。按任期长短分组后,核心高管任期越长,内部控制对税收激进行为的抑制作用越小。进一步区分不同的产权性质后,核心高管任期的同质性削弱了内部控制对税收激进行为的抑制作用。在作用的程度上,非国有企业强于国有企业。(2)全样本视角下,高管任期的异质性削弱了内部控制对税收激进行为的抑制作用。按任期异质性高低分组后,高管任期的异质性越高,内部控制对税收激进行为的抑制作用越小。进一步区分不同的产权性质后,高管任期的异质性削弱了内部控制对税收激进行为的抑制作用。在作用的程度上,国有企业强于非国有企业。

第六,关于核心高管专业背景对内部控制与税收激进行为关系的影响。(1)全样本视角下,核心高管专业背景的同质性(以具有会计、金融或经济管理类专业背景的成员的比例作为替代变量)并不会显著影响内部控制与税收激进行为的关系。按会计等专业比例高低分组后,内部控制对税收激进行为的影响并不存在显著差异。进一步区分不同的产权性质后,核心高管专业背景的同质性削弱了内部控制对税收激进行为的抑制作用。这种抑制作用只存在于非国有企业,在国有企业并不明显。(2)全样本视角下,核心高管专业背景的异质性并不会显著影响内部控制与税收激进行为的关系。按专业背景异质性高低分组后,内部控制对税收激进行为的影响并不存在显著差异。进一步区分不同的产权性质后,高管专业背景的异质性削弱了内部控制对税收激进行为的抑制作用。这种抑制作用只存在于非国有企业中,在国有企业中并不明显。

第七,关于核心高管职业背景对内部控制与税收激进行为关系的影响。(1)全样本视角下,核心高管职业背景的同质性(以具有会计、金融或经济管理类职业背景的成员的比例作为替代变量)削弱了内部控制对税收激进行为的抑制作用。按会计等职业比例高低分组后,核心高管中具有会计、金融或经济管理类职业背景的成员的比例越高,内部控制对税收激进行为的抑制作用越小。进一步区分不同的产权性质后,高管职业背景的同质性削弱了内部控制对税收激进行为的抑制作用。在作用的程度上,非国有企业强于国有企业。(2)全样本视角下,核心高管职业背景的异质性削弱了内部控制对税收激进行为的抑制作用。按职业背景异质性高低分组后,核心高管职业背景的异质性越高,内部控制对税收激进行为的抑制作用越小。进一步区分不同的产权性质后,核心高管职业背景的异质性削弱了内部控制对税收激进行为的抑制作用。在作用的程度上,国有企业强于非国有企业。

综上所述,本书基于核心高管背景特征视角,系统研究其对内部控制与税收激进行为关系的影响,并进一步将研究视角深入产权性质层面,以揭示不同的产权性质下高管背景特征、内部控制与税收激进行为三者之间的作用机制的差异。在进行理论拓展的同时,本书也为税收监管部门制定政策及上市公司制定和完善相关制度提供了理论依据。本书的理论意义和现实意义体现在三个方面。其一,有助于深化内部控制对税收激进行为影响机制的认识。在实证验证内部控制对税收激进行为的影响基础上,进一步将产权性质纳入考量范围,考查不同的产权性质下,内部控制质量的高低对税收激进行为的影响是否存在显著差异,以期整体呈现内部控制对税收激进行为的影响效应,为利益相关者提供决策依据。其二,有助于加深对高管背景特征所带来的经济后果的理解。基于"特征—行为—经济后果"的研究范式,将核心高管特征、内部控制与税收激进行为纳入一个完整的研究框架,深入探讨三者之间的作用机制。整个研究结合我国当前的制度背景,对样本数据进行划分,进而分析不同的产权性质下,高管背景特征对内部控制与税收激进行为关系的影响是否存在显著差异。其三,对政策的制定具有重要的参考价值。首先,有助于税收监管部门更深入地了解高管背景特征影响内部控制与税收激进行为关系的作用机制,从而制定更具针对性的监管政策,以提高税收监管效率。其次,有助于上市公司加强高管团队建设、遴选和聘用合适的核心高管,为构建及实施税收合规的内部控制体系创造良好的控制环境,减少企业因税收激进行为而增加的违规风险,保障企业有序、合规经营。再次,本书对深化产权制度改革以抑制税收激进行为也有所裨益。

本书的创新之处主要体现在以下三个方面。其一,基于核心高管背景特征视角研究内部控制对税收激进行为的影响。本书将研究视角延伸到核心高管层面,深入探讨其对内部控制与税收激进行为关系的影响,从而打破内部控制与税收激进行为作用机制的"黑箱"。将内部控制、核心高管背景特征与税收激进行为纳入一个框架进行研究,以揭示不同背景特征的高管对内部控制的不同影响下企业税收激进行为的差异,从微观层面整体呈现内部控制对税收激进行为的抑制效应。这既有助于深刻理解内部控制对税收激进行为的影响机制,准确把握二者之间的关系,为委托——代理等理论的运用提供了经验依据,同时也丰富了有关核心高管背景特征之经济后果的研究。其二,引入"核心高管"概念,提升研究结论的有效性。本书紧紧围绕《企业内部控制基本规范》《中华人民共和国会计法》及《中华人民共和国公司法》,在研究中引入"核心高管"这一概念:"核心高管"是董事长、总经理、财务总监及监事会主席等对上市公司内部控制、财务会计及企业避税能够施加重大影响的人员。同时,书中剔除了"非核心高管"对企业内部控制和税收激进行为的影响因素,提升了研究结论的有效性。其三,从高管背景特征双重维度全面揭示研究对象的作用机制。以往的文献基于高阶理论和社会类化理论的单一视角考查背景特征的某一维度对战略决策的影响,可能会因为对高管特征把握不全面而导致研究结论失之偏颇。本书从核心高管背景特征的同质性与异质性两个维度,分别考查它们对内部控制与税收激进行为的影响,以全面揭示核心高管背景特征视角下内部控制对税收激进行为的抑制效应的影响机制。

目录 CONTENTS

1 导论 /001
　1.1 研究背景与意义 /001
　1.2 研究目标与内容 /004
　1.3 研究思路与方法 /006
　1.4 研究创新 /008

2 文献综述 /011
　2.1 关于内部控制的研究 /011
　2.2 关于高管背景特征的研究 /014
　2.3 高管背景特征对内部控制的影响 /018
　2.4 关于税收激进行为的研究 /019
　2.5 高管背景特征对税收激进行为的影响 /023
　2.6 文献评述 /024

3 内部控制、核心高管背景特征与税收激进行为的理论概述 /027
　3.1 基本概念的界定 /027
　3.2 核心高管背景特征影响内部控制与税收激进行为关系的理论基础 /035
　3.3 内部控制、核心高管背景特征与税收激进行为的机制分析 /039

4 内部控制与税收激进行为关系的实证分析 /052

    4.1 理论分析与假设提出 /052

    4.2 变量定义与模型构建 /054

    4.3 实证分析与结果描述 /059

    4.4 进一步测试 /070

    4.5 稳健性测试 /075

    4.6 本章小结 /082

5 核心高管背景特征的同质性对内部控制与税收激进行为关系影响的实证分析 /083

    5.1 核心高管性别的同质性对内部控制与税收激进行为关系的影响 /083

    5.2 核心高管年龄的同质性对内部控制与税收激进行为关系的影响 /098

    5.3 核心高管学历的同质性对内部控制与税收激进行为关系的影响 /107

    5.4 核心高管任期的同质性对内部控制与税收激进行为关系的影响 /115

    5.5 核心高管专业背景的同质性对内部控制与税收激进行为关系的影响 /124

    5.6 核心高管职业背景的同质性对内部控制与税收激进行为关系的影响 /132

6 核心高管背景特征的异质性对内部控制与税收激进行为关系影响的实证分析 /142

    6.1 核心高管性别的异质性对内部控制与税收激进行为关系的影响 /142

6.2 核心高管年龄的异质性对内部控制与税收激进行为关系的影响 /156

6.3 核心高管学历的异质性对内部控制与税收激进行为关系的影响 /165

6.4 核心高管任期的异质性对内部控制与税收激进行为关系的影响 /174

6.5 核心高管专业背景的异质性对内部控制与税收激进行为关系的影响 /183

6.6 核心高管职业背景的异质性对内部控制与税收激进行为关系的影响 /192

7 研究结论、政策性建议及研究展望 /202

7.1 研究结论 /202

7.2 政策性建议 /205

7.3 研究局限与展望 /208

参考文献 /211

后记 /226

1 导论

1.1 研究背景与意义

1.1.1 研究背景

税收是国家财政收入的主要来源,也是政府履行公共服务职能、优化社会资源配置的重要保障。统计数据显示,2018 年全国财政收入 183352 亿元,其中税收收入 156401 亿元,占比超过 85%,充分显示了税收收入在我国财政收入中的举足轻重的地位。然而,企业通过税收激进行为将本应属于国家的财富更多地留存于公司内部,以谋求公司扩张或个人私利(Slemrod,2004)。凭借各种节税与避税活动(Frank 等,2009),采用大量的避税手段(Hanlon、Heitzman,2010),有效减少税负,成为企业降低经营成本的重要方法。愈演愈烈的税收激进行为似乎正在成为各国公司的现实选择(Lanis、Richardson,2012),对国家税务系统形成了巨大的挑战(Desai、Dharmapala,2006),并最终影响社会福利。以苹果公司为例,2013 年美国参议院调查小组委员会发现其在 2009 年至 2012 年间借助"避税天堂",成功规避了高达 440 亿美元的税款。2016 年 8 月,欧盟委员会裁定苹果公司向爱尔兰政府补缴 130 亿欧元的税款及利息。除苹果公司外,还有多家知名跨国企业相继被曝在不同的国家"涉嫌利用非法会计手段避税"。2014 年由美国税收公平协会等机构联合进行的调查表明,美国 500 强企业中有四分之三的企业存在避税行为,避税总额高达 6200 亿美元。2015 年,英国议会下院政府账目委员会发布报告称,公司的避税行为在会计师事务所的协助下已经发展至"工业级规模"。在我国,企业税收激进已经不再是个别现象,而是日益普遍(金鑫、雷光勇,2011),致使国家财政收入大量流失。2011 年 4 月至 2012 年 5 月,贝因美屡次因税收激进行为而被追缴税款。2014 年,微软向中国补缴税款 8.4 亿元。2018 年 10 月发布的《中华人民共和国财政部会计信息质量检查公告》显示,在 2017 年度会计执法检查中发现,互联网行业部分企业跨境转移利润、逃避缴纳税收等问题比较突出。例如：某公司存在部分费用摊销核算错误，对外赠送商品未作为视同销售行为申报纳税；某公司存在资产转让时未同时结转递延收益 530 多万元、未完整披露售后回租事项所形成的收入对当年利润的影响程度及重复申报研发费用在所得税前加计扣除 342.28 万元等问题。

企业避税现象日益严重，导致大量研究开始关注企业避税行为的影响因素。内部控制作为企业的一项重要的内部治理机制，必然会对源自企业生产经营活动的税收激进行为产生影响。自 2002 年美国颁布《萨班斯—奥克斯利法案》以来，内部控制在企业经营管理活动的重要性日益显现。继 2006 年上交所和深交所分别发布内部控制指引之后，2008 年财政部等五部委联合发布了《企业内部控制基本规范》，2010 年又颁布了与之相关的配套指引。截至 2017 年，财政部已陆续发布行政事业单位及小企业内部控制规范。这些规范性文件使建设和评价内部控制有了一个可遵循的标准，标志着我国内部控制规范体系的建立。2018 年 11 月，财政部与证监会对沪、深两市 3485 家上市公司公开披露的 2017 年度内部控制报告进行了系统分析，并发布《我国上市公司 2017 年执行企业内部控制规范体系情况分析报告》（以下简称《报告》）。《报告》指出，共有 3245 家上市公司公开披露了内部控制评价报告，占比 93.11%。企业内部控制规范体系在上市公司有效运行，内部控制在提高上市公司合规经营、防范及化解重大风险方面提供了有力保障。那么，内部控制究竟如何影响企业的税收激进行为？其作用机制又是怎样的？目前，国内外学者在这方面的研究都较为滞后和不足。国外鲜有人关注内部控制对税收激进行为的影响，国内现有的两篇文献（陈军梅，2014；陈骏、徐玉德，2015）在内部控制如何影响企业的避税行为这一问题上没有形成一致且较明确的结论，得出的是完全相反的研究结论。基于内部控制的"效率"目标视角，陈军梅（2014）认为，高质量的内部控制提高了公司的税务管理效率，进而促进了企业避税行为的产生。然而，陈骏和徐玉德（2015）认为，内部控制的"合规"目标有助于降低企业违反税收法律法规的风险，从而对税收激进行为起到抑制作用。

此外，"高阶理论"认为，高层管理者在企业中处于核心地位，其认知基础与价值观受性别、年龄、任期、教育背景、工作经历等人口统计特征影响，从而影响企业的战略决策与组织绩效（Hambrick、Mason，1984）。因此，内部控制必定会受到其建设和维护主体——高管人员的影响（Michel、Hambrick，1992；池国华等，2014）。由此推断，不同背景特征的高管通过影响内部控制，进而对税收激进行为产生不同程度的影响。在研究内部控制与税收激进行为的关系时，如果不考虑高管人员的背景特征，研究结论的准确性可能就会受到影响。基于此，本文将高管背景特征、内部控制与税收激进行为纳入一个完整的研究框架，根据上市公司"核心高管"的背景特征，将其划分为同质性与异质性维度，并以此为视角来考查其对内部控制与税收激进行为关系的影响，以系统地探究多维度的高管背景特征对内部控制与税收激进行为关系的影响及其作用机制。

1.1.2 研究意义

鉴于以上分析，本文拟基于核心高管背景特征视角，系统研究其对内部控制与税收激进行为关系的影响，并进一步将研究视角延伸到产权性质层面，以揭示不同的产权性质下高管背景特征、内部控制与税收激进行为的作用机制的差异。在进行理论拓展的同时，本书也为税收监管部门制定政策及上市公司的人力资源部门制定和完善制度提供了理论依据。具体而言，本研究的理论意义和现实意义体现在以下三个方面。

第一，本研究有助于深化内部控制对税收激进行为的影响机制的认识。避税"代理观"认为，所有权与经营权的分离使得税收激进行为不再是一项帮助企业节省税负、增加现金流及符合股东利益的价值创造活动，而是管理层或控制性股东等内部人"中饱私囊"的自利行为（Desai、Dharmapala，2006）。为减少避税过程中产生的代理问题，建立激励与控制机制以确保管理层做出最优税收决策成为股东和董事会的必然选择。因此，内部控制作为企业的一项最重要的内部治理机制，必然会对企业的避税行为产生重要影响。然而，在内部控制是促进还是抑制税收激进行为这一问题上，学术界至今没有形成明确的结论。在正向和反向两种效应并存的情况下，内部控制和税收激进行为究竟是何种关系需要进一步实证检验。本文在分析和验证内部控制对税收激进行为的影响效应的同时，进一步将产权性质纳入考量范围，考查不同的产权性质下，内部控制质量的高低对税收激进行为的影响是否存在显著差异，以整体呈现内部控制对税收激进行为的影响效应,为利益相关者提供决策依据。

第二,本研究有助于加深对高管背景特征之经济后果的理解。高阶理论认为,高管背景特征在一定的程度上反映了高管的风险意识、经营理念及管理哲学等方面的差异。而依据美国反对虚假财务报告委员会的发起组织委员会(COSO)发布的《内部控制——整合框架》及《企业风险管理——整合框架》,高管的风险意识、经营理念及管理哲学等恰恰是"内部环境"的重要构成部分,它们通过影响内部控制体系中的其他要素,来影响内部控制质量。内部控制是以人为核心的制度建设行为。作为企业内部控制的实施主体,管理层承担着内部控制建设和维护其有效性的主要责任。因此,不同背景特征的高管通过对内部控制的影响,进而对企业的避税决策发挥不同的作用。基于"特征—行为—经济后果"的研究范式,本研究将核心高管特征(分为同质性与异质性两个维度)、内部控制与税收激进行为纳入一个完整的研究框架,深入探讨三者之间的作用机制。考虑到我国当前的制度背景,本研究根据企业的实际控制人是否国有,对样本数据进行划分,进而分析不同的产权属性下,核心高管背景特征对内部控制与税收激进行为关系的影响是否存在显著差异。这既对内部控制与税收激进行为关系的影响因素做了新的解释,也加深了对高管背景特征之经济后果的理解。

第三,本研究对于政策制定与制度完善具有重要的参考价值。首先,本研究有助于税收监管部门了解核心高管背景特征影响内部控制与税收激进行为关系的作用机制,从而制定更具针对性的监管政策,以提高税收征管效率。其次,本研究有助于上市公司加强高管团队建设、遴选和聘用合适的核心高管,为构建及实施税收合规的内部控制体系创造良好的控制环境,减少企业因税收激进行为而增加的违规风险,在保障企业有序、合规经营的同时,切实保护投资者的利益。再次,本研究对深化产权制度改革以抑制税收激进行为也有所裨益。

1.2 研究目标与内容

1.2.1 研究目标

本研究预期达到的目标主要有两个。

第一,在理论上系统揭示并全方位地呈现核心高管背景特征、内部控制与税收激进行为三者之间的影响关系。首先,理论分析并实证检验内部控制对税收激进行为的影响。在此基础上,将核心高管背景特征纳入研究框架,分别从核心高管背景特征(包括性别、年龄、学历、任期、专业背景及职业背景)的同质性及异质性两个维度,系统地分析并实证检验核心高管背景特征对内部控制与税收激进行为关系的影响,深入探讨三者之间的作用机制。考虑到我国当前的制度背景,本研究将样本划分为国有企业与非国有企业,以进一步考查上述作用机制是否存在显著差异。本研究有助于利益相关者更准确地理解内部控制对税收激进行为的作用机制以及核心高管背景特征在这一过程中的影响,从而增加现有相关研究的深度与广度。

第二,在实践上为税收监管部门制定政策及上市公司制定和完善制度提供意见和建议。结合我国当前的经济环境与制度背景,运用本研究的结论可为税收监管部门制定政策提供参考意见,有助于监管部门完善相关监管制度,提高监管效率。此外,本研究也能够为上市公司遴选核心高管、建设高管团队,构建以税收合规目标为导向的内部控制体系提供参考建议,有助于减少企业因税收激进行为而增加的违规风险,保障企业在遵守相关法律法规的正确轨道上合规经营,最终实现可持续发展。

1.2.2 研究内容

研究内容主要包括内部控制对税收激进行为的影响、核心高管背景特征的同质性与异质性对内部控制与税收激进行为关系的影响,具体涉及以下五个方面:

第一,国内外相关研究成果梳理与研究现状分析。目前已有的研究成果主要是关于高管背景特征对税收激进行为的影响及高管背景特征对内部控制的影响。目前还没有将高管背景特征与内部控制两个要素结合起来对税收激进行为进行研究的文献。近年来,国内少数学者根据我国的市场环境及制度背景,探讨了内部控制对税收激进行为的影响。尽管得出的研究结论截然不同,但是这些研究成果起到了很好的指导作用,为本研究提供了有益的参考。

第二,内部控制对税收激进行为的影响。本研究基于内部控制的两大主要目标——保障企业遵守相关法律法规(合规目标)与提高企业经营效率(效率目标),推导出一组相互竞争的假说。然后,对内部控制与税收激进行为进行科学的度量,构建数理检验模型,利用大样本数据展开实证分析,验证内部控制与税收激进行为之间的关系。

第三,核心高管背景特征的同质性对内部控制与税收激进行为关系的影响。本研究以核心高管的性别、年龄、学历、任期、专业背景及职业背景的趋同程度作为背景特征同质性的切入点,从理论上分析这些背景特征的同质性对内部控制与税收激进行为关系可能产生的影响。然后,对背景特征的趋同程度逐一进行科学的量化,构建合理的检验模型,利用大样本数据展开实证分析,形成核心高管背景特征的同质性、内部控制与税收激进行为关系的研究结论。

第四,核心高管背景特征的异质性对内部控制与税收激进行为关系的影响。本研究以核心高管的性别、年龄、学历、任期、专业背景及职业背景的差异程度作为背景特征异质性的切入点,从理论上分析这些背景特征的异质性对内部控制与税收激进行为关系可能产生的影响。然后,对背景特征的差异程度逐一进行科学的量化,构建合理的检验模型,利用大样本数据对研究假说进行实证分析,形成核心高管背景特征的异质性、内部控制与税收激进行为关系的研究结论。

第五,汇总研究结论并提出意见与建议。结合我国当前的经济环境与制度环境,为税收监管部门提高税收征管效率,上市公司构建内部控制体系、遴选核心高管及深化产权制度改革等提供参考性建议。

1.3 研究思路与方法

1.3.1 研究思路

本研究拟在梳理相关文献的基础上,进一步运用演绎与归纳等方法进行理论分析,并通过数据分析、模型检验等方法进行实证研究,多维度地系统验证内部控制、核心高管背景特征与税收激进行为三者之间的关系。具体的研究路线如图1.1所示。

具体的研究思路如下:首先,拟从内部控制及税收激进行为的影响因素与经济后果、核心高管背景特征的同质性与异质性以及上述三个变量的两两关系层面对国内外相关研究成果进行梳理。其次,对本研究所涉及的重要概念予以

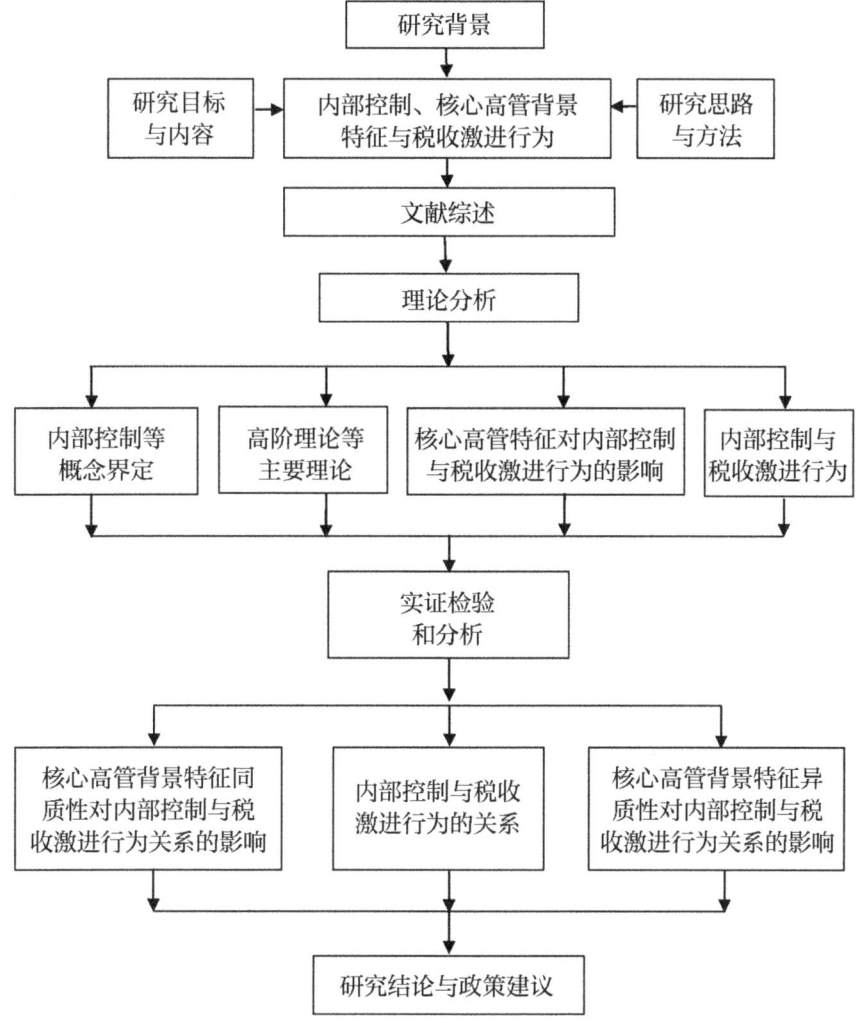

图1.1 研究路线图

界定并依据相关理论阐述三者之间的影响关系的作用机制。其中,内部控制的目标与税收激进的含义是后续理论分析的基础,高管背景特征的同质性与异质性对企业战略决策的影响则是理论分析的重要依据。再次,研究内部控制对税收激进行为的影响,设定计量模型,运用数理统计方法进行实证检验。然后,分别从同质性与异质性两个维度对核心高管背景特征对内部控制与税收激进行为关系的影响进行理论演绎和实证检验。整个实证研究过程,将结合我国的制度背景做进一步分析。最后得出研究结论,提出政策性建议。

1.3.2 研究方法

在进行理论分析和实证检验的过程中所采用的研究方法主要有以下四种：

第一，文献研究法。文献研究法为书中理论框架的构建与实证研究设计奠定了基础。通过梳理、归纳与评述关于内部控制、高管背景特征与税收激进行为的文献，我们能够更好地厘清它们之间的逻辑关系，全面地了解已有的研究成果与最新的研究进展，发现研究存在的不足或盲区，从而确定本研究的目标与方向，形成研究内容。

第二，演绎推理法。演绎推理法为书中实证模型的构建及实证结果的分析提供了依据。本研究基于委托—代理理论、信息不对称理论、高阶理论及社会类化理论分析内部控制对税收激进行为的影响以及核心高管背景特征（包括同质性与异质性两个维度）对内部控制与税收激进行为关系产生影响的路径或方式，通过逻辑推理合理推演它们之间的关系，进而提出相应的研究假说，然后构建数学模型检验假说成立与否。

第三，归纳推理法。归纳推理法为本书中相关概念的界定及理论分析提供了指导。为了明确相关概念以满足理论分析的需要，本研究在比较国内外相关组织、机构给出的内部控制的定义基础上，进行归纳和分析，得出内部控制的概念：主要围绕其控制目标展开，阐明了内部控制的目标即可界定内部控制的概念。在列举有关税收激进的观点的基础上，对其概念进行归纳，对其性质予以界定，从而为理论分析做好铺垫。本研究还归纳和推理了信息不对称理论、高阶理论等核心观点。这些都成为后续理论分析及演绎推理的基础。

第四，实证检验法。实证检验法通过构建计量模型并进行数据分析，来支持或否定相关的研究假说。本研究以我国 A 股上市公司为研究样本，在合理选择研究变量与设定计量模型的基础上，采用相关性分析及回归分析等方法对内部控制、核心高管背景特征与税收激进行为三者之间的作用机制进行实证检验。为拓展研究结论和保持研究结论的稳健性，本研究在主测试的基础上分别做了进一步测试和稳健性测试。

1.4 研究创新

针对企业避税日益普遍且愈演愈烈这一社会现象，本研究以委托—代理理论、信息不对称理论、高阶理论及社会类化理论为基础,采用规范分析与实证研究相结合的方法,对内部控制、核心高管背景特征与税收激进行为三者之间的关系进行深入研究。与同类研究相比,本研究的创新点主要体现在以下三个方面:

第一,基于核心高管背景特征视角研究内部控制对税收激进行为的影响。目前国内仅有的两篇文献聚焦于内部控制对税收激进行为的直接影响,而忽略了"人"的因素在二者关系中的作用。事实上,作为内部控制建设与维护的主体,上市公司核心高管在影响内部控制的基础上,会对税收激进行为产生不同程度的影响。引入核心高管背景特征这一变量,内部控制与税收激进行为之间的关系会更加清晰。故本文将研究视角延伸到核心高管层面,深入探讨其对内部控制与税收激进行为关系的影响。将内部控制、核心高管背景特征与税收激进行为纳入分析框架进行研究,可以揭示不同背景特征的核心高管对内部控制的不同影响下企业税收激进程度的差异,从微观层面整体呈现内部控制对税收激进行为的治理效应。这既有助于深刻理解内部控制对税收激进行为的影响机制,准确把握二者之间的关系,为委托—代理等理论的运用提供经验和依据,同时也丰富了有关高管背景特征之经济后果的研究。本研究还依据我国的制度背景将企业产权性质纳入考查范围,实证检验不同的产权性质下上述影响机制是否存在显著差异,这既能改变该问题实证研究匮乏的现状,也能为今后研究类似问题提供更具体且完整的逻辑分析框架。

第二,引入"核心高管"概念提升研究结论的有效性。以往的研究在考查高管特征的经济后果时,由于高管的界定不一致,其研究结论的稳定性与可行性往往受到质疑。如有的学者将高管界定为董事长、总经理、副总经理、总经理助理及各职能部门的总监等,有的学者将高管界定为董事会成员、监事会成员以及总经理、副总经理、财务总监和总经济师等(张兆国等,2011)。本研究参考《企业内部控制基本规范》《中华人民共和国会计法》及《中华人民共和国公司法》,引入"核心高管"的概念,将"核心高管"界定为董事长、总经理、财务总监及监事会主席等对上市公司内部控制、财务会计及企业避税能够施加重大影响的人员。在确定核心高管的定义后,剔除了"非核心高管"对企业内部控制和税收激进行为的影响因素,提升了研究结论的有效性。

第三，涵盖高管背景特征双重维度，全面揭示研究对象的作用机制。高管背景特征的描述既可以基于同质性（趋同程度）视角，也可以基于异质性（差异程度）维度。依据高阶理论，同质性特征使得高管的认知基础、职业经验及价值观等高度相似，因而可以减少高管在认知、交流方面的障碍，使高管在企业的战略决策方面较容易达成一致意见。关于异质性特征对战略决策的影响，高阶理论与社会类化理论则有不同的观点。前者认为，高管团队成员异质性较高，能够给企业带来不同的信息，形成多样化的视角和观点，进而提升决策水平和质量。而后者认为，高管团队较高的异质性使得成员间缺乏认同感和信任感，进而产生分歧和冲突，最终导致决策质量下降。以往的研究基于高阶理论和社会类化理论的单一视角考查背景特征的某一维度对战略决策的影响，可能会因为对高管背景特征把握不全面而导致研究结论失之偏颇。本研究从核心高管背景特征的同质性与异质性两个维度，分别考查它们对内部控制与税收激进行为关系的影响，以全面揭示高管背景特征视角下内部控制对税收激进行为的治理效应的影响机制。

2 文献综述

为了研究内涵的清晰性,结合研究主题和研究内容,本研究拟从内部控制、税收激进行为、高管背景特征及三者之间的两两关系层面,对现有的相关文献予以分类、归纳和评述。

2.1 关于内部控制的研究

内部控制研究成为会计领域的一个热议话题,是在 SOX 法案强化对内部控制的监管之后。目前,国内外有关内部控制的研究主要集中在两个方面:一是关于内部控制完善的影响因素的研究,二是关于内部控制所引起的经济后果的研究。

2.1.1 内部控制的影响因素

现有文献主要从公司内部治理机制及外部治理环境两个层面探讨内部控制质量的影响因素。有效的公司治理机制对内部控制有显著的影响,如果公司治理机制不成熟,内部控制出现严重缺陷的可能性更大(Doyle 等,2007)。Molz(1988)认为,董事长兼任总经理对内部控制的有效实施会产生负面影响。同时,董事长作为企业的法人代表,其行为与态度直接作用于内部控制的制定与执行,对内部控制机制效应的发挥起决定性作用(Michel、Hambrick,1992)。管理层的诚信道德与风险偏好、CFO 任职资质等亦会影响内部控制(Goh 等,2010)。张继德等(2013)研究表明,高管的重视是影响内部控制质量的首要因素。对高管实施薪酬激励或股权激励,能够让他们重视内部控制建设,建立有效的内部控制机制(Hoitash 等,2012)。Jensen 等(1993)研究发现,董事会规模合适才能保证内部控制的质量。董事会规模较大会降低内部控制的效率;反之,则会因缺乏专业人才难以有效发挥内部控制的作用。董事会规模越大,企业越容易出现财务舞弊等内部控制失效现象。然而,张先治和戴文涛(2010)的研究显示,董事会规模与独立董事规模相比,后者与内部控制质量的正相关关系更明显。Krishnan(2005)选取既披露内部控制缺陷信息又更换CPA的上市公司作为研究样本,发现审计委员会的专业胜任能力、独立性及规模大小都会对企业内部控制产生影响。审计委员会的独立性越高,成员中具备财务专业背景的比例越大,则该公司内部控制存在缺陷的概率越小,更可能矫正内部控制的实质性缺陷(Hoitash 等,2012)。

学者们研究发现,公司营运较复杂(Doyle 等,2007;Ashbaugh-Skaife 等,2009),规模较小、盈利能力较低(McVay 等,2007),成立时间短、会计风险敞口大、内部控制投入资源较少及近期的重组并购行为(Doyle 等,2007;Ashbaugh-Skaife 等,2009)会导致内部控制存在实质性缺陷。相反,公司规模较大、内部控制建设有一定的资源支持(Rice 等,2012),财务状况越好(Doyle 等,2007)及企业越成熟,其内部控制质量越高。此外,子公司的数量与组织结构的复杂程度、大股东持股的比例、机构投资者持股的比例、独立董事兼任公司的数量、独立董事的比例及非国有股东在高层治理维度的参与度等均会影响内部控制的质量。

外部治理环境对内部控制的影响主要体现在以下三个方面。其一,法律监督对内部控制的影响。以更严格的监管制度为前提,完善的公司治理体系能够提高内部控制的有效性(Hoitash 等,2012),进而提高企业的收益质量。缪艳娟和李志斌(2014)以江苏企业作为样本,通过问卷调查分析发现,外部正式制度(如法律监管等)对规范企业内部控制产生了正面影响。其二,媒体监督对内部控制的影响。研究表明,媒体关注度会对内部控制产生正面影响。张萍和徐巍(2015)的研究结果表明,媒体监督会影响企业的内部控制,并且权威媒体发布的负面新闻会显著提升企业的内部控制质量。其三,政府干预对内部控制的影响。李连华和张怡璐(2015)发现,在政府干预对企业内部控制制度演化的调节方面,国有企业要强于非国有企业。赵渊贤和吴伟荣(2014)则认为,政府干预和内部控制的有效性呈负相关。此外,市场化程度及货币政策压力亦会影响内部控制的质量。

2.1.2 内部控制的经济后果

关于内部控制所引起的经济后果的研究,主要有以下几个方面:

其一,内部控制对企业价值的影响。研究表明,内部控制健全有效能够降低管理层的逆向选择风险和道德风险,能够缓解股东和管理者的矛盾,降低代理成本,从而提高公司的价值(郑军等,2007;李万福等,2012)。企业在良好的内部控制环境下能够及时发现风险或漏洞,并采取适当的措施消除风险或将风险控制在可以接受的范围内,从而提高企业的价值。高质量的内部控制可以警示企业及时调整资本结构,有利于提升公司的价值(郝东洋等,2014)。

其二,内部控制对企业成本的影响。相关研究发现,公司披露内部控制存在重大缺陷,其权益资本成本会更高(Ogneva 等,2007),披露内部控制鉴证报告能显著降低隐性代理成本,但不能明显降低显性代理成本。高质量的内部控制可以降低企业财务报告所传达的信息的不确定性,从而减少逆向选择所导致的融资成本(Doyle 等,2007;Ashbaugh-Skaife 等,2008;Kim 等,2011)。而内部控制存在缺陷会增加公司运营的风险,进而增加股票发行成本(Ashbaugh-Skaife 等,2009)。

其三,内部控制对盈余管理的影响。内部控制存在缺陷的公司,其盈余管理受到的干扰大,非应计项目多,导致其盈余质量降低(Doyle 等,2007;Ashbaugh-Skaife 等,2008;Goh,2009),而有效的内部控制能够减少或避免对公司盈余的操纵。方红星等(2014)指出,在一定程度上,内部控制质量与企业盈余管理活动呈显著的负相关,且内部控制信息的自愿披露与企业进行盈余管理的概率亦呈负相关。范经华等(2013)研究发现,公司的内部控制质量与应计盈余管理活动呈显著的负相关,但抑制真实盈余管理的作用却不明显,且内部控制与CPA 的专业程度在降低盈余管理效率方面存在一定的互补关系。张嘉兴和傅绍正(2014)发现,有效的内部控制可以减少外部审计对盈余管理的影响。

其四,内部控制对股票价格的影响。公司提高内部控制质量会产生积极的市场反应(Goh,2007),而披露内部控制缺陷则会使股价下降,负面影响企业的市场反应(Beneish 等,2008)。Zhou 等(2013)发现,上市公司存在内部控制缺陷,其股价未来更容易急剧下跌;当缺陷得以改进后,下跌风险消失。Chen 等(2016)的研究结果表明,内部控制质量与股价下跌风险呈显著的负相关,并且两者之间的负相关性在公司内外部治理较差时表现得更显著。叶康涛等(2015)指出,高质量的内部控制能够缓解外部投资者对企业内部真实经营状况认知较为有限的矛盾,为投资者建立信息沟通的渠道,使得市场迅速有效地释放股价风险。

其五,内部控制对投资行为的影响。高质量的内部控制通过一系列合理的制度安排实现全体人员(包括董事会、监事会、经理层和全体员工)的相互制约和利益平衡,预防和化解矛盾冲突,提升企业投资效率。内部控制质量较高能抑制非效率投资,内部控制质量较低则会造成企业投资过度(方红星、金玉娜,2013)。方红星等(2013)将非效率投资划分为意愿性与操作性两种,而内部控制能够有效抑制后者。刘焱(2014)的研究结果表明,企业处于成熟期和衰退期,其内部控制均能显著抑制过度投资。而杨金等(2016)则发现,企业倾向于低融资约束和倾向于债务融资约束时,其内部控制均能显著抑制投资的不足。另有学者研究了内部控制对投资效率的调节效应。如:高质量的内部控制有利于减轻环境不确定性对公司投资效率的负面影响(廖义刚等,2015);存在缺陷的内部控制会加剧现金持有代理动机对过度投资的影响(林钟高等,2016)。

此外,高质量的内部控制可以使企业积极承担社会责任(李颖琦等,2013),获取更多的信用融资(郑军等,2013),预防高管的舞弊行为(周继军、张旺峰,2011),代替高质量的CPA审计(方红星、刘丹,2013),提高企业的现金持有价值、提高企业的应计质量、改进企业的盈余持续性和盈余现金预测能力、提高会计信息质量、降低股价崩盘风险(黄政、吴国萍,2017)。反之,内部控制存在缺陷或者内部控制质量较低会导致审计费用增加(Hoitash等,2012;李越冬等,2014)、分析师预测误差变大(Kim等,2011)、高管薪酬下降(Beneish等,2008)及高管变更(Johnstone等,2009)。

2.2 关于高管背景特征的研究

"高阶理论"认为,高管的受教育程度、工作经历等背景特征会影响其认知能力、个人理念及价值观等心理特征因素,最终影响其行为选择。高管的人口背景特征可以作为其个人观点、理念及价值观等的预测指标。基于研究主题及研究内容的考虑,本文将高管背景特征划分为同质性和异质性两个维度,前者是指高管团队相关特征的趋同程度,后者是指高管团队相关特征的差异程度。现对已有研究进行系统的梳理和归纳。

2.2.1 高管背景特征的同质性

学者们开展的研究主要是围绕高管背景特征对企业绩效、战略选择、投资行为、财务重述、财务舞弊、企业创新及盈余管理等方面的影响。

其一，高管背景特征对企业绩效的影响。此类研究结论因研究方法与选取的样本不同而存在差异。Shipilov 和 Danise(2006)研究高管团队的平均受教育水平与企业绩效之间的关系时加入中介变量"社会资本"，结果表明，高管团队的受教育水平与企业绩效呈正相关。纺织业和信息技术业上市公司高管团队的平均任期与短期绩效呈显著正相关；平均学历则与长期绩效呈显著正相关(孙海法等，2006)。高科技上市公司高管团队的平均学历与企业绩效并不存在显著关系(刘烨等，2010)。房地产上市公司高管团队平均学历越高，财务绩效越好(林新奇、蒋瑞，2011)。何韧等(2010)以1109家非上市公司为研究样本，结果表明，当高管在企业的任期较长时，高管的学历与企业绩效呈显著正相关。高管团队的女性比例与企业绩效呈显著的正相关关系(任颋、王峥，2010)，女性比例较大的企业绩效更优(吴德军、黄丹丹，2013)。高管团队平均年龄(魏立群、王智慧，2002)、平均受教育程度及平均薪酬对企业绩效产生正面影响(佟爱琴等，2012)。Mohamed 等(2015)研究发现 CEO 的个人背景特征会对企业价值产生影响。陆瑶和张鸣宇(2015)以2003至2012年的 A 股上市公司为研究样本，研究验证了高学历的 CEO 能够提升证券市场投资者对上市公司的价值预期，然而上市公司绩效短期内并未表现出显著上升的态势。

其二，高管背景特征对战略选择的影响。高管团队成员的学历水平能够反映他们的知识水平和技能水平，影响企业战略决策的制定过程(Bantel、Jackson，1989)。高管团队平均年龄越大，学历越高，任职时间越长，专业背景越多样，企业战略越容易发生变化(Wiersema、Bantel，1992)。董事会成员的专业知识、经验技能及社会关系网络使得高管团队更有效地规划和践行企业的战略决策(Westphal、Milton，2000；Westphal、Fredrickson，2001；Hillman，2005)。高管团队的平均学历与信息处理的有效程度呈显著正相关(Tihanyi 等，2000)。高管的国际化工作背景与企业国际化战略的选择存在相关性，具有国际化工作背景的高管能够使企业获得更多的国际资源(Lee、Park，2006)。陈传明和孙俊华(2008)研究了2001至2006年332家制造业上市公司，结果显示，高管的学历、技术类专业背景与企业多元化战略呈正相关，而高管的年龄与企业多元化战略的关系曲线呈倒 U 形。贺远琼和杨文(2010)的研究表明，高管团队规模与多元化战略呈显著正相关，团队平均年龄与多元化战略呈显著负相关。黄旭等(2013)研究了2006至2008年的144家制造业 A 股上市公司，结果表明，年龄、任期及女性高管会抑制企业战略变革的主动性与积极性。

其三,高管背景特征对投资行为的影响。Bantel 和 Jackson(1989)研究发现,高管年龄越大,投资决策越谨慎保守,倾向于选择风险小的项目。Jensen 和 Zajac(2004)认为,CEO 具有财务专业背景,投资时更愿意采用多元化组合方式。Peng 和 Wei(2007)研究表明,相较于男性高管,女性高管更倾向于选择较保守的投资策略。部分学者研究了高管背景特征对过度投资的影响。高管的平均年龄和受教育程度以及董事长的年龄、受教育程度、教育专业背景和职业背景等都会对过度投资产生影响,高管的年龄、学历及任期对晋升激励与过度投资均有不同程度的影响。关于高管背景特征对投资效率的影响的相关研究结论主要有:高管团队中男性成员比例越大,企业非效率投资行为的发生概率越高(Jukes,2011);国有企业高管的年龄、任期与投资效率呈显著负相关(李焰等,2011);高管平均年龄越小,学历越高(康艳玲、黄国良,2011),任期越长,研发投入越多,研发投资效率越高;高管平均学历与企业投资效率呈显著正相关(罗红霞等,2014);高管团队的平均年龄与任期能显著提高企业的投资效率(卢馨等,2017)。

其四,高管背景特征对财务重述(舞弊)的影响。何威风和刘启亮(2010)研究发现,男性高管更易产生财务重述行为,高管年龄与财务重述行为呈显著负相关。顾亮和刘振杰(2013)的研究结果表明,高管团队受教育水平越高、年龄越大,公司治理违规现象越少。高管团队男性比例越高,平均年龄越小,平均学历越低,平均任期越短,越容易产生舞弊行为。

其五,高管背景特征对企业创新的影响。随着年龄的增长,高管的创新意识也逐渐减弱,而更年轻或者学历更高的管理者创新性更强(Bantel、Jackson,1989;Camelo-Ordaz 等,2005)。然而,Hood 和 Fong(1997)对此持不同的观点。他们认为,高管团队平均受教育程度越高,企业创新能力越低,原因在于决策时更容易出现与新产品开发无关的繁杂且无效的分析。高管具有工程专业背景(Barker、Mueller,2002)或教育背景与从事的专业相关,企业的创新能力越强。

其六,高管背景特征对盈余管理的影响。具有财务工作经历的董秘专业素质较高,提升了企业盈余的信息含量;高管的学术经历降低了企业的盈余管理程度;女性高管比例与盈余管理呈倒 U 形关系(杜兴强等,2017)。此外,学者们还研究了高管背景特征对企业其他方面的影响。女性高管行事谨慎(Krishnan、

Park,2005),具有较强的风险规避意识,能够提高公司的价值(Adams,2009),减少应计误差和估计误差(Abhijit Barua 等,2010),保持较小的债务融资规模(Huang、Kisgen,2012)。张兆国等(2011)的研究表明,高管团队中女性比例越大,平均年龄越大,平均任期越长,平均学历越高,风险偏好越谨慎,从而增强会计的稳健性。周业安等(2012)研究发现,高管的性别、年龄、学历及任期会显著影响公司资本结构调整。曾三云等(2015)认为,CEO 学历越高,任期越短,且不具有经济管理类专业背景,企业现金持有量越高。王士红(2016)研究发现,高管团队中女性比例越大,企业社会责任信息披露越积极;而高管平均任职年限越长,企业社会责任信息披露的积极性显著下降。

2.2.2 高管背景特征的异质性

高管背景特征的异质性不可避免地会使团队成员产生冲突,冲突一方面会引起团队成员之间的不满和抵触,另一方面可能会增强团队成员的创造力,使团队成员产生一些新的想法。高阶理论认为,异质性高的团队拥有更丰富的观点和认知,会从更广阔的视角去审视和思考企业的内外部环境,从而提高决策质量(Hambrick、Mason,1984)。而社会类化理论和相似吸引理论则认为,较高的高管团队异质性会减少成员之间的交流频率,减弱成员之间的沟通效果,进而对企业决策质量产生负面影响。如:Knight 等(1999)研究表明,高管团队的异质性会降低团队决策的一致性,影响决策效率;Boone 等(2004)研究发现,较高的高管团队异质性会抑制企业未来的绩效。

关于高管背景特征的异质性对企业的影响的研究主要包括以下几个方面:

其一,高管背景特征的异质性对企业绩效的影响。背景特征异质性越高、能力越全面的高管越能集思广益、碰撞思维、汇聚智慧及共享信息,越能够使公司在复杂的环境中得以生存和发展,从而促进企业绩效的提高(Haleblian、Finkelstein,1993)。高管团队成员的年龄异质性越高(陈忠卫、常极,2009),信息技术行业高管团队成员的任期异质性越高(孙海法等,2006),越有利于企业绩效的提升。学历的异质性能够提高团队应对复杂问题的能力,增强企业的适应性和创造力,提高企业绩效(谢凤华等,2008)。高管团队成员专业背景的异质性与企业绩效呈显著正相关(Glunk 等,2001)。也有研究者对上述问题持不同的观点。年龄异质性越低(Wiersema、Bantel,1992),任期异质性越低(周晓惠等,2017),团队成员之间越容易沟通(Zenger、Lawrence,1989),关系越融洽,对公司战略的看法越一致,有利于企业绩效的提升。

其二,高管背景特征的异质性对战略决策的影响。高管团队成员的年龄异质性较高,不同年龄层次的团队成员组合在一起,可以提出更多不同的观点,在一定程度上能够提高决策质量(Mcleod等,1996)。高管团队学历的异质性有利于企业拓展经营活动的地理范围,进入环境更不稳定的国际市场,从事更复杂的国际业务(Tihanyi等,2000)。高管团队学历的异质性越高,企业的全球战略扩张越迅猛,而环境的不确定性强化了二者之间的正向关系(Carpenter、Fredrickson,2001)。专业背景异质性越高的团队,其工作经验越丰富,专业技能水平越高,分析问题的视角越多样化,能想出更多不同的问题解决方案,从而有助于提高团队的战略决策效率(Wiersema、Bantel,1992)。职业背景的异质性可以为团队带来广博的知识和较全面的视角,减小决策偏差,提高战略决策质量(Amason、Sapienza,1997)。高管团队的年龄、性别和职业背景的异质性均会显著正面影响企业的创业战略导向(杨林,2013)。

其三,高管背景特征的异质性对企业创新的影响。高管团队学历的异质性与企业创新呈显著正相关,团队成员遇到新的观点时,会重新审视自己的观点和思考是否忽略了关键因素的影响(Bantel、Jackson,1997)。高管团队任期的异质性越高(马富萍、郭晓川,2010),专业背景异质性越高,职业背景异质性越高(马富萍、郭晓川,2010),越有利于企业的技术创新。具有职业背景异质性的高管团队,能够综合利用团队成员的管理技能、专业技术及法律知识等,充分分享信息,有助于形成新的观点(Simons等,1999),实施战略创新(Bantel、Jackson,1989),增强创新性问题和复杂问题的解决能力(Jehn等,1999)。此外,学者们还发现,高管团队的年龄、任期、学历及职业背景的异质性对企业的环境责任无显著影响(孟晓华等,2012),高管团队的年龄、任期、性别及职务的异质性对海外股权并购亦无显著影响(张诚、赵剑波,2012)。

2.3 高管背景特征对内部控制的影响

关于高管背景特征对内部控制的影响的研究主要包括以下几个方面:

其一,董事长背景特征对内部控制的影响。内部控制作为企业高层主导的一项制度,其最终质量必然受到高管背景特征的影响。董事长作为企业制度的最终决策者与主导者,对内部控制的重视程度直接影响内部控制实施的效果(Michel、Hambrick,1992;Brady、Helmick,1994),董事长对内部控制的影响明显大于其他高管(池国华等,2014)。专业为会计、金融等经济管理类的男性董事长年龄越大,受教育水平越高,任期越长,内部控制质量越高(池国华等,2014)。

其二,总经理背景特征对内部控制的影响。研究表明,总经理为男性(Lundeberg,1994),年龄较小(Forbes,2005;Lin等,2014),受教育程度较高(Landier、Thesmar,2009),容易忽视内部控制的重要性,导致内部控制质量较低。而总经理任期较长,专业为会计、金融等经济管理类,其所在企业的内部控制质量较高(池国华等,2014)。

其三,财务总监背景特征对内部控制的影响。女性财务总监的年龄、任期与内部控制质量呈显著负相关,财务总监的学历(池国华等,2014)及专业背景(为会计、金融等经济管理类)(池国华等,2014)与内部控制质量呈显著正相关。

其四,高管团队背景特征对内部控制的影响。学者们的研究结论因对高管的界定及选取的样本不同而存在差异。Berger等(1997)研究发现,任期越长的高管,为了满足私利、不受束缚,倾向于降低内部控制质量。杨瑞平和梁张颖(2016)将高管团队界定为董事长、监事会主席、总经理及其他高级经理等,以2013年的114家房地产A股上市公司为样本进行研究。实证结果显示,高管团队的平均学历与内部控制质量呈正相关,高管的平均年龄、平均任期及女性高管的比例对内部控制质量无显著影响。刘进和池趁芳(2016)将高管团队界定为总裁、副总裁、总经理、副总经理、董事会秘书及财务总监等,以2010至2013年的173家创业板上市公司为研究样本,研究发现,高管的平均年龄、女性高管的比例与内部控制质量呈负相关。李端生和周虹(2017)将高管团队界定为董事会、监事会以及高级管理人员,以沪、深两市2012至2014年的A股主板上市公司为研究样本进行实证检验。结果表明,高管团队平均学历越高,平均年龄越小,平均任期越短,内部控制质量越高。当女性高管的比例未超过行业的中位数时,女性高管的比例与内部控制质量呈负相关。此外,池国华等(2014)研究发现,监事会主席的学历和职业背景(为会计、金融等经济管理类)对内部控制质量具有显著的正面影响。

2.4 关于税收激进行为的研究

关于企业税收激进行为的研究文献主要分为两类:一类是探讨税收激进

为的影响因素,另一类是研究税收激进行为的经济后果。现对相关研究进行分类和归纳。

2.4.1 税收激进行为的影响因素

关于企业税收激进行为的研究主要是基于公司治理的视角来展开的。Desai和Dharmapala(2006)首次将公司治理因素引入税收激进行为的研究框架。公司治理程度越高,企业避税程度则越低(Desai等,2007)。具有财务工作背景的董事会下设审计委员会(Lannis、Richardson,2011;Armstrong等,2015)及具有财务专长的机构投资者(Khurana、Moser,2012;蔡宏标、饶品贵,2015)均能有效制约管理层的税收激进行为。已有研究涉及的公司治理视角具体包括所有权结构、内部控制、高管激励机制及外部治理环境等。

其一,所有权结构对税收激进行为的影响。国有股权因素应纳入税收激进行为的研究中(Hanlon、Heitzman,2010),私企的避税动机更为强烈(Mikhail等,2003)。股权结构会对企业的税收激进程度产生影响(Desai、Dharmapala,2008)。Brad等(2013)认为,当所有权和决策权集中在少数人手中时,激进的税收规避行为往往存在较大的风险,导致税收激进程度更低。而Chen等(2010)研究表明,相较于非家族企业,家族企业的税收激进程度更低。家族企业的控股股东担心中小股东和税收监管部门认为他们在避税过程中存在资源转移的"抽租"行为,潜在的惩罚使其不得不减小税收激进程度。国内相关研究的结论较为一致,即与国有企业相比,民营企业的税收激进程度更高(郑红霞、韩梅芳,2008;吴联生,2009;彭韶兵、王伟,2011),受地方政府行为的影响更大(曹书军等,2009),审计监督的治理效率更突出(金鑫、雷光勇,2011)。进一步研究发现,税收激进程度在国有企业内部也存在差异,地方国有企业的避税程度显著低于中央国有企业(刘行、李小荣,2012)。

其二,内部控制对税收激进行为的影响。国外没有文献研究内部控制对企业税收激进行为的影响,国内关于内部控制与企业避税行为的研究文献也仅有两篇。陈军梅(2014)研究发现企业内部控制质量与企业避税行为呈正相关,即内部控制质量越高、避税动机越强烈的企业会采取更多的避税行为以降低实际税负。进一步研究发现,在宽松的税收征管环境下,内部控制质量越高的企业,越有可能出现激进的避税行为;而在税收征管强度较高的环境下,内部控制质量与避税行为的正相关性会降低。陈骏和徐玉德(2015)进行实证研究后发现,高质量的内部控制能有效约束企业的税收激进行为,将税收征管强度纳入研究框架后,这种约束效应在税收征管执法更严格的环境下表现得更为明显。

其三,高管激励机制对税收激进行为的影响。理论研究表明,管理层的薪酬激励机制可能是导致公司激进避税的重要原因(Crocker、Slemrod,2005)。Desai和Dharmapala(2006)以美国上市公司为研究样本,研究管理者激励机制与企业避税的关系。结果表明,管理者激励机制与税收激进的概率呈显著负相关。然而,Rego和Wilson(2012)研究发现,税收激进行为具有较大的不确定性,因此,针对高管的股权激励程度越高,企业采取税收激进决策的可能性越大。其他相关研究亦表明,薪酬业绩敏感性的提高(Minnick、Noga,2010)及薪酬契约与税收盈余挂钩(Phillips,2003;Armstrong等,2012;Gaertner,2014),能够激励管理层增加税收激进程度。

其四,外部治理环境对税收激进行为的影响。首先,关于CPA审计对税收激进行为的影响,存在两种截然不同的观点:高质量的外部审计可以有效制约企业的税收激进行为(金鑫、雷光勇,2011);高质量的外部审计在公司治理中并没有发挥应有的监督作用,反而增加了公司的税收激进程度(代彬等,2016)。其次,税收征管对税收激进行为有很大的影响。企业所处的地区税收征管越严格,企业的税收激进程度越低(Hoopes等,2012;江轩宇,2013)。税收征管能够有效监督公司高管及控股股东的行为(Desai等,2007;Guedhami、Pittman,2008),进而约束企业激进的避税行为(Crocke、Slemrod,2005;Atwood等,2012;范子英、田彬彬,2013;陈骏、徐玉德,2015)。再次,企业的政治关联程度会在一定程度上影响企业的税收激进行为。相较于非政治关联企业,政治关联企业的税收激进程度更高(Kim、Zhang,2015)。此外,由于地方政府在税收优惠上有一定的自由裁量权,而民营企业善于利用该裁量权建立政治联系以达到避税目的(徐业坤等,2013)。罗党论和魏翥(2012)研究发现,税制改革前,民营企业通过政治关联可以增加企业的避税程度。经济形势对税收激进的影响主要体现在两个方面:一方面,在紧缩的货币政策环境下或受到金融危机冲击时,企业更可能利用税收激进行为来获得内部融资;另一方面,金融发展能够拓宽企业的融资渠道,降低税收激进程度(刘行、叶康涛,2014)。最后,媒体关注会显著影响企业的税收激进行为,通过提高管理层的机会主义行为成本达到抑制避税的目的(田高良等,2016)。

此外,学者们还从其他方面研究了税收激进行为的影响因素。位于宗教信仰盛行地区的企业,承担的社会责任越多(Boone 等,2012;Hoi 等,2013),其税收激进程度越低。实施创新型战略的企业,更偏好风险,税收激进程度更高;而实施成本领先型战略的企业,则更厌恶风险,税收激进程度更低(Higgins 等,2015)。

2.4.2 税收激进行为的经济后果

税收激进行为会对企业的盈余管理、价值、股票价格、投资行为及融资成本等方面产生影响。

其一,税收激进行为对盈余管理的影响。避税通过增加税后每股盈余,达到当期或跨期盈余管理的效果(王亮亮,2014)。税收激进程度越高,企业越有可能实行向下的盈余管理(Lopez 等,1998)。管理者通过操纵应税盈余与非应税盈余来达到盈余管理的目的(Badertscher 等,2009;Graham 等,2013),且倾向于使用会计—税收差异进行"盈余平滑"(Phillips 等,2003;Tang、Firth,2011;Mills、Newberry,2011)。而这些基于税收激进的盈余管理行为最终会降低盈余持续性(Hanlon 2005;Badertscher 等,2009;Blaylock 等,2011)。

其二,税收激进行为对企业价值的影响。关于这方面的研究,学术界并未得出统一的结论。一种观点是在企业治理水平较高、机构投资者持股比例较高或媒体关注度较高的情况下,企业的税收激进行为能够提高企业价值(Desai、Dharmapala,2009;陈冬、唐建新,2013;田高良等,2016)。另一种观点是税收激进程度与企业的税务稽查风险呈显著正相关。企业一旦被查处,除需要补缴相关税费外,还可能面临惩罚(如缴纳罚款、罚金)及声誉受损,最终减小现金流量和企业价值(Chen、Chu,2005;Crocker、Slemrod,2005)。复杂交易掩饰下的税收激进行为并不一定是为了提升企业价值,也有可能是高管试图从税收规避活动中获取个人利益(Desai、Dharmapala,2006)。因此,激进的税收规避行为会增加企业的信息不对称程度及代理成本,从而降低企业价值(Kim 等,2011)。激进的税收规避行为会显著降低企业价值,给股东带来的损害比利益更大;家族企业税收激进程度越高,企业价值越小(颜淑姬,2015)。

其三,税收激进行为对股票价格的影响。企业避税的相关信息被公开后,其平均股价在资本市场主要表现为下降(Hanlon、Slemrod,2009)。税收激进行为背后隐含了诸多负面信息(如寻租等),这些信息如果长期没有清除,积聚到一定程度就会集中暴露,有可能导致企业股价崩盘的严重后果(Kim等,2011)。江轩宇(2013)同样支持上述观点,即管理者的税收规避行为越激进,未来企业股价崩盘的风险越大。

其四,税收激进行为对投资行为的影响。税收激进行为往往会引发代理问题,加剧企业内外部信息的不对称程度,而这些问题最终会导致企业过度投资或减少投资,最终降低企业的投资效率(Biddle等,2009;Chen等,2010;刘行、叶康涛,2013)。

其五,税收激进行为对融资成本的影响。关于这方面的研究也有两种截然相反的观点。一种观点是企业税收激进程度越高,融资成本越高,表现为债务利息越多,债券融资成本越高,借款利率及债券利率越高(Lisowsky等,2012;Shevlin,2013;Lftekhar等,2014)。另一种观点是合理的税收规避行为减少了企业的现金流出,提高了偿债能力,降低了融资成本(Kim、Li,2010)。在税收征管强度较大的地区,企业规避税收的激进程度越高,债务融资成本反而越低(孙刚,2013)。

此外,学者们还从其他方面研究了税收激进行为的经济后果。税收激进行为会阻碍资本市场理解企业公开披露的信息(吕伟等,2011),增加审计师的诉讼风险和声誉受损风险,导致审计费用增加和审计师调整(Donohoe、Knechel,2014;Goh等,2013)。税收激进行为可以增加现金持有,但并不能增加现金持有价值(Dhaliwal等,2011;张兆国等,2015),而增加的现金持有可以掩饰管理层的超额在职消费(廖歆欣、刘运国,2016)及关联方交易(黄蓉等,2013)等。

2.5　高管背景特征对税收激进行为的影响

国内外学者主要基于以下维度研究关于高管背景特征对税收激进行为的影响。

其一,高管类型对税收激进行为的影响。企业的避税行为除了受税务主管的显著影响,还受到董事长、总经理、财务总监等高层管理者的重大影响(Wilson,2009)。不同的经理人对企业避税的影响亦不同,具有财务专长和避税经验的董事长对企业的税收激进行为有显著影响(Dyreng等,2010;Robinson等,

2012；Armstong，2014），总经理对企业有效税率的影响要大于财务总监（Feldstein，1999）。

其二，高管外在背景特征对税收激进行为的影响。高管薪酬激励程度越高，企业避税的程度越低，二者之间的这种负相关关系在避税行为与高管寻租呈正相关的情况下依然成立（Desai、Dhammika，2006），对高管实施股权激励会显著增加企业避税的概率（张天敏，2012）。高管在企业的任期对企业避税行为有着显著影响（Dyreng 等，2010；刘华等，2012），然而，刘欣华等（2015）的研究结果表明，高管任期对企业的税收规避行为没有显著影响。同样地，高管专业背景对避税活动影响不显著（刘华等，2012），而刘欣华等（2015）认为，高管专业背景显著影响企业的避税行为。高管的年龄、学历（刘华等，2012；刘欣华等，2015）及性别（刘华等，2012）对避税活动影响不显著。

其三，高管内在背景特征对税收激进行为的影响。Dhaliwal 等（2010）研究了高管个人的税收激进程度对企业税收规避活动的影响，实证检验发现二者呈显著正相关。王娜和叶玲（2013）研究发现，管理者过度自信会使税收决策行为异化，从而显著增加企业的税收激进程度。代彬等（2016）研究发现，当高管拥有较大的权力时，公司的税收激进程度较高。

2.6 文献评述

根据前文所述，关于内部控制、高管背景特征与税收激进行为的研究文献较多，研究成果较丰富。然而，梳理相关文献后发现，仍然存在以下有待解决的问题：

其一，关于内部控制对税收激进行为的影响。目前仅有的两篇文献得出的研究结论完全相反。陈军梅基于内部控制的"效率"目标，认为内部控制质量越高的企业，越容易采取激进的税收规避手段降低实际税负。而陈骏等人的文章则基于内部控制的"合规"目标，认为高质量的内部控制能有效抑制企业的税收激进行为，减小企业由税收激进行为所带来的违规风险。在内部控制对税收激进行为的抑制效应到底是增强还是弱化这一问题上，由于存在截然不同的作用机制和解释路径，因此难以推演出确切的关系。这更多地表现为一个实证性问题，有待进一步实证检验。

其二，关于高管背景特征对内部控制的影响。首先，已有的较权威的研究多是关于管理者个人背景特征对内部控制的影响。研究表明,高管团队群体特征比高管个体特征能解释更多的企业行为(孙海法等,2016)。内部控制质量很大程度上取决于高管团队的集体行动。将高管团队的群体特征纳入理论模型,能够在保留个体特征的同时,提高对集体决策行为的解释力。其次,为数不多的关于高管团队背景特征对内部控制的影响的文献,得出的研究结论不尽相同。这可能与样本选取、模型设定、控制变量等研究设计有关,极有可能是因为对高管的界定不一致,这在一定程度上影响了结论的稳定性和可比性。尤其是我国高管名称五花八门,该问题显得更突出。因此,确定能够对内部控制施加重要影响的"核心"高管人物很有必要。再次,关于高管背景特征对内部控制质量的影响的研究大多基于管理者完全理性且"同质"的假设,而没有从管理层"异质性"这一维度进行研究。高管团队的异质性通过影响管理者的经营理念及行为方式,来影响决策质量。因此,异质性与同质性也会影响内部控制制度的制定和实行。研究高管团队异质性与内部控制质量的关系,不仅能够进一步分析内部控制质量的影响因素,而且有利于企业合理配置人力资源,释放异质性潜在的正面效应,消除其可能产生的负面影响,最终提升内部控制质量。

其三,关于高管背景特征对税收激进行为的影响。刘华与刘欣华等在相关问题的研究上也未得出一致的结论,部分结论甚至相反。这些研究多以高管背景特征对税收激进行为的直接影响为主,并未关注到高管背景特征影响内部控制并与高管的行为决策产生"纵向联系"这一点。基于前文所述,内部控制对税收激进行为具有显著影响,而高管背景特征又在一定程度上影响内部控制。由此推断,高管背景特征、内部控制与税收激进行为三者之间存在一定的关系。高管背景特征是否会影响内部控制并进一步影响税收激进行为呢?高管背景特征又如何改变内部控制与税收激进行为的关系?目前,尚无文献将内部控制、高管背景特征及税收激进行为纳入一个完整的研究框架进行研究。因此,基于高管背景特征视角考查内部控制与税收激进行为的关系具有重要意义。

其四,关于产权性质对高管背景特征等三者的作用机制的影响。产权性质不同会导致非国有企业与国有企业在公司治理、经营目标上存在较大差异,由此导致高管表现出不同的思维和行为倾向。不同的产权性质还会影响到高管团队内部的沟通和交流,进而影响企业的战略决策。那么,不同的产权属性下,高管背景特征对内部控制与税收激进行为关系的影响是否存在显著差异呢?

本书从这个角度研究高管背景特征效应同样具有研究意义。

有鉴于此,本书拟首先研究内部控制对税收激进行为的影响,在明确地界定"核心高管"定义的基础上,以核心高管的背景特征为出发点,将其划分为同质性与异质性两个维度,探究其与内部控制和税收激进行为关系的差异,从高管背景特征这一微观视角拓展内部控制与税收激进行为问题的研究,深入理解上述三者之间的作用机制。结合我国当前的制度背景,本研究将样本数据划分为非国有企业与国有企业两种类型,以考查上述关系是否存在差异。本研究有助于税收监管部门更准确地识别高管背景特征影响内部控制与税收激进行为关系的作用机制,从而制定更具针对性的监管政策,提高税收征管效率,也有助于上市公司加强高管团队建设,遴选和聘用合适的核心高管,为构建及实施税收合规的内部控制体系创造良好的控制环境,保障企业有序、合规经营的同时,切实保护外部投资者的利益。同时,本研究对深化产权制度改革、抑制企业的税收激进行为也有裨益。

3 内部控制、核心高管背景特征与税收激进行为的理论概述

上一章已经回顾了与内部控制、高管背景特征和税收激进有关的文献。研究三者之间的关系之前,必须对它们的概念进行界定,同时阐述相关理论。因此,本章将详细介绍内部控制、高管背景特征和税收激进的概念,在此基础上对三者所涉及的理论与三者的作用机制展开论述。

3.1 基本概念的界定

3.1.1 内部控制

(1)美国有关内部控制的概念

内部控制的概念困扰理论界已久,现实中往往导致股东、管理层、审计师和其他人对内部控制的理解产生分歧(*The Treadway Commission Report:Two Years Later*,1989)。在美国,内部控制的概念主要出现在会计职业团体发布的相关文件中。当然,也不乏学者对内部控制的概念予以界定。在不同的历史阶段,关于内部控制的表述亦存在一定的差异,如表3.1所示。

表3.1 美国有关内部控制的概念

年份	发布者	文件	关于内部控制概念的表述			
			目标	构成	建设	属性
1949	美国会计师协会(AIA)	《内部控制:一种协调制度要素及其对管理当局和独立注册会计师的重要性》	保护企业的资产,检查会计信息的准确性,提高经营效率,推动企业坚持执行既定的管理政策	—	—	组织机构设计、方法和措施
1972	美国审计准则执行委员会(ASEC)	《审计准则公告》	提高经营效率,获取更多资源,达到既定目标	—	—	组织、计划、程序和方法

续表 3.1

年份	发布者	文件	关于内部控制概念的表述			
			目标	构成	建设	属性
1988	美国注册会计师协会（AICPA）	《审计准则公告第55号》	合理保证企业实现特定目标	控制环境、会计系统及控制程序	—	政策和程序
1992	美国全国反虚假财务报告委员会下属的发起人委员会（COSO）	《内部控制——整体框架》	合理保证企业实现经营的效率和效果、财务报告的可靠性及相关法律和法规遵循性等目标	控制环境、风险评估、控制活动、内部监督及信息与沟通	董事会、经理层和其他员工实施	过程
2004	美国全国反虚假财务报告委员会下属的发起人委员会（COSO）	《企业风险管理——整合框架》	全面控制企业风险	内部环境、事项识别、目标设定、风险评估、风险应对、信息与沟通、控制活动及监控	—	—
2013		《内部控制——整合框架》	合理保证企业实现运营、报告和合规目标	—	董事会、管理层和其他员工实施	过程
2017		《企业风险管理框架》	聚焦于企业运营、财务报告和合规目标	—	—	—

表 3.1 所示，美国在定义内部控制的概念时主要围绕四个方面展开：内部控制的目标、内部控制的构成、内部控制的建设及内部控制的属性。首先，内部控制的目标主要包括保护企业资产、保证财务报告可靠（会计信息准确）、提高经（运）营效率及遵循法律（规）等四类。COSO 在 2004 年的文件中将内部控制的目标表述为"全面控制企业风险"，实际上只是换了一种表达形式来概括上述四类目标，即企业只有实现以上目标，才有可能控制资产损失风险、财务报告失真风险、经营效率低下风险及违反法律（规）风险。其次，内部控制的构成主要包括控制环境等五个要素，它们也是"风险管理"的组成要素。再次，内部控制

的建设主要涉及董事会、管理层和公司员工,这表明企业诸多人员均参与了内部控制建设,使得内部控制成为重要的公司内部治理机制。最后,内部控制的属性经历了从"方法、措施"到"政策、程序"直至"过程"这一变化,内部控制最终贯穿于企业经营管理的各个环节。

(2) 我国有关内部控制的概念

在我国,内部控制的概念除了出现在会计职业团体(如中国注册会计师协会)制定的相关职业规则中,还出现在政府机构(财政部、审计署等)发布的规范性文件中。相关的概念表述(包括学者的代表性观点)如表3.2所示。

表3.2 我国内部控制概念变化比较

年份	发布者	文件/文献	关于内部控制概念的表述		
			目标	建设	属性
1996	中国注册会计师协会	《独立审计具体准则第9号——内部控制与审计风险》	保证业务活动的有效进行,保护资产的安全和完整,防止、发现、纠正错误与舞弊,保证会计资料的真实、合法、完整	—	政策和程序
2003	审计署	《审计机关内部控制测评准则》	维护资产的安全、完整,确保会计信息的真实、可靠,保证其管理或者经营活动的经济性、效率性和效果性并遵守有关法规	—	政策、措施和程序
2006	上海证券交易所	《上海证券交易所上市公司内部控制指引》	达成企业预期设定的目标	董事会、管理层和其他职工实施	战略制定和经营风险管理等活动
2008	财政部、证监会、审计署、银监会和保监会	《企业内部控制基本规范》	合理保证企业经营管理合法合规、资产安全、财务报告及相关信息真实完整,提高经营效率和效果,促进企业实现发展战略	董事会、监事会、经理层和全体员工实施	过程
2012	财政部	《行政事业单位内部控制规范(试行)》	防范和管控经济活动风险	—	制度、措施和程序

续表3.2

年份	发布者	文件/文献	内部控制概念表述		
			目标	建设	属性
2017	财政部	《小企业内部控制规范(试行)》	合理保证企业经营管理合法合规、资金资产安全、财务报告信息真实可靠	小企业负责人及全体员工共同实施	过程
2007	谢志华	《内部控制、公司治理、风险管理：关系与整合》	控制风险即风险管理	—	—
2011	杨雄胜	《内部控制范畴定义探索》	运用专门手段、工具及方法，防范与遏制非我与损我，保护与促进自我与益我	—	系统化制度

由表3.2中的概念可以看出，国内有关内部控制的概念主要聚焦内部控制的目标、内部控制的建设与内部控制的属性，并不涉及内部控制的构成。首先，内部控制的目标基本与国外的趋同，涵盖了保护资产、保证信息有效性、提高效率及保证合规等四类。财政部在2012年发布的文件中将内部控制的目标表述为"防范和管控经济活动风险"，谢志华（2007）亦有类似的观点。其次，关于内部控制的建设。财政部等五部委在2008年联合发布的《企业内部控制基本规范》中首次将监事会成员列为内部控制的实施人员，这表明内部控制建设是一项由企业全体员工参与的系统性工程，财政部2017发布的《小企业内部控制规范(试行)》再次强调了上述论断。再次，关于内部控制的属性。国内亦将其定性为政策、措施、制度、程序、过程等。

综上，本文得到以下三个重要结论。第一，内部控制的目标是内部控制概念的核心要义。明确了内部控制的目标，就可以界定内部控制的概念。总体而言，内部控制的目标可以概括为四类：保证经营管理合法合规（合规目标）、保障财务报告真实可靠（报告目标）、保护资金资产安全（安全目标）及提高经营效率和效果（经营目标）。第二，内部控制的建设及属性均指向内部控制的本质——属于公司内部治理机制的一种。企业员工共同参与建设内部控制，控制制度安排最终体现在企业的生产经营上。第三，内部控制的构成在实现控制目标及发挥内部治理的作用方面举足轻重。内部控制的各组成要素均围绕"风险"展开，从评估、分析风险到防范、化解风险。此外，由于对风险进行了较好的管控,内部治理机制运行也会更顺畅,从而为企业持续发展提供更强劲的动力。

3.1.2 核心高管

高管是掌控企业管理决策权的人,其管理决策会影响企业的经营方针和发展方向(Chandler,1992),国内外学者对高管的界定也有较大的区别。Hambrick和Mason(1984)将高管界定为所有管理人员。Murray(1989)将其界定为董事会主席、副主席、首席执行官、总裁、资深副总裁及执行副总裁等。Bantel和Jankson(1992)将其界定为参与企业重大管理决策的企业管理人员。Ahmed(2007)将其界定为经理人团队。魏立群和王智慧(2002)将高管界定为总经理、首席执行官、副总经理、副总裁、总会计师及首席财务总监等。孙海法等(2006)将其界定为董事长、总经理、副总经理、总经理助理、职能部门总监在内的参与企业高层决策的管理者。鲁倩和贾良定(2009)将其界定为总经理、副总经理、总经理助理及总会计师。张兆国等(2011)将其界定为董事会成员、监事会成员以及两会成员之外的总经理、副总经理、财务总监和总经济师等。黄旭等(2013)将其界定为董事长、副总经理、总会计师、总经济师、总工程师及财务总监等人员。

为避免高管界定上的"随意性"和非核心高管带来的影响,满足研究需要,本文引入"核心高管"一词,以代替以往研究中频繁使用的"高层管理者"及"高管团队"等概念。本书中的"核心高管"是指董事长、总经理、财务总监及监事会主席等对上市公司内部控制、财务会计及企业避税能够施加重大影响的人员。这样界定的具体原因如下。首先,基于公司的组织架构视角,董事长、总经理及监事会主席分别是公司的决策机构、执行机构及监督机构的负责人,而财务总监在公司的日常生产经营中为上述机构提供大量的管理、决策信息。其次,基于内部控制视角,依据《企业内部控制基本规范》,董事会负责内部控制的建立健全和有效实施,监事会对董事会建立与实施内部控制进行监督,经理层负责组织领导企业内部控制的日常运行。因此,分别代表董事会、监事会和经理层的董事长、监事会主席和总经理均可能影响企业内部控制质量。此外,财务部门通常作为主要牵头部门进行内部控制体系的建设。因此,财务总监也直接影响企业内部控制的实施。再次,基于财务会计视角,依据《中华人民共和国会计法》(2024年),财务会计报告应当由单位负责人和主管会计工作的负责人、会计机构负责人(会计主管人员)签名并盖章;设置总会计师的单位,还须由总会计师签名并盖章,且单位负责人应当保证财务会计报告真实、完整。这表明董事长、总经理及财务总监均能够对财务会计报告产生重大影响。最后,基于企业避税视角,企业避税并非简单的税收决策行为,还涉及财务会计核算、利润分配及亏损弥补等复杂事项。依据《中华人民共和国公司法》(2018年修正),由董事会负责制订的公司年度财务预(决)算方案、利润分配方案和弥补亏损方案等需要受到监事会的监督检查,上述方案由总经理提请聘任的财务总监负责具体实施。因此,董事长、总经理、财务总监及监事会主席等对上市公司的避税行为有很大的影响。综上,"核心高管"的性别差异、年龄结构、学历高低、任期长短、教育背景及工作经历等都赋予了其特有的专业技能和管理风格,他们的知识储备和思维模式决定了他们在能力上的差异,进而对企业内部控制及税收决策等产生直接的影响。

3.1.3 核心高管背景特征的同质性与异质性

高管的个人偏好和价值观等心理特征会影响公司的战略选择,性别、年龄、学历、任期及工作经历等背景特征变量可以作为高管心理特征的替代变量(Hambrick、Mason,1984)。背景特征亦称为"人口统计特征",它是指一定地区一定时点条件下,人口现象所显示的数量特征。通过人口统计特征可以进一步探究人口现象的各种内在联系,以揭示人口的性质与特点。依据人口学理论,人口统计特征可以划分为两类:第一类是人本身具有的自然属性,如种族、年龄、性别等;第二类是人后天具有的社会属性,如任职期限、工作经历、政治背景等。

"质"是某一事物区别于其他事物的内部固有"特性",因此,事物之间具有趋同或相似的内部固有特性称为"同质性";反之,事物之间具有差异或区别的内部固有特性则称为"异质性"。同质性从广义上讲,也可解释为同"类"性,即同属一类;异质性则可解释为异"类"性,即各属一类(徐长福,2013)。根据高管团队成员可测度的变量特征,可以将高管团队划分为同质性团队与异质性团队(Neal,2003)。高管团队成员的同质性是指成员的年龄、任职期限及学历等特征的集中程度,在数值上表现为平均数(朱晋伟、彭瑾瑾,2017)。如基于年龄的同质性,学者们研究了其与企业绩效之间的关系(魏立群、王智慧,2002)。高管团队成员的异质性是指团队成员的人口统计特征以及重要的认知观念、价值观及经验的差异化,体现在性别、年龄、任期、教育水平及职业背景等多个维度(Finkelstein、Hambrick,1996;Olson、Parayitam、Twigg,2006),在数值上可以用标准差表示(朱晋伟、彭瑾瑾,2017)。关于高管团队异质性的研究始于20世纪90年代中后期,Jehn等(1999)将异质性分为三类:社会特征异质性(social category diversity)、信息异质性(informational diversity)和价值异质性(valued diversity)。其中:社会特征异质性是指成员在人口统计学特征上的差异,包括年龄、性别、民族、种族等;信息异质性是指团队成员在知识背景和观点上的差异,包括教育经历、工作经验等;价值异质性是成员对团队目标、任务的不同理解所造成的差异。Webber和Donahue(2001)将高管团队的异质性划分为与工作相关的、与工作无关的两个方面,任期异质性及学历异质性属于与工作相关的方面,能够引发工作方面的有益讨论(Jehn等,1997),使高管团队获得特定的经验、技能(Lee、Park,2006;Simons等,1999)。年龄异质性及性别异质性则属于与工作无关的方面,更容易导致社会冲突(Pelled等,1999)。

考虑到人口统计特征的可度量性,同时结合研究需要,本书中的核心高管背景特征包括性别、年龄、学历、任期、专业背景及职业背景六个方面,且分为同质性与异质性两个维度。其中,核心高管背景特征的同质性是指核心高管人口统计特征的趋同程度。若该特征属于分类变量,趋同程度表现为某一类别的占比;若该特征属于连续型变量,趋同程度则表现为平均水平。具体而言,核心高管性别的同质性是指核心高管中某一类性别的比例(性别属于分类变量,计算其平均水平不具有实际意义,故采用某一类性别的占比),本书选择女性比例进行理论分析与假设;核心高管年龄的同质性是指核心高管的平均年龄;核心高管学历的同质性是指核心高管的平均学历(本文将学历的各个层次进行连续编码,计算其平均水平,具有实际意义);核心高管任期的同质性是指核心高管的平均任期;核心高管专业背景的同质性是指核心高管所学专业的比例(专业属于分类变量,计算其平均水平不具有实际意义,故采用某一类专业的占比),本书选择与内部控制、财务会计及企业避税相关程度较高的会计、金融或经济管理类专业进行理论分析与假设;核心高管职业背景的同质性是指核心高管曾经从事某一类职业的比例(职业属于分类变量,计算其平均水平不具有实际意义,故采用某一类职业的占比),本书选择与内部控制、财务会计及企业避税相关程度较高的会计、金融或经济管理类职业进行理论分析与假设。

核心高管背景特征的异质性是指核心高管人口统计特征的差异程度。具体而言,核心高管性别的异质性是指核心高管中女性比例与男性比例的差异程度;核心高管年龄的异质性是指核心高管年龄的差异程度;核心高管学历的异质性是指核心高管学历的差异程度;核心高管任期的异质性是指核心高管任期的差异程度;核心高管专业背景的异质性是指核心高管所学专业的差异程度;核心高管职业背景的异质性是指核心高管曾经所从事职业的差异程度。

3.1.4 税收激进

税收激进,也被称为"税收规避"或"企业避税"(金鑫、俞俊利,2015;田高良等,2016;卢洪友、张楠,2016)。它是指企业为了减少每一单位税前利润或者每一单位现金流入所应缴纳的确定税款而采取的一系列措施或行为(Hanlon、Heitzman,2010)。税收激进被视为各种避税与节税的行为(Frank,2009)。由于在实践中很难将避税行为与节税行为进行区分,因此二者均包含在内(Hite、McGill,1992;Cloyd 等,1996;Hanlon、Heitzman,2010;Frank 等,2009)。国内外学者关于税收激进概念的阐述,主要从四个维度展开,即税收激进的目的、税收激进的性质、税收激进的方式及税收激进的后果。

首先,关于税收激进的目的。在《国际税收辞汇》中,避税的目的被概括为降低税收负担(规避或减轻纳税义务)、谋求税收利益等。Slemrod(2004)则认为,企业避税可以将更多的资源留存于公司内部,以求公司扩张或获得私利。

其次,关于税收激进的性质。相较于节税行为的合法性,避税行为仅具有不违法性(Shackelford 等,2001)。这表明避税行为介于合法与违法之间,处于灰色(边缘)地带。作为企业与国家之间的博弈行为,避税行为虽然在形式上没有违反税法的规定,但实质上违反了国家政策取向和立法的本意,以减少国家的税收收入作为代价来获得企业的节税收益。如果避税行为过于激进,则有可能触犯法律。

再次,关于税收激进的方式。纳税人通过精心策划,利用税收法律法规的漏洞、特例和缺陷,或借助财务安排、税收筹划等手段,向下调整应纳税所得额(Kay,1980;Hite、McGill,1992;Cloyd 等,1996;Frank 等,2009;Chen 等,2010;Lanis、Richardson,2011;田高良等,2016)。

最后,关于税收激进的后果。激进的避税活动扰乱了经济秩序,违背了国家宏观调控的意图,对经济环境造成了不良影响,成为社会资源有效再分配的障碍(金鑫、雷光勇,2015)。税收激进被认为是对社会不负责任的一种表现(Erle,2008;Schön,2008)。它使得公共服务质量下降(Freise 等,2008),长此以往将会给社会造成无法挽回的损失(Slemrod,2004;Landolf,2006;Williams,2007)。尽管税收激进行为会给企业带来税款减少和现金流增加等好处,但是它也会带来各种显性的或隐性的税收成本及非税成本。如果那些处于灰色地带的税收激进行为甚至是非法的税收激进行为被政府监管部门发现,企业不但面临罚款,社会声誉也将受到严重损害。因此,税收激进成了一项表面看似聪明、实则非常愚蠢的交易(Desai、Dharmapala,2009)。此外,在采取税收激进行为的过程中,管理层构建的复杂交易体系增加了股东对其进行监督的难度,使得税收激进极有可能沦为管理层中饱私囊的自利工具(Desai、Dharmapala,2006)。

综上,本书将税收激进定义为企业采用财务会计方法,利用税法存在的诸多不完善之处及"模棱两可"的条款规定,对发生的经济交易或事项进行有目的地的筹划和调整,达到减少或不缴纳税款的目的。税收激进行为损害了国家的税收利益,影响了税收资源配置,应该受到政府税收部门的监管。

3.2 核心高管背景特征影响内部控制与税收激进行为关系的理论基础

3.2.1 委托—代理理论

股份公司的发展伴随着股东人数的增加,使得由股东直接经营管理公司已经成为不可能。一方面,股东们无暇顾及公司的管理。事实上,他们更关注公司剩余收益的索取。另一方面,职业经理人具有专业技能和管理特长,将公司的经营管理交给职业经理人成为必然选择。在这种情况下,股东和管理者的角色很明确。前者作为公司的所有者拥有所有权,是委托人;后者作为公司的管理者只具有经营权,是代理人。所有权与经营权的分离是委托—代理关系形成的直接原因(Demsetz、Lehn,1985)。委托—代理理论(Principal-agent Theory)最早可以追溯到1932年伯利(Berle)和米恩斯(Means)的著作《现代公司与私有产权》。该理论认为,代理人具有"经济人"特征且倾向于私藏信息,该特征下衍生的"自利"动机使得他们完全有可能凭借委托人给予的经营管理权谋取个人私利,或出现侵犯(甚至不惜损害)委托人利益的机会主义行为。而委托人并不介入公司经营管理的具体事务,因此不能有效监督代理人的行为,也不了解代理人工作的勤勉程度,委托人、代理人的信息不对称现象进一步加剧,委托人与代理人之间产生利益冲突的可能性因此提高(Rehnert,1985)。

委托—代理关系中产生的代理成本主要有三类:一是委托人监督代理人的行为的监督成本;二是代理人向委托人保证实现其利益的保证成本;三是委托—代理关系中由利益冲突产生的损失成本。为缓解代理问题产生的利益冲突及减少代理成本,我们可以采取两种方式:第一种方式是设立相关规则,制定相关制度对代理人进行有效的监督和约束;第二种方式是为代理人合理设计薪酬契约以激励其为实现企业价值最大化服务,即建立完善的代理人激励机制,如高管持股。在这种薪酬激励机制下,高管作为企业股份的持有人,将与股东共担风险、共享利益,从而有效降低代理成本,进一步提升企业价值(Marris,1964;Williamson,1964;Baumol,1967;Jensen、Meckling,1976)。税收激进也是企业代理问题的一种表现。股东希望通过避税实现财富最大化,而管理层借机"寻租"谋求私人利益是企业采取税收激进行为的主要动机(陈冬、唐建新,2013)。受该动机的影响,管理层为了掩饰自利行为会降低企业的信息透明度,使其更加隐晦,信息不对称程度进一步加深,代理问题由此产生。"寻租"在推动高管采取税收激进行为的同时,又受到"隐蔽"的税收激进行为的庇护。通过税收激进行为获得的留存在企业内部的资源使用不当,则成为一种代理成本,妨碍税收资源的公平配置。因此,必须建立监督机制以约束高管的代理行为。

3.2.2 信息不对称理论

古典经济学认为,市场上供需状态的平衡及资源的有效配置有赖于对称且充分的信息。信息不对称理论(Asymmetric Information Theory)起源于20世纪70年代,是由斯坦福大学的迈克尔·斯彭斯(Michael Spence)、加利福尼亚大学的乔治·阿克尔洛夫(George Akerlof)和美国哥伦比亚大学的约瑟夫·斯蒂格利茨(Joseph Stiglitz)三位经济学家提出来的。乔治·阿克尔洛夫认为,市场信息不对称及不充分是客观存在的,因此,必须基于不对称的信息来分析市场(Rothschild、Stiglitz,1976)。该理论的核心观点主要有四个:(1)企业内外部之间存在信息不对称问题。相较于掌握企业大量信息的股东和管理者而言,投资者、债权人、供应商及客户等外部利益相关者在知晓企业信息方面明显处于劣势。企业内部之间也存在信息不对称问题。管理者属于信息优势方,而股东属于信息劣势方,管理层可能利用信息优势为权力寻租带来便利。(2)根据信息不对称发生的时间,可以将其区分为事前信息不对称与事后信息不对称。事前信息不对称引起的问题被称为"逆向选择",是指信息优势方并非通过刻意隐藏某些信息而获得特别的收益。事后信息不对称引起的问题被称为"道德风险",是指信息优势方有意在道德层面做出侵害信息劣势方利益的行为,从而不利于信息劣势方利益的最大化。(3)"逆向选择"在市场上呈现为经营管理水平较低的职业经理人为减少其被市场淘汰出局的可能性,有意或无意地向股东隐藏自己缺乏相关能力的信息,从而降低职业经理人在整个市场的平均管理水平。"道德风险"在市场上呈现为具有信息优势的管理者(经理人)侵蚀股东的利益,从而影响市场资源的有效分配。(4)为消除信息不对称产生的弊端,企业必须建立和完善公司治理机制,即制定有效的事前识别机制与事后监督机制,对管理者进行监督和约束,减小"逆向选择"问题以及行为上的"道德风险"。税收激进过程中亦存在信息不对称问题。一方面,避税行为的专业性与复杂性增加了股东与管理者之间的信息不对称程度,加大了股东对管理者的监督难度,而管理者则借助这种信息不对称,在避税决策中倾向于采用使自身利益而非股东利益最大化的方案。另一方面,避税行为的隐蔽性使得管理者需要采用繁复且隐蔽的交易来掩盖,企业信息的透明度及价值含量大大降低,因而市场难以评价企业的真实水平,配置资源的功能难以有效发挥。完善公司治理机制可以减小信息不对称对税收激进行为的影响,在一定程度上遏制管理层的寻租行为和避税行为。

3.2.3 高阶理论

1984年,汉姆布里克(Hambrick)和梅森(Mason)从高管团队人口特征的角度出发,研究了高管团队背景特征与组织绩效、企业战略选择之间的关系,进而提出了"高阶理论"(Upper Echelons Theory)。1994年,Hambrick对该理论进行了完善,认为构成、结构、激励和过程是高管团队运作的四个核心要素,并提出用"行为整合"研究团队成员在决策时的互动行为。2004年,卡朋特(Carpenter)再次对其进行修正,试图通过整合高管权力、公司治理结构等调节变量以研究高管特征对企业绩效的影响,最终形成沿用至今的较完善的理论体系。

高阶理论又被称为"高层梯队理论",其核心观点主要有四个:(1)高管在实际工作中并非经济学上假设的"完全理性人",更多地表现出"有限理性人"的特征。(2)高管对企业经营环境相关信息的理解及分析受到自身的认知水平、价值观及风险好恶的影响,高管行为不可避免地打上了其特征的"烙印",高管对自身所面临情境做出的高度个性化诠释将会影响企业的战略选择、管理决策和经营绩效。而高管的性别、年龄、学历、任期、工作经历等背景特征会对其认知水平、价值观和风险好恶等产生影响。因此,高管背景特征可以作为其认知、价值观等的替代变量。(3)高管团队的整体特征比 CEO 个体特征更能解释和预测企业的经营成效。(4)高管团队背景特征的同质性反映了团队内部的趋同性。同质性使得高管团队成员更默契,制定决策时更容易达成一致,有助于提高决策效率。高管团队背景特征的异质性反映了团队内部的差异性。异质性使得高管团队成员拥有更加丰富的知识存量、更加多元的观点和认知,能够以更开阔的视角去看待企业所处的内外部环境,倾向于从不同的立场考虑复杂的问题,更充分、更全面地比较和评价各项决策方案,有利于提高决策质量。"高阶理论"最大的贡献在于将高管人员不可量化的认知水平、价值观和风险好恶等转化为人口统计特征,使高管团队研究在实践上具有可操作性。高阶理论中关于高管团队背景特征异质性的观点受到信息决策理论(Information and Decision-Making Theory)的支持,信息决策理论同样认为,异质性团队拥有不同类型的知识、经验以及更加多样的专业视角和信息来源,具有较高的信息解读能力,从而为决策提供丰富的依据,能够保证团队做出较高质量的决策(Cox,1994;Mcleod,1996)。

3.2.4 社会类化理论

社会类化理论(Social Categorization Theory)认为,人们有意或者无意地喜欢与特征类似的人交往和互动(Tajfel,1982;Tajfel、Turner,1986),倾向于根据性别、年龄、职业等属性差别将自己和他人分类,形成不同的社会群体(Haslam,2001)。具有相同背景的人会产生一种心理认同,形成"自己人"和"非自己人"等"圈子"概念(Alexander 等,1995;孙海法等,2006)。在群体或圈子内部,人们奉行"正面自我认同"原则(Hogg、Terry,2000),偏爱自己所属的群体或圈子,排挤或鄙视其他群体或圈子(Tajfel,1982),形成一系列群体或圈子专属的特定行为,这将使得组织内部不同群体或圈子之间"全通道"且"开放式"的交流越来越少。该理论认为,团队较高的异质性会减少团队内部的沟通与合作,削弱团队的整合程度与一致性,减小战略决策的内聚力(Ferrier,2001),较难达成一致的意见(Watson等,1993),提高离职率和冲突水平(Zenger,1989;Loden,1991;Triandis等,1993;Smith等,1994;Jehn等,1997)。而决策中产生的冲突以及工作中团体氛围的不和谐,致使高管成员经常处于焦虑状态,产生自我防卫意识,互相不信任乃至产生敌意,最终对企业的发展产生消极的影响。社会类化理论的观点受到了相似吸引理论(Similarity-Attraction Theory)的支持,相似吸引理论同样认为,具有相似个性及特征的人越容易互相吸引,越乐意主动地去理解对方的思维和观念。在与那些和自己的思维、观念相近的个体交往和互动过程中,人们将加强对自身的正面评价,形成"近朱者赤,近墨者黑"的同化效应。异质性较高的团队会让团队成员产生消极的主观感受甚至不适感,减少成员之间的沟通次数,减弱交流效果等,继而影响企业的战略决策质量。

3.3 内部控制、核心高管背景特征与税收激进行为的机制分析

本部分将分析内部控制、核心高管背景特征与税收激进行为之间的作用机制,如图3.1所示。

3.3.1 内部控制与税收激进行为的关系

税收是国家强制分享企业创造的利润的一种形式。在"理性经济人"理念下,企业和股东追求利益最大化,税收规避已经成为其现实选择(罗党论、魏翥,2012)。该问题的研究始于"A-S"模型(Allingham、Sandmo,1972)。传统理论认为,避税决策是由站在同一立场的股东和管理者共同做出的,避税将资源从政府转移到股东手中,给企业带来避税收益的同时减少对政府的税收支出,从而提升企业价值。然而,现代公司的两权分离致使拥有剩余收益要求权的股东和拥有经营管理权的管理者的目标函数并不等同,管理者在信息方面的"得天独厚"的优势使其极有可能通过侵蚀股东的利益来增加自身的效益,制定体现其个人私利的税收策略(Slemrod,2004)。考虑到股东与管理者之间存在的代理冲

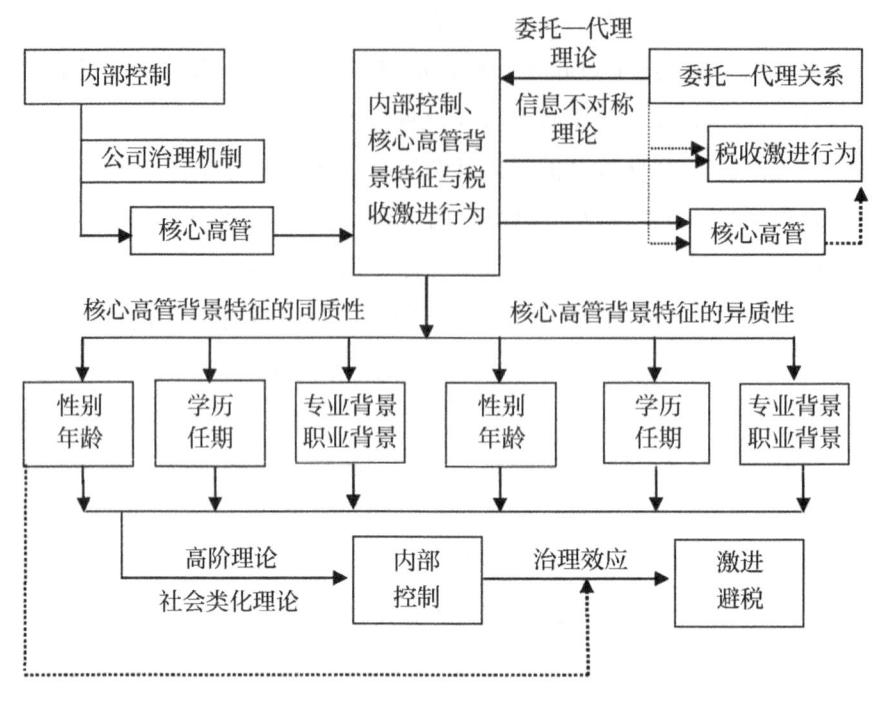

图 3.1 内部控制、核心高管背景特征与税收激进的作用机制图

突,一些学者开始将委托—代理理论引入企业税收激进行为研究(Shackelford、Shevlin,2001;Phillips,2003),从委托—代理视角分析企业的税收激进行为。Phillips(1998)指出,企业税收激进行为的产生主要是因为企业存在严重的委托—代理问题。管理层为谋取自身利益,会产生通过税收激进进行利益侵占的强烈动机,从而把公司的财富隐蔽地转移至自己名下。避税行为的复杂性与隐蔽性,加之股东获取信息的渠道不够通畅,导致股东对管理者的避税行为进行事前甄别或事后监督都是徒劳的。而根据信息不对称理论,管理者利用不对称的信息,倾向于选择使自身利益最大化的避税决策方案。Schadewald 等(2005)、Crocker 和 Slemrod(2005)的研究表明,管理者通过税收规避获取个人私利。Desai 和 Dharmapala(2006)指出,税收规避是管理者呈现给股东的"合理化"外衣。为掩饰谋取个人私利的机会主义行为,管理者偏向于构建一些复杂的交易体系或设置一些隐晦的事项来避税。Dyrent 等(2010)研究发现,管理层的避税效应主要体现在两个方面:一、高管通过利润操纵或盈余管理降低应税所得,从而达到减轻税负的目的;二、降低应税所得的过程可能伴随着高管对股东利益的侵吞。依据前文(3.1.1)中的三个重要结论,内部控制对税收激进行

为的影响机制可以通过以下三个维度进行阐释,二者之间的逻辑分析框架如图3.2所示。

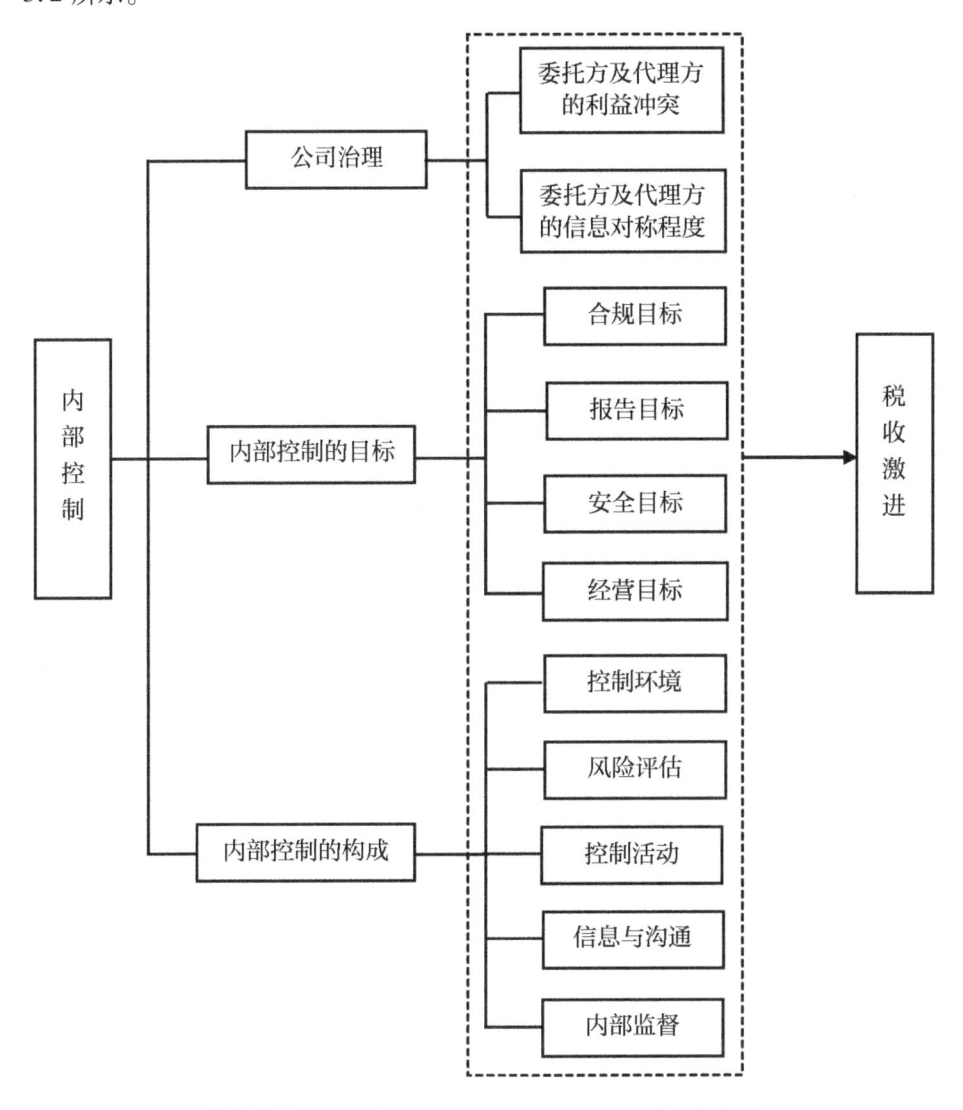

图3.2 内部控制影响税收激进行为的逻辑分析框架图

其一,基于公司治理维度。股东与管理者在避税过程中因委托—代理关系而产生的矛盾冲突,其解决路径是制定一系列行之有效的公司治理机制,从而制约管理者的自利行为并提高税收规避的边际效用。研究表明,公司治理在一定程度上能够缓解由两权分离所引起的委托—代理问题(Jensen、Meckling,1976),且公司治理影响了管理者激励对避税的作用(Desai、Dharmapala,2006)。

内部控制作为一种公司内部治理机制,可以对管理层的自利行为进行有效的监督,进而降低代理冲突。内部控制质量越高的企业,越会主动对外公布企业信息,股东与管理者之间的信息不对称情况就会减少。这样,股东不仅更了解管理者的履职情况,降低了二者之间的代理成本,而且对管理者的监督变得更加便利,可以更好地约束其可能存在的寻租行为。研究表明:良好的内部控制建设能够有效减少股东和企业管理者之间的矛盾,从而降低权益资本成本(李超、田高良,2011);内部控制可以显著降低企业的代理成本,对于隐藏信息的道德风险,企业可以通过披露内部控制信息进行有效的抑制(杨玉凤等,2010);高质量的内部控制对股东与管理者之间的代理问题有显著的抑制效果(毛洁,2012),能够降低二者之间的代理成本(Skaife,2013;彭桃英、汲德雅,2014);高质量的内部控制可以提升避税带来的企业价值效应(曹晓丽、甘日香,2016)。综上,股东与管理者之间的代理冲突使得管理者借税收激进交易转移公司的资源,有效的公司治理对代理冲突具有一定的缓解作用。内部控制作为公司治理的一种机制,通过合理配置控制权以及对企业日常经营各个环节进行控制,减小股东与管理者的利益冲突及信息不对称的影响,从而减小管理者从自身利益出发制定决策对企业造成的影响。因此,内部控制会对企业的税收激进行为产生重要的影响。

其二,基于内部控制目标维度。前文(3.1.1)已述,内部控制的目标分为合规目标、报告目标、安全目标及经营目标。首先,合规目标是基本目标,位列内部控制各目标之首。偏离了合规目标,其余目标即使实现也将对企业及社会造成严重的负面影响。合规目标要求企业树立依法经营的理念,企业的各项经济业务必须符合相关法律法规及规章制度的要求,企业不能通过不合法的经营活动获利。在设计内部控制业务流程时,企业应充分了解自身所处的内外部环境,将法律法规及规章制度的要求具体化,置企业经济业务于法律法规允许的范围内。然而,税收激进行为有悖于税法的立法宗旨,导致国家的税收收入减少且扰乱了正常的市场经济秩序,致使国家利用税收工具进行宏观调控难以实现。因此,合规目标将对税收激进行为产生重要的影响。其次,报告目标要求企业依据《企业会计准则》及各项税收法律法规进行会计核算和纳税申报,不得提供虚假财务报告和进行虚假纳税申报。内部控制应当合理保证会计信息、财务报告及纳税申报表的真实可靠,不能因为财税信息本身的错误及人为的舞弊行为而出现严重的错报行为。然而,企业为达到避税目的,可能进行一些本就不存在的繁复交易或增加一些隐蔽的事项;管理层为谋取个人私利,也可能在税收激进过程中实施舞弊行为:这些都将造成会计及税收信息失真乃至造假。因此,报告目标将对企业的税收激进行为产生重要影响。再次,安全目标要求内部控制防范企业经营活动中由资金被挪用、侵占及偷盗等,战略决策失误或错误造成的资产流失。处于灰色地带的税收激进行为一旦被监管部门发现,企业不仅要补缴税款,还要被罚款,企业的社会声誉也将受损,即企业将面临有形资产(现金及等价物)及无形资产(声誉)的流失。因此,安全目标将对企业的税收激进行为产生重要影响。最后,经营目标要求企业生产经营活动的全过程均应被内部控制覆盖,以提高经营效率与效果。内部控制应优化现有的业务流程,加强业务整合,在采购、生产、销售及仓储等环节落实关键控制措施。税收激进行为与企业生产经营活动的上述各环节联系密切,并非由管理层单独完成,需要企业内部各部门通力合作。因此,经营目标将对企业的税收激进行为产生重要影响。

其三,基于内部控制构成维度。从本质上来说,内部控制就是风险控制(李维安、戴文涛,2013),风险管理是内部控制的主要内容。企业在经营活动中,不可避免地会遇到各种风险,而高质量的内部控制则可以有效地防范和应对风险。企业的税收激进行为所产生的税收风险主要来源于两个方面:一方面,管理层对税收法律法规的滥用,导致避税行为过度,跨越法律的界线,衍变为偷逃税款;另一方面,管理层对税收法律法规的误用(既包括对现有税收法律法规不熟悉,也包括对新出台的税收法律法规不了解),导致避税行为失败。上述原因将使得企业在税收激进行为被税收监管部门稽查后,面临补缴税款、缴纳罚款(金)及声誉受损等一系列风险。2009年及2011年分别发布的《大企业税务风险管理指引(试行)》《国家税务总局大企业税收服务和管理规程(试行)》规定,企业应结合税务风险特征建立内部控制机制。因此,内部控制对税收风险会产生重要影响,继而影响企业的税收激进行为。内部控制各组成要素对税收风险的影响如下:一、通过控制环境要素了解企业税收激进行为可能存在的税收风险;二、利用风险评估要素进一步甄别、分析及评价税收风险;三、利用控制活动要素设计相应的措施防范、化解及规避税收风险;四、利用内部监督要素对上述税收风险进行管控,以确保税收风险环境、税收风险评估及税收风险控制体系正常运转;

五、信息与沟通要素提供相关资讯且贯穿于税收风险管控的始终。内部控制各组成要素通过税收风险影响税收激进行为的逻辑分析框架如图3.3所示。

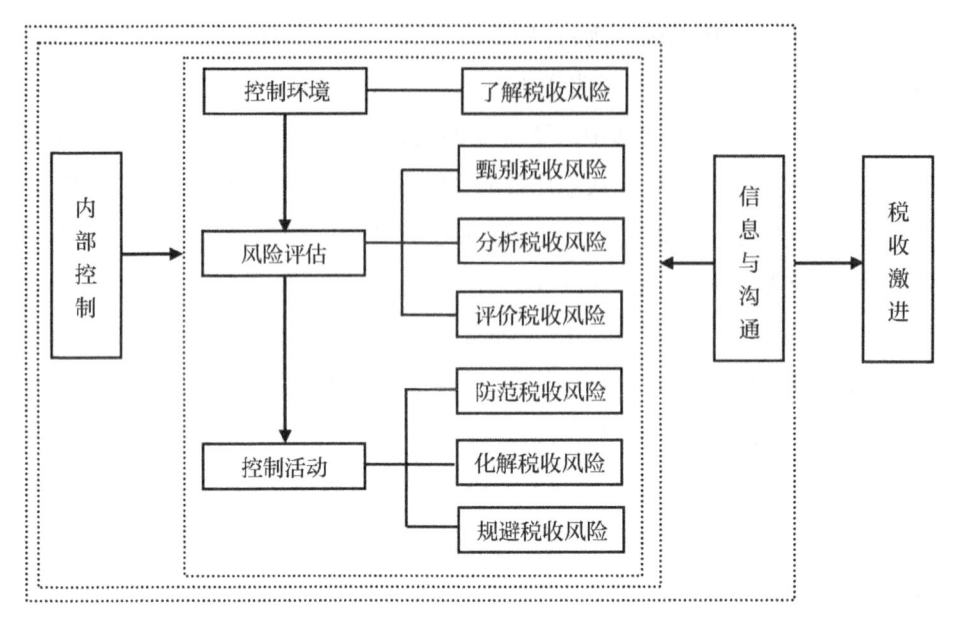

图3.3 内部控制的构成影响税收激进行为的逻辑分析框架图

3.3.2 核心高管背景特征对内部控制与税收激进行为关系的影响

高管背景特征对内部控制的影响主要通过以下两种路径实现。其一,高阶理论认为,高管团队是企业战略决策的主体,高管团队成员的性别、年龄、学历、任期、所学专业及职业经验等背景特征使他们的认知能力、价值观及风险偏好等有所不同,导致他们做出不同的行为选择,最终影响组织的战略决策和组织绩效(Hambrick、Mason,1984)。其二,内部控制理论认为,高管的价值观及风险偏好等心理特征通过控制环境影响内部控制。如COSO在《内部控制——整合框架》中指出,控制环境是整个内部控制框架的基础,管理层的风险偏好、经营理念、价值判断和管理哲学等是控制环境的重要组成内容。《企业内部控制基本规范》亦明确规定,董事会、监事会及经理层分别负责内部控制的建立与实施、监督及运行。因此,高管团队在公司内部控制建设中发挥着重要作用,内部控制作为一项由公司高管层主导的制度建设行为,必然会受到管理者背景特征的影响。内部控制作为企业的一项重要的内部治理机制,亦会对企业的税收激进行为产生抑制作用。基于此,本文将高管背景特征、内部控制与税收激进行为纳入研究框架,根据上市公司核心高管的背景特征,将其划分为同质性与异质性两个维度,并以此为视角来分析其对内部控制与税收激进行为关系的影响,以系统地探究多维度的高管背景特征对内部控制与税收激进行为关系的影响以及背后的作用机制。三者之间的逻辑分析框架如图3.4所示。

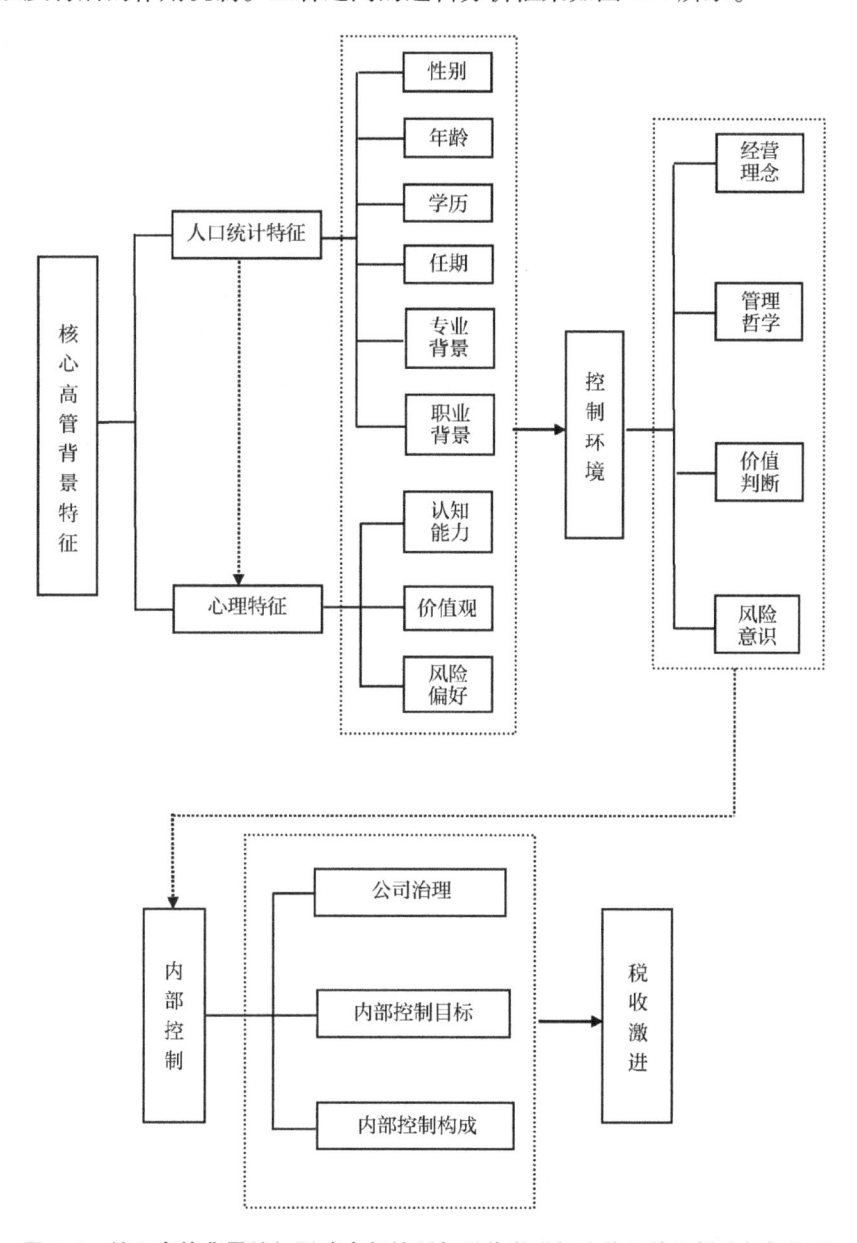

图3.4 核心高管背景特征影响内部控制与税收激进行为关系的逻辑分析框架图

(1)核心高管的性别对内部控制与税收激进行为关系的影响

关于高管性别的同质性对企业战略决策的影响,相关研究多依据高阶理论进行分析。该理论认为,企业的经营管理理念、风险偏好等会受到个体性别的影响。性别不同的高管管理风格迥异,会选择不同的企业战略方案(Krishnan、Park,2005)。Peng和Wei(2007)认为,在遇到突发事件时,女性高管往往沉着冷静,能够做出正确的决策。学者们研究发现,女性管理者更谨慎,这种特质使得她们在逻辑判断和批判性思维方面更谨慎,更倾向于规避风险,进而显著降低公司的风险水平,追求企业的长期稳定增长(Martin,2009;Francis,2008;Zahra等,2005;Srinidhi等,2011;Baixauli-Soler等,2015)。Abhijit等(2010)研究认为,女性财务总监所占比例越大,应计误差和估计误差会相对减小,这表明女性财务总监行事谨慎,具有较强的风险规避意识。女性高管强调人文关怀和职业道德,对于有损公司利益的行为会采取措施及时制止(Krishnan、Parsons,2008),更关注利益相关者的预期,勇于承担社会责任(Manner,2010)。女性高管在工作上更认真和细心,通过弥补制度的缺陷,降低财务舞弊的可能性(卢馨等,2015),提升财务报告质量(杜兴强等,2017)。为了减小由企业管理不善带来的风险,女性高管更注重管理模式的规范化和内部监督系统的制度化,企业内部控制质量由此得以提升。综上,本文推断,核心高管中女性比例越大,企业内部控制质量越高,对税收激进行为的抑制作用越大。

关于高管性别的异质性对企业战略决策的影响,相关研究结论多是根据社会类化理论得出的。相对于女性高管,男性高管常在工作中表现出权威和独裁的作风(Eagly、Johnson,1990),但过度自信容易做出错误的决策(Peng、Wei,2007)。男性高管对风险的接受程度普遍较高,行为决策往往较为激进(Adams等,2009;Huang等,2013)。在性别差异较大的高管团队中,男性和女性对风险的偏好程度不同,从而使团队成员间的情感冲突增加、内部交流减少(Zenger,1989;Smith等,1994;Jehn等,1997),企业的内部控制质量可能会随之下降。综上,本文推断,核心高管性别的异质性越高,企业内部控制质量越低,对税收激进行为的抑制作用越小。

(2)核心高管的年龄对内部控制与税收激进行为关系的影响

关于高管年龄的同质性对企业战略决策的影响,相关研究多依据高阶理论进行分析。该理论认为,不同年龄的高管有着不同的管理风格和风险意识,工作中有不同的偏好和处理问题的方式,进而对战略决策产生不同的影响。年轻的高管更敢于冒险,更倾向于承担风险;而年长的高管更保守,倾向于采取风险较小的决策(Vroom、Pahl,1971;Stevens 等,1978;徐经长、王胜海,2010;张兆国等,2011)。年长的高管知识存储量较为充足且"久经沙场",有着丰富的行业相关知识和管理经验,在决策前更能权衡利弊、鉴往知来,更倾向于规避风险,从而做出更明智的决策(Carlsson、karlsson,1970;Wiersema、Bantel,1992),有利于抑制财务报告重述及财务舞弊行为(何威风、刘启亮,2010)。池国华等(2014)研究表明,董事长的年龄与内部控制质量呈显著正相关。年长的高管从过去失败的经历中不断吸取经验,改进对问题的判断,防止因高估自身能力及过分依赖以往经验而造成的判断失误,监测风险更加及时,预测和评估风险更加准确,能够及时采取措施来减弱或消除风险的不利影响。由于"上行下效"的推广作用,年长的高管通过向每位员工灌输风险意识和管理理念,使得企业更加关注安全的发展,进而完善风险评价机制和内部监督机制。综上,本文推断,核心高管平均年龄越大,企业内部控制质量越高,对税收激进行为的抑制作用越大。

关于高管年龄的异质性对企业战略决策的影响,相关研究结论多支持社会类化理论。根据"相似相溶"原理,高管团队成员年龄差距越小,相互间的认同感和亲近感越强烈,决策时较容易达成一致。反之,年龄异质性较高的团队在决策时难以达成共识,影响决策质量、降低决策效率,从而对企业绩效产生负面影响(刘兵等,2015)。张兆国等(2011)研究发现,高管团队年龄的异质性对会计稳健性有显著的负面影响。Richard 和 Shefor(2002)研究发现,高管团队年龄的异质性越高,企业资产收益率越低。在年龄差异较大的高管团队中,管理者之间的交流与合作意愿较低,团队的凝聚力下降,甚至可能造成价值观冲突,给企业的战略决策带来一系列负面影响(Zenger、Lawrence,1989;Wiersema、Bird,1993),企业的内部控制质量可能会随之下降。综上,本文推断,核心高管年龄的异质性越高,企业内部控制质量越低,对税收激进行为的抑制作用越小。

(3)核心高管的学历对内部控制与税收激进行为关系的影响

关于高管学历的同质性对企业战略决策的影响,相关研究多依据高阶理论进行分析。该理论指出,学历对个体的认知能力和专业技能有重要影响。Wiersema 和 Bantel(1992)认为,高管的学历与信息处理能力呈显著的正相关。Kimberiy、Evanislco(1981)认为,高学历的高管有更强的能力接受新知识、适应新环境,有更清晰的思维应对不断变化的环境,做出的决策因而更有助于企业发展。Bantel 和 Jackson(1989)、Wally 和 Becerra(2001)发现高管团队的平均学历越高,管理创新和技术创新越积极。Finkelstein 和 Hambrick(1996)、Shipilov 和 Danis(2006)研究发现,管理层的学历与组织绩效呈正相关。Tihanyi(2000)研究发现,高学历的高管拥有较广的社交网络,获取信息的渠道更加多元,速度更快,而充足的信息使他们能够抢占并获取更多的战略资源,从而制定与企业目标相适应的战略。高学历的管理者通常博学广识、明晰事理,对事物洞若观火且有较强的环境适应能力。他们对内部控制的本质有深刻的理解,对内部控制的重要性有充分的认识,对内部审计有强烈的支持意愿并身体力行,对内部控制在企业经营过程中出现的缺陷有敏锐的洞察力,能够发现缺陷并及时采取积极有效的措施加以弥补,从而提高内部控制质量。综上,本文推断,核心高管的平均学历越高,企业内部控制质量越高,对税收激进行为的抑制作用越大。

关于高管学历的异质性对企业战略决策的影响,相关研究结论多支持高阶理论。不同学历的高管在学习、认知、思维与逻辑方面都存在明显的差异。高管团队成员学历的差异使得他们可以从不同的角度分析问题,透过现象看本质,有利于集思广益,避免出现"一言堂"的现象,进而提高决策质量(Amason、Sapienza,1997)。Carpenter(2002)研究证实,不同学历的高管有助于丰富管理团队的社会认知视角,带来更多的信息来源。学历异质性高的高管团队,通常能够从不同的视角去思考、分析及评判内部控制制度在设计和运行过程中的相关问题,同时综合利用各种渠道收集、整理及加工相关信息并予以反馈,这样就能为企业评估及预防风险提供更多的信息,从而确保内部控制质量的提升。综上,本文推断,核心高管学历异质性越高,企业内部控制质量越高,对税收激进行为的抑制作用越大。

(4)核心高管的任期对内部控制与税收激进行为关系的影响

关于高管任期的同质性对企业战略决策的影响,相关研究多依据高阶理论进行分析。该理论认为,高管的任期体现了其与企业之间的相互认同,任期越长的高管对工作越熟悉,在信息沟通方面越有效,承受的风险越可控。Fraser 和 Greene(2006)研究发现,随着任期的延长,管理者会总结及反思以往的经验与教训,逐步提升自己的经营管理能力,及时纠正自身在决策中的错误。高管团队平均任期越长,企业运行机制越有效,越有利于企业长期稳定发展(Hambrick,1996)。任期较长的高管团队成员对彼此更加了解,能够更好地沟通,提高团队的协作效率,能够迅速且准确地制定决策和做出判断(Zenger、Lawrence,1989;Eisenhardt、Schoonhoven,1990;Finkelstein 等,2008)。孙海法等(2006)实证表明,高管团队任期越长,对企业当期绩效的提高越有利。何威风和刘启亮(2010)研究发现,任期较长的高管工作经验较丰富,工作中不容易出错,从而降低财务重述行为发生的可能性。高管在同一企业任职时间越长,越了解企业的情况和面临的风险,越容易发现内部控制存在的缺陷,健全和完善内部控制监督体系时针对性就越强。综上,本文推断,核心高管平均任期越长,企业内部控制质量越高,对税收激进行为的抑制作用越大。

关于高管任期的异质性对企业战略决策的影响,相关研究结论多支持社会类化理论。高管团队成员任期异质性越高,相互间的磨合期就越长。由于彼此不了解,团队成员往往产生误会,沟通不畅,易于引发冲突。较高的任期异质性使得高管团队在掌握信息方面受限,削弱其应对外部环境的能力。当企业身处竞争日益激烈的环境下,高管团队往往难以制定有效的具有针对性的策略且容易出现失误(Hambrick,1989;Smith 等,1994;孙海法等,2006,刘兵等,2015)。高管任期的异质性高,表明高管团队成员合作时间短,人员变动频繁,这将使得企业的管理氛围、组织架构、价值理念及权责分配等控制环境要素都可能出现"朝令夕改"的情况。不可否认,高管团队成员的共识是内部控制制度设计的重要基石,相对稳定的维护机制则是内部控制制度运行的重要保障。任期异质性较高的高管团队极有可能出现脱离或逾越内部控制的情形,从而导致内部控制制度产生运行风险,最终降低内部控制质量。综上,本文推断,核心高管任期异质性越高,企业内部控制质量越低,对税收激进行为的抑制作用越小。

(5)核心高管的专业背景对内部控制与税收激进行为关系的影响

关于高管专业背景的同质性对企业战略决策的影响,相关研究多依据高阶理论进行分析。该理论认为,高管的专业背景构建了高管人员对事物认知的基础和结构,他们之前的教育经历形成了他们特有的认知结构及价值体系,而这些又反作用于他们的思维模式和行为方式。具有会计、金融或经济管理类专业背景的高管在内部控制系统的建设与完善中发挥着巨大作用,他们深谙会计、税收等相关法律法规,能在企业合法经营的前提下深刻阐释内部控制的本质。他们可以将理论与实践紧密结合,综合自身的专业知识与工作经验,进一步完善企业内部控制体系。面对高度不确定的环境时,他们能对企业的财务数据进行准确的分析和判断,能更加高效地甄别风险,提高内部控制质量。综上,本文推断,核心高管中具有会计、金融或经济管理类专业背景的成员的比例越大,企业内部控制质量越高,对税收激进行为的抑制作用越大。

关于高管专业背景的异质性对企业战略决策的影响,相关研究结论多支持高阶理论。高管成员专业背景的异质性越高,管理团队的知识结构越多元化,信息的互补程度越高。各种思维的碰撞不但可以为企业决策提供新的观点及切实有效的解决方案,还能激励企业创新及促进战略革新(Wiersema、Bird,1993)。差异化的专业背景使得企业可以从多个方面、多个视角及多个层次对现有战略进行评估,在比较多个战略的基础上,为企业战略决策提供更多的备选方案(Carpenter 等,2004)。李正卫等(2011)研究发现,IT 产业上市公司中高管团队的专业背景异质性会对企业绩效产生显著的正面影响。综上,本文推断,核心高管专业背景异质性越高,企业内部控制质量越高,对税收激进行为的抑制作用越大。

(6)核心高管的职业背景对内部控制与税收激进行为关系的影响

关于高管职业背景的同质性对企业战略决策的影响,相关研究多依据高阶理论进行分析。该理论认为,高管的职业背景决定了他们对风险具有不同的认知和偏好,并影响着他们决策时所采取的战略。具有会计、金融或经济管理类职业背景的高管风险意识较强,下意识地趋利避害,倾向于做出谨慎保守的战略决策(Belghitar、Clark,2012)。他们能够利用实践经验抓住有利的并购机会(Song,1982),在企业并购、资产重组时除了关注现金流及投资回报等收益,还重视风险。从事会计、金融或经济管理类工作积累的经验和吸取的教训会让高管更重视会计系统立规建制和改善公司治理(Matsuaga 等,2013),愿意花更多的时间建立内部控制体系。内部控制机制建立时,他们既有风险管理的意识,也有丰富的工作经验,从而能够实现内部控制的有效运行。综上,本文推断,核心高管中具有会计、金融或经济管理类职业背景的成员比例越大,企业内部控制质量越高,对税收激进行为的抑制作用越大。

关于高管职业背景的异质性对企业战略决策的影响,相关研究结论多支持高阶理论。职业背景异质性高的高管团队具有生产运营、研究开发、市场营销及企业管理等多项技能,能够防范个体目光短浅给企业带来的不利影响,提升团队处理及解决复杂问题的能力(Simons等,1999)。职业背景异质性高的高管团队具备更全面的知识、更宽广的视角,能够发现更多的机会和隐含的风险,为企业战略目标的实现找出更多的解决方案,从而减少决策失误并提升决策质量(周建、李小青,2012)。物流企业高管职业背景的异质性与决策绩效呈显著的正相关(赵丙艳等,2015),中小企业板上市公司高管职业背景的异质性显著正面影响企业创业战略导向(杨林,2013),高管团队职业背景异质性越高,技术创新绩效越高(马富萍、郭晓川,2010)。综上,本文推断,核心高管职业背景异质性越高,企业内部控制质量越高,对税收激进行为的抑制作用越大。

4 内部控制与税收激进行为关系的实证分析

从前面的文献综述可以发现,有学者认为,内部控制对税收激进行为会产生正面影响,也有学者认为内部控制对税收激进行为会产生负面影响。内部控制对税收激进行为的影响没有一致的结论,它们之间究竟是什么关系有待进一步实证检验。此外,鲜有研究探讨不同的产权性质下,内部控制对税收激进行为的影响是否存在显著差异,这也是本章的研究主题。有鉴于此,本章拟结合产权性质,对内部控制与税收激进行为的关系进行全面深入的研究。

4.1 理论分析与假设提出

作为一种重要的公司内部治理机制,高质量的内部控制能够通过抑制管理者的自利行为降低道德风险,减少逆向选择,使得内部控制在提升公司治理效率方面被赋予重任。税务相关的内部控制是企业内部控制的重要组成部分,因此,税收激进行为作为代理问题的一种表现形式,必然受到内部控制的影响。一方面,高质量的内部控制对企业的税收激进行为可能存在制约效应。传统研究认为企业避税不存在代理问题(Hanlon、Heitzman,2010),企业通过避税将国家财富转移到股东手中,可以降低所得税负担,增加现金流,实现了价值的再创造,从而较好地满足股东的利益需求。稳健的投资者期盼"恪尽职守"的管理者寻求一个又一个的避税机会来帮助他们增长财富(Frischmann 等,2008;Koester,2011)。然而,在所有权与经营权分离的情况下,管理者通过繁复的交易形式进行避税,一方面是为了隐瞒企业的真实收益,另一方面是为了加大企业外部股东监督其行为的难度系数,降低其攫取企业内部控制权的私利成本(Desai、Dharmapala,2006;Desai 等,2007;Desai、Dharmapala,2009)。因此,管理者实施避税行为的目的极有可能是谋取个人私利,而该目的通常被掩盖于"帮助股东实现价值最大化"这一外衣之下(Desai、Dharmapala,2006)。

基于委托—代理理论,股东和董事会将寻求有效的公司治理机制以减少由管理者与股东的偏好差异而产生的避税代理问题(Jensen、Meckling,1976),以确保管理层做出的税收决策符合股东的利益。研究表明,良好的公司治理能够有效降低公司的税收规避程度(Slemrod,2004;Chen、Chu,2005;Crocker、Slemrod,2005;Bauer,2015),切实有效的公司治理机制通过遏制管理层基于税收激进手段产生的机会主义行为,进而增加公司价值(Desai、Dharmapala,2006)。以合规为导向的内部控制作为公司的一项内部治理机制,以最新的会计、税收等法律法规和政策为依据,实施的控制程序更加有效,监督与控制的作用能得到更好的发挥,从而更容易甄别与发现企业的税收激进行为,改善避税活动复杂且不透明的状况,降低企业违法违规的风险及代理成本,约束高管在避税活动中的自利行为。若管理层试图通过制定激进的税收策略以谋求个人私利,但是基于内部控制监督机制的威慑作用,又担心股东问责或招致严重的经济后果,管理层就可能降低税收激进程度,减少税收激进行为。因此,基于内部控制的公司内部治理机制将抑制经理人以攫取私利为意图的税收激进行为。

高质量的内部控制对企业的税收激进行为也可能存在助长效应。管理层在避税活动中存在自利行为,通过税收激进行为对公司股东"抽租",由此产生一系列非税成本。但是,当避税活动所带来的税后收益大于避税成本时,企业仍有较强的避税意愿,极有可能通过构建一系列完善的税收内部控制机制将避税法律风险降至较低的程度,以避免出现税务危机。此外,高质量的内部控制使得企业对税收的掌控能力较强,从而激发了企业较强的避税动机。企业避税在表面上体现为高管人员的最优税收决策行为,具有极强的专业性。但实际上其与企业生产经营活动的诸多环节(如采购、生产、销售及财务等)密不可分,需要企业内部各部门通力合作。而这些都有赖于企业内部控制体系的建立,尤其是与税收相关的内部控制。企业为此需要建立内部税务组织,统一税收业务流程,完善税额申报流程,构建税务风险测评体系等。借助高质量的内部控制,企业通常可以积累更充足的税务经验,有更强的能力发现可能存在的避税机会,因而更容易采取税收筹划等方式,采用一系列更隐蔽且繁复的交易形式,来达到避税目的、掩盖避税行为。因此,高质量的内部控制在企业的税收激进行为中可能充当"始作俑者"的角色。

综上,关于内部控制影响企业税收激进行为的机制在经验证据方面尚不充分,结论也并不明确,二者之间的关系仍是一个悬而未决的问题。因此,本章提出如下竞争性假设4.1:

一、假设 4.1a:限定其他条件,高质量的内部控制能够抑制企业的税收激进行为。

二、假设 4.1b:限定其他条件,高质量的内部控制能够促进企业的税收激进行为。

4.2 变量定义与模型构建

4.2.1 变量定义

(1)税收激进

测度税收激进行为的方法有很多种,目前国内外广泛采用的一般有以下三种。

一是有效税率(Effective Tax Rate,ETR)。国外的学者大多采用有效税率来衡量企业的避税程度(Chen 等,2010;Hanlon、Heitzman,2010;Lanis、Richardson,2011;Fariz、Bonnie,2012)。ETR 的计算方法有以下三种:(1)ETR1 = 所得税费用/税前利润(Porcano,1986);(2)ETR2 = (所得税费用 – 递延所得税费用)/税前利润(Porcano,1986);(3)ETR3 = (所得税费用 – 递延所得税费用)/(税前利润 – 递延所得税费用/名义税率)(Shevlin,1987)。但这些方法与我国的税收征管现状并不相符,原因如下:一方面,税收政策本身很复杂;另一方面,上市公司通常享有较多的税收优惠,直接采用有效税率衡量企业的避税程度必然存在较大的偏差(吴联生,2009)。因此,本章及第 5、第 6 章借鉴刘行和叶康涛(2013)的做法,使用名义税率与有效税率差异的绝对值来衡量不同企业的避税程度。

二是会计账面与实际税负差异(Book Tax Difference,BTD)。国外亦有学者采用会计—税收差异法衡量企业避税的程度(Manzon、Plesko,2002)。具体计算公式如下:

$$BTD = 会计 - 税收差异/资产总额. \qquad (4.1)$$

三是固定效应残差法计算的会计—税收差异(DD_BTD)。Desai 和 Dharmapala(2006)提出用扣除应计利润影响之后的会计—税收差异来描述税收激进程度。相较于未扣除盈余管理的会计—税收差异法,利用该方法衡量税收激进程度更准确(金鑫、雷光勇,2011),具体计算公式如下:

$$BTD_{i,t} = \beta_1 TACC_{i,t} + \mu_i + \varepsilon_{i,t}. \qquad (4.2)$$

其中:μ_i 为 i 公司在样本期间内残差的平均值,代表公司会计—税收差异不随时间变化的固有特征部分;$\varepsilon_{i,t}$为i公司在第t年对残差均值μ_i的偏离程度,代表公司会计—税收差异的变动特征部分。$DD\_BTD_{i,t}=\mu_i+\varepsilon_{i,t}$是上述固定效应模型的回归残差,代表$BTD$中不能被应计利润解释的部分,即剔除了总的会计—税收差异中由盈余管理解释的部分。它能进一步衡量公司的税收激进程度。

通过以上计算公式可以看出,$Rate$、BTD及DD_BTD越大,表明企业税收激进程度越高。本章及第5、第6章在主测试中采用有效税率的三种计算方式($Rate1$、$Rate2$与$Rate3$)作为税收激进行为的衡量指标。

(2)内部控制

目前的文献中用来衡量内部控制质量的指标主要有以下几个:(1)内部控制自我评价报告和鉴证报告是否已由企业披露;(2)内部控制缺陷是否已在内部控制自我评价报告和鉴证报告中披露;(3)深圳某公司发布的内部控制指数等。前面两种度量方法存在一个问题,即企业只有在内部控制制度运行较好的情况下才会选择积极披露内部控制信息,存在"自选择"问题。因此,本文选取深圳发布的内部控制指数来衡量样本公司的内部控制质量。内部控制指数是依据内部控制五大目标的实现程度来设计的,包含企业战略执行的结果、经营回报、信息披露的真实完整性、经营的合法合规性与资产安全这五个方面。同时,笔者将内部控制缺陷作为修正变量对内部控制指数进行改进。该指数采用千分位制,取值范围为[0,1000]。它是在量化上市公司内部控制水平与风险管理能力的基础上进行综合反映的指数,也是目前衡量内部控制质量较权威的指数,得到了国内学者的认可(李万福、陈晖丽,2012;陈骏、徐玉德,2015)。

由于内部控制指数的取值区间较大,本章及第5、第6章在主测试中采用内部控制指数的自然对数作为内部控制质量的度量指标,使得内部控制质量的最终度量指标取值区间为[0,10]。

4.2.2 模型构建

针对假设4.1,为考查内部控制对税收激进行为的影响,本章构建如下模型:

$$\begin{aligned}Rate=&\alpha_0+\alpha_1IC+\alpha_2Tax\_rate+\alpha_3ROA+\alpha_4Lev+\alpha_5PPE+\alpha_6Inven\\&+\alpha_7Intan+\alpha_8Size+\alpha_9Growth+\alpha_{10}TOP1+\alpha_{11}Age+\alpha_{12}Loss\\&+\alpha_{13}EQINC+\alpha_{14}Audit+\sum Year+\sum Ind+\varepsilon.\end{aligned} \quad (4.3)$$

在上述回归模型中,本章关注的是 α_1。如果 α_1 显著为负,那么假设 4.1a 就得到验证,说明高质量的内部控制能够抑制企业的税收激进行为;反之,如果 α_1 显著为正,那么假设 4.1b 就得到验证,说明高质量的内部控制能够促进企业的税收激进行为。

为了控制除内部控制以外的其他影响税收激进行为的因素,本章及第 5、第 6 章选取盈利能力、融资需求、财务风险、公司组织特征、治理结构及审计意见等控制变量。具体变量定义如表 4.1 所示。

Tax_rate 表示名义所得税税率。名义所得税税率直接影响企业应纳税所得额和企业的避税决策。在应纳税所得额相同的情况下,名义所得税税率越高,纳税成本越高,企业避税的动机就越强烈。

ROA 表示公司的盈利能力。Spooner(1986)指出,盈利能力对公司税负具有重要影响。Wilkie(1998)认为,当公司规模一定时,盈利能力强的企业会有更强的规避税收的动机。税前利润越多,需要缴纳的税款越多,公司越有动机和资源去避税。盈利能力较强的公司在税收优惠方面(如税收抵扣、减免及返还)具有更显著的优势,更有动机从事避税活动以减少纳税金额(Gupta、Newberry,1997;Kim、Limpaphayom,1998;Manzon、Plesko,2002;Dyreng 等,2008)。然而,也有研究表明,企业盈利的能力与避税的关系呈现出两面性:一方面,如前所述,企业盈利能力强,需要纳的税多,因而表现出较强的避税动机;另一方面,企业因利润增加,而忽视税收筹划所节省的税收,避税程度较低(Derashid、Zhang,2003;张玲、朱婷婷,2015)。因此,盈利能力与税收激进行为的关系尚不明确。

Lev 表示公司的财务杠杆。Graham 和 Tucke(2006)认为,财务杠杆与企业的避税行为有密切的关系。一般而言,公司负债越多,还债压力越大,基于节省现金流支出的税收激进动机就越强。同时,负债越多的公司,其利息的税盾效应越强,会采取更多的税收激进手段,导致其实际税率很低(Stickney、McGee,1982;Mills 等,1998;Wu 等,2007)。

PPE 表示固定资产的比例。由于固定资产可以降低所得税,因此,固定资产的比例越高,实际税率越低,即企业避税的程度越高。

Inven 表示存货比例。存货比例越高,企业的长期资本比例就越低,利用固定资产折旧和无形资产摊销来降低实际税负的作用就越小。Gupta 和 Newberry(1997)、Lanis 和 Richardson(2011)的研究也证实存货比例越高,企业的税收激

进程度越低。

Intan 表示无形资产的比例。税法规定,无形资产的研发支出具有抵税作用,且无形资产摊销可以税前扣除。已有研究发现,无形资产的比重与企业避税的程度呈正比关系(Gupta、Newberry,1997;Lanis、Richardson,2011)。

Size 表示公司规模。按照政治假说理论(Gupta、Newberry,1997),公司规模越大,政治成本越高,更会受到社会关注,导致其税率较高,因而较少地采取税收激进手段(Zimmerman,1983)。当然也有学者认为,大企业进行税收筹划时拥有更多的游说资源,可以获取更多的税收优惠(Siegfried,1972),以达到避税的目的(Lanis、Richardson,2011)。而 Wilkie(1998)的研究表明,企业避税的程度与企业规模没有显著关系。故企业规模与税收激进行为的关系尚不明确。

Growth 表示企业的成长性,企业的成长性越高,表明企业的投资项目越多,对资金的需求也越大,避税动机随之增强(Phillips,2003),因而可以利用投资项目开展更多的避税活动。

*TOP*1 表示股权集中度。股权集中度越高,表明第一大股东持股比例越高。大股东对企业有较强的干预动机,为追求股东利益最大化,往往采取激进的避税决策。但也有研究表明,股权集中度越高,税收激进程度越低(蔡宏标、饶品贵,2015)。故股权集中度与税收激进行为的关系有待实证检验。

Age 表示企业上市年限。Chen 等(1999)认为,企业上市年限越长,治理结构越有可能出现问题。Krishnan(2005)的研究亦表明,企业上市年限增加,财务舞弊的概率也在增加。由此可以推断,上市年限越长,管理层为获取"一己私利"实施税收激进决策的动机越强(代彬等,2016)。然而,Doyle 等(2007)研究发现,企业上市年限越长,内部控制水平越高,对管理层的约束也越强。在此情形下,管理层可能会减少实施税收激进决策。故企业上市年限与税收激进行为的关系有待实证检验。

Loss 表示企业上一年的亏损状况。上一年的亏损可以在当年的税前利润中抵扣,从而减少当年的应纳税额,使得企业有较强的动机实施税收激进决策。田高良等(2016)的研究也证实了该结论。

EQINC 表示投资收益比。按照税法规定,符合条件(如居民企业之间的股息、持股上市公司期限在 12 个月及以上)的权益性投资收益及国债利息收入等均可免税。因此,投资收益比例越高,企业的避税动机越强。金鑫和雷光勇

(2011)研究发现,投资收益比与企业避税的程度呈显著正相关。

Audit 表示审计意见类型。企业审计意见类型为无保留意见,意味着企业财务会计遵守相关的准则制度,包括依法纳税等。企业出于维护声誉机制的考虑,通常会较少实施税收激进决策。反之,企业审计意见类型为非标准意见时,声誉机制对其约束乏力,导致其避税动机较强。

Year 表示年度。本研究的时间为 2010 至 2015 年,共 6 年。因此设置 5 个年度虚拟变量来控制年度之间的差异。

Ind 表示行业。由于不同行业的税收激进程度有差异,本章根据证监会 2012 年颁布的《上市公司行业分类指引》,将行业划分为 18 个,因此设置 17 个虚拟变量来控制行业之间的差异。

表4.1 变量定义

变量名称	变量符号	变量定义或计算方法
税收激进行为	Rate	计算方法详见上文
	BTD	计算方法详见上文
	DD_BTD	计算方法详见上文
内部控制	IC	计算方法详见上文
名义税率	Tax_rate	名义所得税税率
盈利能力	ROA	净利润/期末资产总额
财务杠杆	Lev	期末负债总额/期末资产总额
固定资产比例	PPE	期末固定资产净值/期末资产总额
存货比例	Inven	期末存货净值/期末资产总额
无形资产比例	Intan	期末无形资产净值/期末资产总额
公司规模	Size	期末资产总额的自然对数
成长性	Growth	(本期主营业务收入－上期主营业务收入)/上期主营业务收入
股权集中度	TOP1	第一大股东持股数量/公司总股本
上市年限	Age	企业上市年限取自然对数
亏损状况	Loss	虚拟变量,当企业上一年的净利润为负时,取值为1,否则取值为0

续表 4.1

变量名称	变量符号	变量定义或计算方法
投资收益比	EQINC	当期投资收益/期末资产总额
审计意见类型	Audit	虚拟变量,非标准审计意见取值为1,否则取值为0
年度	Year	年度固定效应
行业	Ind	行业固定效应

4.3 实证分析与结果描述

4.3.1 样本选择

本章以 2010 年至 2015 年的我国 A 股上市公司为初选样本,并遵循研究惯例对样本进行如下筛选:(1)剔除当年 ST 或 PT 的样本;(2)剔除金融、保险行业的样本;(3)剔除主要财务数据缺失的样本;(4)剔除当年 IPO 的样本;(5)参考吴联生(2009)的研究,剔除当期所得税费用、税前会计利润及净利润小于 0 的样本,因为用这部分样本计算得到的实际税率不能体现企业经营业绩与实际税负之间的关系;(6)剔除实际税率大于 1 或小于 0 的样本。上市公司财务数据来自 CSMAR 和 Wind 数据库,经过以上处理,最终得到 9786 个样本观测值。此外,为控制异常值的影响,本章对模型中的所有连续变量进行了双向 1% 的 Winsorize 处理,主要运用 Stata14.0 和 SAS9.4 软件处理数据和统计分析。

根据证监会 2012 年颁布的《上市公司行业分类指引》,本章中的行业分类除制造业保留两位行业代码外,其余行业均保留一位代码,共 18 个行业。表 4.2 所示为样本的行业分布情况。由表可知,制造行业的公司比重较大,占比为 63.96%。但从行业整体分类来看,样本在各行业的分布比较均匀,表明本章选取的样本较为合理并有一定的代表性。

表 4.2 样本的行业分布

行业代码	数量	百分比	行业代码	数量	百分比
A 农、林、牧、渔业	105	1.07	C36 汽车制造业	331	3.38
B 采矿业	243	2.48	C37 铁路、船舶、航空航天和其他运输设备制造业	135	1.38
C13 农副食品加工业	131	1.34	C38 电气机械和器材制造业	631	6.45

续表 4.2

行业代码	数量	百分比	行业代码	数量	百分比
C14 食品制造业	95	0.97	C39 计算机、通信和其他电子设备制造业	813	8.31
C15 酒、饮料和精制茶制造业	162	1.66	C40 仪器仪表制造业	98	1.00
C17 纺织业	161	1.65	C41 其他制造业	81	0.83
C18 纺织服装、服饰业	126	1.29	C42 废弃资源综合利用业	4	0.04
C19 皮革、毛皮、羽毛及其制品和制鞋业	27	0.28	C43 金属制品、机械和设备修理业	1	0.01
C20 木材加工和木、竹、藤、棕、草制品业	27	0.28	D 电力、热力、燃气及水生产和供应业	352	3.60
C21 家具制造业	22	0.22	E 建筑业	276	2.82
C22 造纸和纸制品业	103	1.05	F 批发和零售业	614	6.27
C23 印刷和记录媒介复制业	34	0.35	G 交通运输、仓储和邮政业	361	3.69
C24 文教、工美、体育和娱乐用品制造业	47	0.48	H 住宿和餐饮业	46	0.47
C25 石油加工、炼焦和核燃料加工业	57	0.58	I 信息传输、软件和信息技术服务业	506	5.17
C26 化学原料和化学制品制造业	633	6.47	K 房地产业	542	5.54
C27 医药制造业	664	6.79	L 租赁和商务服务业	104	1.06
C28 化学纤维制造业	75	0.77	M 科学研究和技术服务业	57	0.58
C29 橡胶和塑料制品业	202	2.06	N 水利、环境和公共设施管理业	89	0.91
C30 非金属矿物制品业	293	2.99	O 居民服务、修理和其他服务业	13	0.13
C31 黑色金属冶炼和压延加工业	88	0.90	P 教育	3	0.03
C32 有色金属冶炼和压延加工业	189	1.93	Q 卫生和社会工作	18	0.18
C33 金属制品业	189	1.93	R 文化、体育和娱乐业	73	0.75
C34 通用设备制造业	347	3.55	S 综合	125	1.28
C35 专用设备制造业	493	5.04	合计	9,786	100

4.3.2 描述性统计

(1)全样本描述性统计

表4.3所示为各变量的描述性统计结果。对于连续性变量,在进行描述性统计时,已分别按两端各1%进行了Winsorize处理。由表可知,名义税率与有效税率差异的三个度量指标(Rate1、Rate2及Rate3)呈现出相对较吻合的统计形态。以Rate1为例,其均值为0.063,标准差为0.078,最小值为0,最大值为0.497,说明不同企业之间的税收激进程度差异较大。内部控制(IC)的均值为6.520,中值为6.532,表明《企业内部控制基本规范》实施以后,上市公司内部控制质量整体较好。标准差为0.101,最小值为6.143,最大值为6.808,说明上市公司在样本期间内内部控制的建立和实施情况差异较小。

在控制变量方面,名义税率(Tax_rate)的统计取值从0.100到0.250不等,这是因为上市公司在不同行业、不同地区享受着各种税收优惠。盈利能力(ROA)的均值为0.056,说明上市公司整体盈利能力较弱。标准差为0.044,最小值为0.001,最大值为0.231,最大值与最小值相差较大,表明不同企业之间的盈利能力差距明显,上市公司发展不均衡。财务杠杆(Lev)的均值为0.427,表明上市公司整体负债水平适中。标准差为0.211,最小值为0.045,最大值为0.884,表明资产负债率差异较大,部分企业依然存在资不抵债的现象。固定资产比率(PPE)的均值为0.223,无形资产比例(Intan)的均值为0.047,一方面表明上市公司有形资产比例较高,为企业债务融资提供了较强的抵押保障;另一方面说明上市公司"重固定、轻无形"的资产投资倾向较明显。存货比例(Inven)的均值和中位数分别为0.166和0.125,表明上市公司在样本期间内存货投资较少。

公司规模(Size)的均值为22.005,表明上市公司平均规模适中。标准差为1.256,最小值为19.503,最大值为25.947,表明上市公司的规模差异较大,两极分化现象严重。成长性(Growth)的均值为0.241,标准差为0.579,表明上市公司之间成长差异性较大,发展不均衡。股权集中度(TOP1)的均值为0.364,说明上市公司第一大股东持股比例较高,"一股独大"现象仍然常见。中位数为0.346,表明50%以上的上市公司第一大股东持股比例超过34%。标准差为0.151,最小值为0.090,最大值为0.755,表明上市公司大股东持股比例差异较大,存在明显的失衡现象。上市年限(Age)的均值为1.88,标准差为0.928,表明不同公司的上市年限差异较大。投资收益比(EQINC)的均值为0.007,表明上市公司从被投资单位获取的收益比重较小。亏损状况(Loss)的均值为0.049,表明4.9%的上市公司上一年存在亏损现象。审计意见(Audit)的均值为0.013,表明1.3%的上市公司的审计报告意见类型为非标准审计意见,绝大部分上市公司的财务报告反映了自身的财务状况。总体来看,控制变量的均值和中位数均较为接近,表明控制变量符合正态分布,不存在严重偏差。

表4.3 全样本描述性统计

变量	样本数	均值	标准差	最小值	p25	p50	p75	最大值
Rate1	9786	0.063	0.078	0.000	0.013	0.035	0.083	0.497
Rate2	9786	0.084	0.104	0.001	0.019	0.047	0.108	0.584
Rate3	9786	0.060	0.078	0.000	0.012	0.032	0.075	0.448
IC	9786	6.520	0.101	6.143	6.473	6.532	6.573	6.808
Tax_rate	9786	0.191	0.051	0.100	0.150	0.150	0.250	0.250
ROA	9786	0.056	0.044	0.001	0.024	0.046	0.076	0.231
Lev	9786	0.427	0.211	0.045	0.255	0.424	0.592	0.884
PPE	9786	0.223	0.165	0.002	0.097	0.189	0.317	0.710
Inven	9786	0.166	0.157	0.000	0.065	0.125	0.207	0.767
Intan	9786	0.047	0.051	0.000	0.016	0.034	0.058	0.327
Size	9786	22.005	1.256	19.503	21.096	21.820	22.713	25.947
Growth	9786	0.241	0.579	−0.474	0.007	0.132	0.300	4.666
TOP1	9786	0.364	0.151	0.090	0.242	0.346	0.472	0.755
Age	9786	1.880	0.928	0.000	1.099	2.079	2.708	3.091
Loss	9786	0.049	0.216	0.000	0.000	0.000	0.000	1.000
EQINC	9786	0.007	0.016	−0.005	0.000	0.001	0.006	0.103
Audit	9786	0.013	0.113	0.000	0.000	0.000	0.000	1.000

(2)区分产权性质的描述性统计

在全样本描述性统计的基础上,本章进一步区分产权性质,分别对非国有企业与国有企业的各变量进行描述性统计分析,并对上述变量的均值进行T检验(T test),对中位数进行Wilcoxon秩和检验(Wilcoxon test),以辨别这两组样本是否存在显著差异,描述性统计与检验结果分别如表 4.4、4.5 与 4.6 所示。从两组样本的对比情况来看,非国有企业税收激进行为(Rate1)的均值为 0.073,中位数为 0.044,国有企业税收激进行为的均值为 0.056,中位数为 0.030,非国有企业税收激进行为的均值与中位数都显著高于国有企业,即非国有企业的避税程度更高。这与吴联生(2009)、Chan 等(2013)的经验研究相符。在税收激进行为的另外两个度量指标(Rate2、Rate3)上,非国有企业与国有企业也存在这种关系。非国有企业内部控制(IC)的均值为 6.510,中位数为 6.527,国有企业内部控制的均值为 6.533,中位数为 6.538,表明国有企业内部控制质量明显高于非国有企业。在名义税率(Tax_rate)、财务杠杆(Lev)、固定资产比例(PPE)、存货比例(Inven)、无形资产比例(Intan)、公司规模(Size)、股权集中度(TOP1)、上市年限(Age)、亏损状况(Loss)及投资收益比(EQINC)等控制变量上,国有企业显著高于非国有企业。在盈利能力(ROA)与成长性(Growth)上,非国有企业显著高于国有企业。在审计意见类型(Audit)等控制变量上,非国有企业与国有企业不存在显著差异。由此可见,非国有企业与国有企业在内部控制、盈利能力与公司特征等方面存在显著差异,这些差异导致两类企业的税收激进程度明显不同。

表 4.4 非国有企业样本描述性统计

变量	样本数	均值	标准差	最小值	$p25$	$p50$	$p75$	最大值
$Rate1$	5697	0.073	0.085	0.000	0.016	0.044	0.099	0.497
$Rate2$	5697	0.098	0.111	0.001	0.023	0.058	0.133	0.584
$Rate3$	5697	0.071	0.084	0.000	0.015	0.040	0.094	0.448
IC	5697	6.510	0.094	6.143	6.467	6.527	6.567	6.808
Tax_rate	5697	0.179	0.048	0.100	0.150	0.150	0.250	0.250
ROA	5697	0.061	0.045	0.000	0.027	0.052	0.083	0.231
Lev	5697	0.369	0.203	0.045	0.202	0.349	0.512	0.884
PPE	5697	0.197	0.135	0.002	0.094	0.174	0.279	0.710
$Inven$	5697	0.161	0.148	0.000	0.071	0.123	0.196	0.767
$Intan$	5697	0.044	0.043	0.000	0.018	0.035	0.057	0.327
$Size$	5697	21.608	1.018	19.503	20.888	21.472	22.192	25.851
$Growth$	5697	0.266	0.611	−0.474	0.014	0.152	0.323	4.666

续表 4.4

变量	样本数	均值	标准差	最小值	p25	p50	p75	最大值
TOP1	5697	34.033	14.404	9.000	22.871	31.918	42.980	75.458
Age	5697	1.527	0.935	0.000	0.693	1.386	2.398	3.091
Loss	5697	0.041	0.199	0.000	0.000	0.000	0.000	1.000
EQINC	5697	0.006	0.015	−0.005	0.000	0.001	0.005	0.103
Audit	5697	0.013	0.113	0.000	0.000	0.000	0.000	1.000

表 4.5　国有企业样本描述性统计

变量	样本数	均值	标准差	最小值	p25	p50	p75	最大值
Rate1	4089	0.056	0.072	0.000	0.011	0.030	0.072	0.497
Rate2	4089	0.075	0.096	0.001	0.016	0.041	0.092	0.584
Rate3	4089	0.052	0.072	0.000	0.010	0.027	0.063	0.448
IC	4089	6.533	0.108	6.143	6.482	6.538	6.583	6.808
Tax_rate	4089	0.208	0.050	0.100	0.150	0.250	0.250	0.250
ROA	4089	0.049	0.041	0.001	0.020	0.038	0.065	0.231
Lev	4089	0.507	0.194	0.045	0.362	0.514	0.661	0.884
PPE	4089	0.259	0.192	0.002	0.103	0.216	0.385	0.710
Inven	4089	0.173	0.167	0.000	0.055	0.130	0.221	0.767
Intan	4089	0.050	0.060	0.000	0.013	0.032	0.060	0.327
Size	4089	22.558	1.345	19.503	21.614	22.349	23.392	25.947
Growth	4089	0.205	0.530	−0.474	−0.001	0.112	0.262	4.666
TOP1	4089	39.739	15.398	9.000	27.330	39.307	51.086	75.458
Age	4089	2.373	0.655	0.000	2.197	2.565	2.833	3.091
Loss	4089	0.060	0.237	0.000	0.000	0.000	0.000	1.000
EQINC	4089	0.009	0.018	−0.005	0.000	0.002	0.009	0.103
Audit	4089	0.013	0.113	0.000	0.000	0.000	0.000	1.000

表4.6 不同的产权性质下各变量的均值和中位数检验

变量	非国有企业(Soe=0) 均值	中位数	国有企业(Soe=1) 均值	中位数	T test (0组和1组) t-statistic	Wilcoxon test (0组和1组) z-statistic
Rate1	0.073	0.044	0.056	0.030	11.292***	12.257***
Rate2	0.098	0.058	0.075	0.041	11.129***	13.044***
Rate3	0.071	0.040	0.052	0.027	11.617***	13.191***
IC	6.510	6.527	6.533	6.538	-11.190***	-9.853***
Tax_rate	0.179	0.150	0.208	0.250	-28.441***	-27.041***
ROA	0.061	0.052	0.049	0.038	13.462***	15.577***
Lev	0.369	0.349	0.507	0.514	-33.909***	-32.235***
PPE	0.197	0.174	0.259	0.216	-18.687***	-13.191***
Inven	0.161	0.123	0.173	0.130	-3.627***	-0.811
Intan	0.044	0.035	0.050	0.032	-5.092***	3.243***
Size	21.608	21.472	22.558	22.349	-39.751***	-36.106***
Growth	0.266	0.152	0.205	0.112	5.141***	7.809***
TOP1	34.033	31.918	39.739	39.307	-18.774***	-18.409***
Age	1.527	1.386	2.373	2.565	-49.809***	-44.152***
Loss	0.041	0.000	0.060	0.000	-4.125***	-4.122***
EQINC	0.006	0.001	0.009	0.002	-9.516***	-15.145***
Audit	0.013	0.000	0.013	0.000	0.012	0.012

注：Soe 表示产权性质，***、**、*分别表示1%、5%和10%的显著性水平。

(3) 内部控制与税收激进行为的单变量统计分析

为了更好地厘清内部控制与税收激进行为的关系，本章根据内部控制质量的高低对各组的均值与中位数差异进行了显著性检验。具体做法如下：以中位数为标准，将内部控制值大于该标准的观测值划入高质量内控组，否则，划入低质量内控组。检验结果如表4.7所示。由表4.7可知，高质量内控组的税收激进行为(Rate1、Rate2与Rate3)均在1%的水平上显著低于低质量内控组，这表明不同的内部控制对企业的税收激进行为具有不同的作用。这一检验结果在一定程度上验证了假设4.1a,即高质量的内部控制对企业的税收激进行为产生了抑制作用。

表4.7 内部控制与税收激进行为的单变量分析

变量	分组	样本数	均值	T检验值	中位数	秩和检验值
$Rate1$	高质量内控组	4892	0.052	14.061***	0.030	14.154***
	低质量内控组	4894	0.074		0.043	
$Rate2$	高质量内控组	4892	0.069	14.496***	0.040	13.880***
	低质量内控组	4894	0.100		0.056	
$Rate3$	高质量内控组	4892	0.051	12.097***	0.027	11.666***
	低质量内控组	4894	0.069		0.037	

注:***、**、*分别表示1%、5%和10%的显著性水平。

4.3.3 相关性分析

模型主要变量的相关系数分析结果如表4.8所示。由表4.8可知,内部控制(IC)与企业的税收激进行为($Rate1$、$Rate2$与$Rate3$)均呈显著负相关,Pearson相关系数分别为 -0.184、-0.175与 -0.167,Spearman 相关系数分别为 -0.162、-0.162与 -0.135,且均在1%的水平上显著。这表明企业内部控制质量越高,税收激进程度越低。以上结论表明假设4.1a得到初步验证,但这里并未控制其他因素的影响,最终结果有待在后文的回归结果中进一步检验。此外,为了考查税收激进的三个测度指标之间是否具有可替代性,本文对这三个变量进行了相关性分析,具体见表4.8。结果表明,这三个变量之间呈显著正相关,说明它们之间能够互相替代。

在控制变量方面,名义税率(Tax_rate)、盈利能力(ROA)、财务杠杆(Lev)、固定资产比例(PPE)、存货比例($Inven$)、无形资产比例($Intan$)、成长性($Growth$)、股权集中度($TOP1$)、上市年限(Age)、亏损状况($Loss$)、投资收益比($EQINC$)及审计意见类型($Audit$)等分别与税收激进行为呈显著正相关或负相关,表明控制这些变量是恰当的。另外,表中自变量之间的相关系数的绝对值均小于0.5,说明自变量之间不存在严重的多重共线性问题。

4 内部控制与税收激进行为关系的实证分析

表 4.8 内部控制与税收激进行为的相关性分析

	Rate1	Rate2	Rate3	IC	Tax_rate	ROA	Lev	PPE	Inven	Inian	Size	Growth	TOP1	Age	Loss	EQINC	Audi
Rate1	1	0.661***	0.961***	-0.162***	0.237***	-0.407***	0.234***	0.083***	0.028**	0.022**	0.056***	-0.124***	-0.064***	0.281***	0.175***	0.115***	0.094***
Rate2	0.735***	1	0.610***	-0.162***	0.246***	-0.434***	0.282***	0.021**	0.070***	-0.005	0.097***	-0.089***	-0.038***	0.276***	0.178***	0.089***	0.082***
Rate3	0.884***	0.572***	1	-0.135***	0.255***	-0.360***	0.221***	0.095***	0.009	0.021**	0.059***	-0.121***	-0.056***	0.289***	0.187***	0.126***	0.094***
IC	-0.184***	-0.175***	-0.167***	1	0.016	0.283***	0.080***	-0.044***	0.040***	-0.050***	0.267***	0.232***	0.128***	-0.031***	-0.130***	0.019	-0.120***
Tax_rate	0.221***	0.191***	0.230***	0.016	1	-0.157***	0.335***	0.017*	0.068***	-0.088***	0.281***	-0.094***	0.105***	0.464***	0.090***	0.171***	0.045***
ROA	-0.313***	-0.345***	-0.271***	0.243***	-0.124***	1	-0.403***	-0.118***	-0.185***	0.021**	-0.092***	0.274***	0.041***	-0.202***	-0.184***	0.057***	-0.051***
Lev	0.215***	0.238***	0.201***	0.067***	0.338***	-0.367***	1	0.006	0.299***	-0.128***	0.450***	0.041***	0.084***	0.430***	0.106***	0.047***	0.062***
PPE	0.080***	0.021**	0.093***	-0.020**	0.075***	-0.128***	0.057***	1	-0.286***	0.286***	0.010	-0.100***	0.031***	0.039***	0.079***	-0.066***	-0.012
Inven	0.046***	0.107***	0.029***	0.033***	0.203***	-0.181***	0.377***	-0.376***	1	-0.174***	0.106***	0.008	0.044***	0.098***	-0.030***	-0.038***	-0.049***
Inian	0.042***	0.022**	0.042***	-0.049***	0.042***	0	-0.041***	0.097***	-0.237***	1	-0.085***	-0.037***	-0.026**	-0.067***	0.016	-0.029***	-0.006
Size	0.251***	0.045***	0.009	0.329***	0.285***	-0.083***	0.433***	0.087***	0.177***	-0.013	1	0.005	0.215***	0.372***	-0.078***	0.205***	-0.079***
Growth	-0.020*	0.005	-0.022**	0.067***	0.037***	0.149***	0.073***	-0.068***	0.016	-0.001	0.004	1	-0.012	-0.155***	0.011	-0.118***	0.000
TOP1	-0.061***	-0.038***	-0.048***	0.140***	0.119***	0.042***	0.089***	0.046***	0.073***	0.002	0.258***	0.005	1	-0.059***	-0.048***	-0.008	-0.044***
Age	0.251***	0.225***	0.251***	-0.024**	0.435***	-0.144***	0.448***	0.120***	0.190***	0.045***	0.346***	0.003	-0.048***	1	0.106***	0.279***	0.054***
Loss	0.202***	0.169***	0.222***	-0.163***	0.089***	-0.125***	0.114***	0.088***	-0.036***	0.036***	-0.077***	0.112***	-0.047***	0.112***	1	0.031***	0.175***
EQINC	0.142***	0.109***	0.158***	-0.006	0.151***	0.138***	-0.006	-0.087***	-0.055***	-0.019	0.040***	-0.052***	-0.047***	0.231***	0.092***	1	0.002
Audi	0.111***	0.081***	0.107***	-0.182***	0.045***	-0.014	0.073***	-0.006	-0.039***	0.026**	-0.084***	0.083***	-0.039***	0.053***	0.175***	0.037***	1

注:表中,数字 1 下方的数据为 Pearson 相关系数,数字 1 上方的数据为 Spearman 相关系数,***、**、* 分别表示 1%、5% 和 10% 的显著性水平。

4.3.4 多元回归分析

表4.9列出了内部控制与税收激进行为的主测试回归结果。由表(1)列可知,在考虑相关控制变量之后,内部控制(IC)的回归系数为-0.063,t值为-7.50,内部控制与税收激进行为(Rate1)的关系在1%的水平上呈显著负相关,这说明内部控制质量越高,企业的税收激进程度越低。高质量的内部控制通过建立税收合规的内控体系,能够防范和化解税收违规风险,从而有效抑制企业的税收激进行为,这与陈骏和徐玉德(2015)的研究结论一致,假设4.1a得到了验证。由表(2)和(3)列可知,内部控制的回归系数分别为-0.086与-0.055,且均在1%的水平上显著,与上述回归结果保持一致。

在控制变量方面,名义税率(Tax_rate)、财务杠杆(Lev)、固定资产比率(PPE)、存货比率(Inven)、无形资产比率(Intan)、成长性(Growth)、亏损状况(Loss)、投资收益比(EQINC)及审计意见类型(Audit)与税收激进行为的关系与之前的预期一致。盈利能力(ROA)的回归系数显著为负,表明企业盈利能力越强,税收激进程度越低。可能的原因是,企业盈利较多时,容易忽视由避税带来的相关利益流入,导致其避税动机较弱。公司规模(Size)的回归系数显著为负,表明公司规模越大,税收激进程度越低,符合政治假说理论。规模越大的公司往往承担完成税收任务的重要责任,更容易受到相关部门的监管。上市年限(Age)的回归系数显著为正,表明公司上市时间越长,越有可能采取税收激进手段。随着上市时间的增加,企业在与税务机关的"博弈"中逐渐掌握更多的避税技巧和手段,同时与避税相关的各种资源安排也逐渐成熟,从而有更强的动机去实施激进的避税策略。股权集中度(TOP1)的回归系数显著为负,表明第一大股东持股比例越高,税收激进程度越低。

表4.9 内部控制与税收激进行为的回归结果

变量	(1) Rate1	(2) Rate2	(3) Rate3
IC	-0.063***	-0.086***	-0.055***
	(-7.50)	(-7.69)	(-6.49)
Tax_rate	0.223***	0.177***	0.234***
	(12.50)	(7.36)	(13.01)

续表4.9

变量	(1) Rate1	(2) Rate2	(3) Rate3
ROA	-0.449*** (-23.81)	-0.692*** (-27.20)	-0.373*** (-19.60)
Lev	0.040*** (7.98)	0.050*** (7.37)	0.038*** (7.43)
PPE	0.003 (0.46)	0.021*** (2.86)	0.010* (1.74)
Inven	-0.023*** (-3.35)	-0.019** (-2.01)	-0.028*** (-4.02)
Intan	0.031** (2.09)	0.025 (1.22)	0.024 (1.60)
Size	-0.005*** (-5.87)	-0.003*** (-2.98)	-0.005*** (-6.05)
Growth	0.001 (0.55)	0.006*** (3.83)	-0.001 (-0.71)
TOP1	-0.000* (-1.72)	-0.000 (-0.67)	-0.000 (-0.78)
Age	0.010*** (10.70)	0.011*** (8.11)	0.010*** (10.38)
Loss	0.030*** (8.77)	0.031*** (6.77)	0.040*** (11.60)
EQINC	0.615*** (13.15)	0.715*** (11.33)	0.651*** (13.76)
Audit	0.028*** (4.38)	0.019** (2.18)	0.024*** (3.64)
Constant	0.590*** (11.61)	0.750*** (10.94)	0.528*** (10.27)
Year	控制	控制	控制

续表 4.9

变量	(1) Rate1	(2) Rate2	(3) Rate3
Ind	控制	控制	控制
样本数	9,786	9,786	9,786
$Adj\text{-}R^2$	0.224	0.202	0.209
F	79.27***	69.64***	72.73***

注：＊＊＊、＊＊、＊分别表示1%、5%和10%的显著性水平，括号内的数据为 t 统计量。

4.4 进一步测试

从产权性质的视角来看，依据最终控制人是否为政府，上市公司可以划分为非国有控股企业及国有控股企业（谢德仁、陈运森，2009）。在我国，非国有企业与国有企业的避税目标因委托—代理关系的差异而有所不同。首先，非国有企业的税负凭借避税活动可以降低，使得股东税后净利增加，避税成为实现企业价值最大化的重要路径。在缴税问题上，非国有企业与政府之间存在利益分配之争。相较于非国有企业，国有企业上缴的税收和经营所得利润，其最终受益人都是国家。因此，税收和利润于国有企业而言并无实质性的不同，利税合计成为国有企业资产经营业绩的主要考核指标。其次，非国有企业的所有者往往兼任高管，直接享有实施避税活动所获得的好处。受经济利益的驱动，高管的避税行为也较为激进。而国有企业的实际控制人通常为各级政府及其代理人，控制人仅具有控制权，并不与企业经营业绩直接挂钩，借助避税活动获取的经济利益在控制人身上并不能直接体现，导致其避税动机较弱。再次，国有企业具有特殊的身份，其高管的身份具有行政色彩，需承担社会就业等额外任务（Fan等，2007）。这就使得管理层在一定程度上较少采取避税行为，甚至甘愿成为纳税大户而牺牲中小股东的利益和公司价值（Shleifer、Vishny，1994；Chang、Wong，2004）。经验研究表明，非国有企业的税收规避程度更大（白重恩等，2006；王跃堂等，2010）。由此推断，因非国有企业有较强的避税动机，即使其内部控制机制完善，该机制对非国有企业税收激进行为的影响比国有企业更小。换言之，在内部控制对税收激进行为的影响上，国有企业要大于非国有企业。因此，产权性质不同，内部控制对税收激进行为的影响可能会存在差异。

4 内部控制与税收激进行为关系的实证分析

(1) 单变量分析

为考查这种差异是否存在,本章依据 CSMAR 数据库中的上市公司股权性质,将样本划分为非国有企业和国有企业两组样本。表 4.10 给出了内部控制、产权性质与税收激进行为的单变量分析结果。由表 4.10 可知,不论税收激进采用何种度量指标,高质量内控组的均值和中位数都显著小于低质量内控组,即内部控制质量越高,企业税收激进程度越低,此结论与之前的分析一致。结果还显示,虽然非国有企业与国有企业税收激进程度的均值与中位数检验均在 1% 的水平上显著,但前者的显著程度不如后者(表现为 t 值或 z 值更小)。这初步印证了前文的推断,即相较于非国有企业,国有企业内部控制对税收激进行为的抑制作用更加显著。

表 4.10 内部控制、产权性质与税收激进行为的单变量分析

Panel A:均值检验(T 检验)

变量	非国有企业 高质量内控	非国有企业 低质量内控	均值检验	国有企业 高质量内控	国有企业 低质量内控	均值检验
Rate1	0.061	0.088	10.430***	0.045	0.065	10.725***
Rate2	0.081	0.118	10.635***	0.060	0.088	11.118***
Rate3	0.060	0.084	9.117***	0.043	0.061	9.203***

Panel B:中位数检验(Wilcoxon 检验)

变量	非国有企业 高质量内控	非国有企业 低质量内控	中位数检验	国有企业 高质量内控	国有企业 低质量内控	中位数检验
Rate1	0.037	0.055	10.077***	0.024	0.037	11.327***
Rate2	0.048	0.075	10.071***	0.033	0.050	11.133***
Rate3	0.035	0.084	9.117***	0.022	0.031	9.558***

注:***、**、*分别表示 1%、5% 和 10% 的显著性水平。

(2) 按产权性质分组

在单变量分析中,仅采用虚拟变量分组的方式描述内部控制与税收激进行为的特征,难以准确探究二者之间的作用机制,难以厘清变量之间的联动效应,同时也未控制其他因素对税收激进行为的影响。因此,更确切的检验结果有待

进一步的回归分析后得出。表4.11列出了内部控制与税收激进行为按产权性质分组回归的结果。由表中的(1)列可知,非国有企业内部控制(IC)的回归系数为-0.034,t值为-3.38,在1%的水平上显著为负。由表4.11中的(2)列可知,国有企业内部控制的回归系数为-0.098,t值为-6.95,也在1%的水平上显著为负,但国有企业内部控制的回归系数要大于非国有企业。为了得到更为精准的检验结果,本章利用chow-test测试了上述两个回归系数是否存在显著差异。结果显示,国有企业内部控制的回归系数更大,即国有企业内部控制对税收激进行为的抑制作用要显著大于非国有企业,这一研究结果与事实较为一致。当税收激进行为的度量指标替换为$Rate2$与$Rate3$时,上述结论依然成立。

表4.11 不同的产权性质下内部控制与税收激进行为的回归结果

变量	(1) 非国有企业 $Rate1$	(2) 国有企业 $Rate1$	(3) 非国有企业 $Rate2$	(4) 国有企业 $Rate2$	(5) 非国有企业 $Rate3$	(6) 国有企业 $Rate3$
IC	-0.034***	-0.098***	-0.055***	-0.124***	-0.022**	-0.096***
	(-3.38)	(-6.95)	(-3.93)	(-6.58)	(-2.11)	(-6.79)
Tax_rate	0.255***	0.200***	0.206***	0.154***	0.270***	0.212***
	(11.58)	(6.80)	(6.78)	(3.91)	(12.03)	(7.19)
ROA	-0.427***	-0.469***	-0.665***	-0.728***	-0.345***	-0.404***
	(-19.55)	(-13.49)	(-22.12)	(-15.73)	(-15.52)	(-11.64)
Lev	0.023***	0.057***	0.041***	0.060***	0.024***	0.050***
	(3.82)	(6.67)	(4.82)	(5.25)	(3.92)	(5.83)
PPE	0.005	0.003	0.023**	0.020*	0.010	0.015*
	(0.71)	(0.30)	(2.33)	(1.75)	(1.37)	(1.71)
$Inven$	-0.013	-0.022*	-0.013	-0.013	-0.023***	-0.018
	(-1.53)	(-1.83)	(-1.15)	(-0.84)	(-2.74)	(-1.51)
$Intan$	0.053**	0.032	0.066**	0.015	0.020	0.051**
	(2.53)	(1.43)	(2.29)	(0.50)	(0.95)	(2.26)
$Size$	-0.007***	-0.002*	-0.006***	-0.001	-0.007***	-0.002*
	(-6.34)	(-1.75)	(-3.92)	(-0.32)	(-6.46)	(-1.68)

续表4.11

变量	(1)	(2)	(3)	(4)	(5)	(6)
	\multicolumn{2}{c}{Rate1}	\multicolumn{2}{c}{Rate2}	\multicolumn{2}{c}{Rate3}
	非国有企业	国有企业	非国有企业	国有企业	非国有企业	国有企业
Growth	0.001	-0.000	0.007***	0.005*	-0.001	-0.002
	(0.70)	(-0.02)	(3.60)	(1.74)	(-0.49)	(-0.81)
TOP1	-0.000***	0.000	-0.000	0.000	-0.000**	0.000
	(-2.58)	(0.08)	(-1.48)	(0.41)	(-2.52)	(1.31)
Age	0.012***	0.007***	0.012***	0.008***	0.011***	0.007***
	(9.83)	(3.52)	(7.19)	(2.90)	(9.18)	(3.55)
Loss	0.034***	0.024***	0.033***	0.028***	0.048***	0.030***
	(7.74)	(4.35)	(5.39)	(3.94)	(10.73)	(5.52)
EQINC	0.520***	0.724***	0.574***	0.864***	0.548***	0.767***
	(8.55)	(9.90)	(6.86)	(8.87)	(8.86)	(10.50)
Audit	0.031***	0.026**	0.026**	0.010	0.024***	0.025**
	(4.00)	(2.32)	(2.51)	(0.70)	(3.04)	(2.30)
Constant	0.447***	0.772***	0.584***	0.951***	0.356***	0.738***
	(6.84)	(9.27)	(6.50)	(8.57)	(5.35)	(8.86)
Year	控制	控制	控制	控制	控制	控制
Ind	控制	控制	控制	控制	控制	控制
样本数	5,697	4,089	5,697	4,089	5,697	4,089
Adj-R^2	0.252	0.192	0.216	0.172	0.235	0.183
F	55.84***	28.74***	45.92***	25.18***	51.09***	27.11***

注：***、**、*分别表示1%、5%和10%的显著性水平,括号内的数据为t统计量。

(3)将产权性质设为虚拟变量

为了进一步验证上述结论,本章引入产权性质(Soe)这一变量,其为虚拟变量,国有企业取值为1,否则取值为0。回归时设置了内部控制(IC)与产权性质(Soe)的交互项(IC×Soe),回归结果如表4.12所示。由表4.12可知,交互项在税收激进行为的三种度量指标下均显著为负,这表明产权性质强化了内部控制对税收激进行为的抑制作用,即相较于非国有企业,国有企业内部控制对税收激进行为的抑制作用更加显著,上述结论再次得到验证。

表4.12 产权性质、内部控制与税收激进行为的回归结果

变量	(1) Rate1	(2) Rate2	(3) Rate3
IC	-0.046*** (-4.34)	-0.066*** (-4.62)	-0.035*** (-3.28)
Soe	0.230** (2.51)	0.288** (2.33)	0.272*** (2.93)
IC×Soe	-0.035** (-2.52)	-0.044** (-2.32)	-0.042*** (-2.95)
Tax_rate	0.224*** (12.55)	0.179*** (7.43)	0.235*** (13.07)
ROA	-0.451*** (-23.85)	-0.693*** (-27.13)	-0.376*** (-19.69)
Lev	0.039*** (7.86)	0.049*** (7.25)	0.037*** (7.29)
PPE	0.003 (0.48)	0.021*** (2.87)	0.010* (1.77)
Inven	-0.023*** (-3.32)	-0.018** (-1.96)	-0.028*** (-3.99)
Intan	0.031** (2.09)	0.025 (1.23)	0.024 (1.60)
Size	-0.004*** (-5.28)	-0.003*** (-2.65)	-0.004*** (-5.37)
Growth	0.001 (0.53)	0.007*** (3.88)	-0.001 (-0.73)
TOP1	-0.000 (-1.62)	-0.000 (-0.75)	-0.000 (-0.66)
Age	0.011*** (10.22)	0.010*** (7.43)	0.010*** (9.99)

续表 4.12

变量	(1) Rate1	(2) Rate2	(3) Rate3
Loss	0.030***	0.031***	0.040***
	(8.76)	(6.74)	(11.59)
EQINC	0.616***	0.715***	0.651***
	(13.17)	(11.34)	(13.79)
Audit	0.029***	0.020**	0.025***
	(4.53)	(2.32)	(3.81)
Constant	0.475***	0.611***	0.390***
	(6.97)	(6.66)	(5.68)
Year	控制	控制	控制
Ind	控制	控制	控制
样本数	9,786	9,786	9,786
Adj-R^2	0.224	0.202	0.209
F	75.30***	66.15***	69.20***

注：***、**、*分别表示1%、5%和10%的显著性水平,括号内的数据为t统计量。

4.5 稳健性测试

为了证明本章的结论是一般性结果,而非偶然产生的,本章采用了如下方法进行稳健性测试。

(1)变换回归方法,以中位数为标准,将税收激进值大于该标准的观测值划入较高避税程度组,取值为1;否则,划入较低避税程度组,取值为0。因变量为0—1,故采用Logit回归,回归结果如表4.13所示。由表4.13可知,回归结果与主测试结果基本一致。

(2)在之前的主测试中,税收激进行为的度量指标是企业实际税率的变体——名义税率与实际税率的差异(Rate)。为避免单一指标的衡量偏误,稳健性测试将税收激进行为的度量指标替换为会计—税收差异(BTD)及其变体

(DD_BTD),回归结果如表 4.14 所示。需要说明的是,衡量税收激进行为的不同指标会对控制变量回归系数的方向产生不同的影响。如盈利能力(ROA)在主测试中的回归系数显著为负,在稳健性测试中却显著为正,类似的情况也出现在无形资产比率($Intan$)及上市年限(Age)中。这种现象亦被相关研究证实(田高良等,2016;张玲、朱婷婷,2015),可能是因为指标设计还有待改进。除上述问题外,其余回归结果与主测试结果基本一致。

(3)在之前的主测试中,内部控制的度量指标是内部控制指数的自然对数。为克服单一指标的衡量偏误,本文借鉴陈骏和徐玉德(2015)、郑军等(2014)的研究,在稳健性测试中,内部控制的度量指标替换为内部控制指数的百分比。其回归结果如表 4.14 所示,与主测试结果基本一致。

(4)为了控制异方差和自相关问题,稳健性测试对回归系数的 t 值进行了 White 稳健性修正和 Cluster 调整,回归结果如表 4.15 所示。虽然 t 值有所下降,但内部控制与税收激进行为仍然在 1% 的水平上呈显著负相关,与主测试结果相吻合。

(5)为了减小模型残差因时间或个体的相关性而出现的标准误偏差,稳健性测试对公司和年度进行了双向 Cluster 处理,回归结果如表 4.15 所示。由表 4.15 可知,回归结果与主测试结果相一致。这表明在考虑上述问题的情况下,本章的结论仍然是稳健的。

(6)为了减小部分无法观测的因素与解释变量之间的相关性对研究结果的影响,稳健性测试采用固定效应模型,回归结果如表 4.16 所示。由表 4.16 可知,回归结果与主测试结果基本一致,再次说明本章的研究结论是稳健的。

(7)为了解决可能遗漏的变量导致的内生性问题,稳健性测试采用差分方程分析内部控制的变化对税收激进行为的影响,以进一步考查内部控制与税收激进行为的关系。因为是非平衡面板数据,差分分析致使样本数据减少了:样本数量减少至 6854 个。差分方程的回归结果如表 4.16 所示。由表 4.16 可知,其结果也与主测试结果基本一致。这说明在遗漏变量的情况下,本章的研究结论依然稳健。

表 4.13　Logit 回归结果

变量	(1) Rate1	(2) Rate2	(3) Rate3
IC	-1.242***	-1.676***	-1.106***
	(-4.21)	(-5.67)	(-3.81)
Tax_rate	7.018***	6.263***	7.781***
	(8.51)	(8.29)	(9.64)
ROA	-14.536***	-15.140***	-12.091***
	(-14.25)	(-15.37)	(-13.09)
Lev	0.847***	1.298***	0.543***
	(3.96)	(6.41)	(2.59)
PPE	-0.053	-0.522**	0.189
	(-0.22)	(-2.32)	(0.77)
Inven	-0.525*	-0.910***	-0.635**
	(-1.85)	(-3.03)	(-2.31)
Intan	0.362	-0.421	0.615
	(0.56)	(-0.69)	(0.95)
Size	-0.064*	-0.057*	-0.025
	(-1.86)	(-1.75)	(-0.72)
Growth	0.071	0.293***	0.033
	(1.50)	(5.51)	(0.72)
TOP1	-0.002	-0.000	-0.002
	(-1.01)	(-0.13)	(-0.88)
Age	0.338***	0.260***	0.360***
	(8.15)	(6.56)	(8.87)
Loss	0.426***	0.636***	0.731***
	(3.18)	(4.45)	(5.38)
EQINC	21.589***	21.601***	20.761***
	(8.96)	(9.48)	(9.02)
Audit	0.715**	0.334	0.588*
	(2.20)	(1.13)	(1.87)
Constant	9.892***	12.700***	7.894***
	(5.17)	(6.79)	(4.22)

续表 4.13

变量	(1) *Rate*1	(2) *Rate*2	(3) *Rate*3
Year	控制	控制	控制
Ind	控制	控制	控制
样本数	9786	9786	9786
Pseudo R^2	0.143	0.151	0.136
LR chi2	1172.27***	1431.93***	1226.28***

注：***、**、*分别表示1%、5%和10%的显著性水平,括号内的数据为z统计量。

表 4.14 替换税收激进行为和内部控制度量的回归结果

变量	(1) 替换税收激进行为的度量 *BTD*	(2) *DD_BTD*	(3) 替换内部控制的度量 *Rate*1	(4) *Rate*2	(5) *Rate*3
IC	-0.016***	-0.034***	-0.009***	-0.012***	-0.008***
	(-3.66)	(-4.83)	(-7.34)	(-7.34)	(-6.53)
Tax_rate	0.176***	0.190***	0.223***	0.177***	0.234***
	(18.66)	(12.80)	(12.51)	(7.37)	(13.02)
ROA	0.194***	0.353***	-0.450***	-0.694***	-0.374***
	(19.45)	(22.44)	(-23.89)	(-27.32)	(-19.63)
Lev	-0.004	0.004	0.040***	0.050***	0.038***
	(-1.50)	(1.03)	(7.97)	(7.36)	(7.42)
PPE	0.013***	0.054***	0.003	0.021***	0.010*
	(4.39)	(11.92)	(0.48)	(2.84)	(1.75)
Inven	-0.013***	-0.038***	-0.023***	-0.019**	-0.028***
	(-3.57)	(-6.55)	(-3.36)	(-2.01)	(-4.02)
Intan	-0.016**	-0.083***	0.031**	0.025	0.024
	(-2.03)	(-6.61)	(2.10)	(1.23)	(1.60)
Size	0.000	-0.000	-0.005***	-0.003***	-0.005***
	(0.49)	(-0.67)	(-5.88)	(-3.06)	(-6.00)
Growth	0.000	0.012***	0.001	0.006***	-0.001
	(0.52)	(11.07)	(0.54)	(3.81)	(-0.71)

续表 4.14

变量	(1)	(2)	(3)	(4)	(5)
	替换税收激进行为的度量		替换内部控制的度量		
	BTD	DD_BTD	Rate1	Rate2	Rate3
TOP1	-0.000	-0.000***	-0.000*	-0.000	-0.000
	(-1.29)	(-3.85)	(-1.76)	(-0.71)	(-0.81)
Age	-0.000	-0.007***	0.010***	0.011***	0.010***
	(-0.53)	(-8.29)	(10.71)	(8.14)	(10.39)
Loss	0.008***	0.005	0.030***	0.032***	0.040***
	(4.15)	(1.62)	(8.85)	(6.87)	(11.67)
EQINC	0.402***	0.759***	0.616***	0.716***	0.651***
	(16.27)	(19.46)	(13.16)	(11.34)	(13.77)
Audit	0.010***	0.006	0.028***	0.019**	0.024***
	(2.93)	(1.06)	(4.42)	(2.25)	(3.65)
Constant	0.080***	0.187***	0.241***	0.267***	0.223***
	(2.99)	(4.40)	(14.73)	(12.08)	(13.45)
Year	控制	控制	控制	控制	控制
Ind	控制	控制	控制	控制	控制
样本数	9,786	9,786	9,786	9,786	9,786
Adj-R^2	0.153	0.197	0.223	0.201	0.209
F	50.06***	67.74***	79.18***	69.46***	72.74***

注：***、**、*分别表示1%、5%和10%的显著性水平,括号内的数据为 t 统计量。

表 4.15 对公司和年度进行稳健性修正和 Cluster 调整的回归结果

变量	(1)	(2)	(3)	(4)	(5)	(6)
	White 稳健性修正			Cluster 调整		
	Rate1	Rate2	Rate3	Rate1	Rate2	Rate3
IC	-0.063***	-0.086***	-0.055***	-0.063***	-0.086***	-0.055***
	(-6.12)	(-6.80)	(-5.15)	(-10.65)	(-9.79)	(-7.25)
Tax_rate	0.223***	0.177***	0.234***	0.223***	0.177***	0.234***
	(11.20)	(7.03)	(11.78)	(8.02)	(5.80)	(7.74)
ROA	-0.449***	-0.692***	-0.373***	-0.449***	-0.692***	-0.373***
	(-21.14)	(-24.23)	(-18.06)	(-11.55)	(-14.34)	(-10.97)

续表 4.15

变量	(1)	(2)	(3)	(4)	(5)	(6)
	\multicolumn{3}{c}{White 稳健性修正}	\multicolumn{3}{c}{Cluster 调整}			
	Rate1	Rate2	Rate3	Rate1	Rate2	Rate3
Lev	0.040***	0.050***	0.038***	0.040***	0.050***	0.038***
	(7.23)	(6.95)	(6.60)	(5.33)	(4.44)	(4.92)
PPE	0.003	0.021***	0.010*	0.003	0.021***	0.010
	(0.45)	(2.85)	(1.66)	(0.39)	(2.75)	(1.12)
Inven	-0.023***	-0.019*	-0.028***	-0.023**	-0.019*	-0.028**
	(-2.84)	(-1.79)	(-3.32)	(-2.17)	(-1.76)	(-2.42)
Intan	0.031*	0.025	0.024	0.031	0.025	0.024
	(1.94)	(1.19)	(1.41)	(1.21)	(0.87)	(0.98)
Size	-0.005***	-0.003***	-0.005***	-0.005***	-0.003**	-0.005***
	(-4.94)	(-2.65)	(-5.10)	(-4.27)	(-2.12)	(-4.95)
Growth	0.001	0.006***	-0.001	0.001	0.006***	-0.001
	(0.47)	(3.14)	(-0.59)	(0.39)	(3.19)	(-0.49)
TOP1	-0.000*	-0.000	-0.000	-0.000	-0.000	-0.000
	(-1.72)	(-0.67)	(-0.76)	(-1.49)	(-0.60)	(-0.78)
Age	0.010***	0.011***	0.010***	0.010***	0.011***	0.010***
	(11.34)	(8.69)	(10.88)	(8.93)	(8.51)	(9.53)
Loss	0.030***	0.031***	0.040***	0.030***	0.031***	0.040***
	(5.73)	(5.08)	(7.23)	(4.92)	(13.28)	(8.75)
EQINC	0.615***	0.715***	0.651***	0.615***	0.715***	0.651***
	(11.23)	(10.27)	(11.48)	(10.48)	(8.26)	(12.10)
Audit	0.028***	0.019*	0.024***	0.028***	0.019*	0.024**
	(2.99)	(1.72)	(2.69)	(2.79)	(2.10)	(2.49)
Constant	0.590***	0.750***	0.528***	0.506***	0.756***	0.428***
	(9.84)	(10.00)	(8.48)	(10.69)	(19.61)	(7.79)
Year	控制	控制	控制	控制	控制	控制
Ind	控制	控制	控制	控制	控制	控制
样本数	9,786	9,786	9,786	9,786	9,786	9,786
Adj-R^2	0.224	0.202	0.209	0.226	0.205	0.212
F	58.40***	57.42***	56.75***	58.40***	57.42***	56.75***

注：***、**、*分别表示1%、5%和10%的显著性水平,括号内的数据为 t 统计量。

表 4.16　固定效应模型和差分方程的回归结果

变量	(1)	(2)	(3)	(4)	(5)	(6)
	固定效应模型			差分方程		
	*Rate*1	*Rate*2	*Rate*3	*Rate*1	*Rate*2	*Rate*3
IC	-0.042***	-0.055***	-0.032***	-0.030***	-0.041***	-0.018**
	(-4.03)	(-3.95)	(-2.86)	(-3.56)	(-3.35)	(-2.06)
Tax_rate	0.157***	0.023	0.155***	0.095**	0.150**	0.135***
	(3.37)	(0.37)	(3.35)	(2.12)	(2.27)	(2.86)
ROA	-0.464***	-0.723***	-0.368***	-0.518***	-0.751***	-0.400***
	(-11.95)	(-13.47)	(-9.57)	(-15.26)	(-15.08)	(-11.23)
Lev	0.041***	0.065***	0.044***	0.046***	0.077***	0.043***
	(3.56)	(4.28)	(3.77)	(3.76)	(4.28)	(3.30)
PPE	-0.008	-0.013	-0.003	0.002	0.002	0.006
	(-0.55)	(-0.74)	(-0.22)	(0.13)	(0.09)	(0.43)
Inven	-0.032*	-0.005	-0.055***	-0.012	0.026	-0.034*
	(-1.78)	(-0.18)	(-3.06)	(-0.70)	(0.99)	(-1.81)
Intan	0.068*	0.084*	0.057	0.029	0.083	0.095**
	(1.85)	(1.66)	(1.58)	(0.74)	(1.46)	(2.32)
Size	-0.013***	-0.011**	-0.014***	-0.014***	-0.006	-0.011**
	(-3.83)	(-2.22)	(-3.94)	(-3.58)	(-0.98)	(-2.54)
Growth	-0.003	0.004	-0.005**	-0.004***	0.003	-0.008***
	(-1.62)	(1.60)	(-2.45)	(-3.04)	(1.44)	(-5.53)
TOP1	-0.000	-0.000	-0.000	-0.000	-0.000	-0.000
	(-1.34)	(-0.68)	(-1.30)	(-0.54)	(-0.65)	(-0.50)
Age	0.011***	0.013***	0.008**	0.006	0.005	0.004
	(3.50)	(3.20)	(2.57)	(1.36)	(0.70)	(0.88)
Loss	0.011*	0.002	0.019***	0.021***	0.001	0.027***
	(1.84)	(0.24)	(2.90)	(4.23)	(0.11)	(5.07)
EQINC	0.241***	0.206*	0.287***	0.230***	0.168*	0.328***
	(2.63)	(1.76)	(3.19)	(3.36)	(1.67)	(4.58)

续表 4.16

变量	(1)	(2)	(3)	(4)	(5)	(6)
	固定效应模型			差分方程		
	*Rate*1	*Rate*2	*Rate*3	*Rate*1	*Rate*2	*Rate*3
Audit	0.035***	0.032**	0.026**	0.058***	0.078***	0.049***
	(2.60)	(1.98)	(2.03)	(5.72)	(5.26)	(4.56)
Constant	0.601***	0.593***	0.555***	0.016*	0.015	0.008
	(5.46)	(4.21)	(4.71)	(1.67)	(1.09)	(0.83)
Year	控制	控制	控制	控制	控制	控制
Ind	控制	控制	控制	控制	控制	控制
样本数	9,786	9,786	9,786	6,854	6,854	6,854
Adj-R²	0.091	0.085	0.072	0.066	0.051	0.050
F	20.58***	19.05***	15.88***	14.91***	11.51***	11.36***

注：***、**、*分别表示1%、5%和10%的显著性水平,括号内的数据为 t 统计量。

4.6 本章小结

本章选取 2010 年至 2015 年我国 A 股上市公司为研究样本,考查内部控制与税收激进的关系以及不同的产权性质下二者关系是否存在显著差异。研究发现:(1)全样本视角下,内部控制质量越高,企业的税收激进程度越低。高质量的内部控制能够有效抑制企业的税收激进行为。(2)进一步区分不同的产权性质后,国有企业内部控制对税收激进行为的抑制作用显著大于非国有企业。(3)为了使结论更加可靠,本节运用 Logit 回归进行了稳健性测试,用不同的度量指标替换变量,考虑异方差及自相关等问题,替换不同的回归模型,采用差分方程解决内生性问题,回归结果与主测试结果基本一致。

5 核心高管背景特征的同质性对内部控制与税收激进行为关系影响的实证分析

高阶理论认为,高管成员的差异化认知结构、价值体系、洞察能力等特质会影响公司战略、组织绩效及行为决策(Hambrick、Mason,1984)。由于认知结构、价值体系与洞察能力等特质难以度量,高阶理论借鉴人口统计学特征的研究,将人口特征作为上述特质的替代变量,并推测这些特征会影响高管团队的战略选择、绩效实施及决策制定。因此,内部控制与税收激进行为的关系也必然会受到高管背景特征的影响。从前面的文献综述可以发现,鲜有研究探讨核心高管背景特征的同质性对内部控制与税收激进行为关系的影响及不同的产权性质下该影响是否存在显著差异,这也正是本章的研究主题所在。有鉴于此,本章拟结合产权性质,对核心高管背景特征的同质性、内部控制与税收激进行为的关系进行全面深入的研究。

5.1 核心高管性别的同质性对内部控制与税收激进行为关系的影响

5.1.1 理论分析与假设提出

高阶理论认为,不同性别的高管在管理类型、风险好恶及价值理念等方面存在差异,同时外界环境对高管行为的评价及反应亦不同,这就导致不同性别的高管会下意识地将自身特有的行为偏好融入决策中。一般来讲,男性高管更倾向于高风险的项目,工作中盲目自信,决策时出现失误的概率往往偏高。反之,女性高管比男性高管表现得更沉着和冷静,在遇到突发状况时头脑相对冷静,更容易做出正确的决策(Peng、Wei,2007)。心理学研究表明,女性比男性更加谨慎与保守(Zuckerman,1994;Byrnes,1999)。这既有生理上的先天因素的影响(Zuckerman,1994;Witt等,1994;Hersch,1996),也有社会文化因素的影响,如普遍认为男性应该承担更多的风险(Slovic,1996;Felton等,2003)。心理学的上述研究成果被行为财务学应用于研究中,结果表明,相较于男性高管,女性高管在财务决策上确实更谨慎和保守(Byrnes,1999;Barber、Odean,2001;Watson、McNaughton,2007;Charness、Gneezy,2007;Huang、Kisgen,2012;Abhijit,2010),女性高管更追求长期稳定增长(陈传明、孙俊华,2008),较少表现得过度自信与激进。一方面,高管的风险意识、管理哲学等是企业内部环境(在内部控制体系中处于基础性地位)的重要组成部分,高管的风险偏好必定会对内部控制质量产生重要影响(池国华等,2014)。另一方面,内部控制制度的有效运行需要管理者在追求业绩的同时,注意风险的防范,重视内部控制制度各项控制措施的落实。女性高管的上述行为特征可能使其风险意识更强,对高风险事项保持敏感度,谨慎、稳健的管理风格使其在管理中注重遵守规则,注重完善公司内部控制制度(刘进、池趁芳,2016),有助于提升内部控制质量,因而内部控制对税收激进行为的抑制作用也更加显著。综上,本节提出以下假设:

假设5.1:限定其他条件,核心高管中女性的比例增强了内部控制对税收激进行为的抑制作用。

5.1.2 变量定义与模型构建

(1)变量定义

对于核心高管性别的同质性(Agend),本节借鉴池国华等(2014)、张兆国等(2011)、王福胜和程富(2014)、姜付秀等(2009)、何威风和刘启亮(2010)等人的研究经验,将核心高管中女性的比例作为核心高管性别同质性的替代变量,其计量方法为核心高管性别之和除以核心高管总人数。其中,女性为1,男性为0。

表5.1集中呈现了核心高管的同质性特征变量的定义或计算方法。

表5.1 变量定义

变量名称	变量符号	变量定义或计算方法
核心高管性别的同质性	$Agend$	核心高管性别之和与核心高管总人数之比。其中,女性为1,男性为0
核心高管年龄的同质性	$Aage$	核心高管年龄之和与核心高管总人数之比

续表 5.1

变量名称	变量符号	变量定义或计算方法
核心高管学历的同质性	Adegree	核心高管学历水平之和与核心高管总人数之比。其中,高中或中专及以下为1,大专为2,本科为3,硕士为4,博士为5
核心高管任期的同质性	Aten	核心高管任现职时间之和与核心高管总人数之比
核心高管专业背景的同质性	Aedu	核心高管所学专业之和与核心高管总人数之比。其中,专业为会计、金融或经济管理类取1,否则取0
核心高管职业背景的同质性	Ajob	核心高管曾经从事职业之和与核心高管总人数之比。其中,曾经从事的职业为会计、金融或经济管理类取1,否则取0

(2)模型构建

针对假设5.1,为考查核心高管性别的同质性对内部控制与税收激进行为关系的影响,本节构建了如下模型:

$$Rate = \alpha_0 + \alpha_1 IC + \alpha_2 Agend + \alpha_3 IC \times Agend + \alpha_4 Tax\_rate + \alpha_5 ROA \\ + \alpha_6 Lev + \alpha_7 PPE + \alpha_8 Inven + \alpha_9 Intan + \alpha_{10} Size + \alpha_{11} Growth + \alpha_{12} TOP1 \\ + \alpha_{13} Age + \alpha_{14} Loss + \alpha_{15} EQINC + \alpha_{16} Audit + \sum Year + \sum Ind + \varepsilon. \quad (5.1)$$

在上述回归模型中,本节关注的是α_3。如果α_3显著为负,那么假设5.1就得到验证,说明核心高管性别的同质性对内部控制与税收激进行为的关系发挥了负向调节效应,即核心高管中的女性增强了内部控制对税收激进行为的抑制作用。

5.1.3 实证分析与结果描述

(1)样本选择

本节以2010年至2015年的我国A股上市公司为初选样本,并遵循研究惯例对样本进行了筛选,详见前文(4.3.1)所述,最终得到9786个样本观测值。此外,为控制异常值的影响,本章对模型中的所有连续变量进行了双向1%的Winsorize处理。

(2)描述性统计

①全样本描述性统计

税收激进行为、内部控制与各控制变量的全样本描述性统计详见前文

(4.3.2)所述。表5.2列出了核心高管同质性特征变量。由表5.2可知,核心高管性别同质性($Agend$)的均值为0.146,即14.6%的核心高管为女性。这说明目前上市公司中的女性高管只占小部分,绝大部分为男性高管。核心高管年龄同质性($Aage$)的均值为49.122,即平均年龄为49.122岁,可能是因为高管人员在该年龄段经验丰富且精力充沛。核心高管学历同质性($Adegree$)的均值为3.239,即平均学历为3.239,介于本科和硕士之间。学历的最大值为4.667(硕士以上),最小值为1.625(高中或中专以上),均值为3.239(本科以上),进一步说明样本公司高管的学历具有多样性。核心高管任期同质性($Aten$)的均值为3.233,即平均任期为3.233年,不到4年,任期较短,远低于发达国家的平均水平——9.8年(Tihanyi,2000),说明企业核心高管流动性较大。核心高管专业背景同质性($Aedu$)的均值为0.052,说明核心高管所学专业为会计、金融或经济管理类的比例较低。核心高管职业背景同质性($Ajob$)的均值为0.947,说明核心高管曾经从事会计、金融或经济管理类职业的比例较高。

表5.2 全样本核心高管同质性特征描述性统计

变量	样本数	均值	标准差	最小值	$p25$	$p50$	$p75$	最大值
$Agend$	9,786	0.146	0.178	0.000	0.000	0.000	0.250	0.750
$Aage$	9,784	49.122	4.211	39.000	46.250	49.250	52.000	59.000
$Adegree$	8,852	3.239	0.648	1.625	3.000	3.250	3.750	4.667
$Aten$	9,754	3.233	2.158	0.000	1.625	3.000	4.667	9.500
$Aedu$	9,786	0.052	0.132	0.000	0.000	0.000	0.000	0.667
$Ajob$	9,786	0.947	0.112	0.500	1.000	1.000	1.000	1.000

②区分产权性质的描述性统计

在全样本描述性统计的基础上,本节进一步区分了产权性质,分别对非国有企业与国有企业的核心高管同质性特征进行了描述性统计分析,并对上述特征的均值和中位数分别进行T检验与Wilcoxon检验,以辨别这两组样本是否存在显著差异。描述性统计与检验结果分别如表5.3、5.4与5.5所示。从两组样本的对比情况来看,非国有企业的核心高管性别同质性($Agend$)的均值为0.167,国有企业为0.118,表明非国有企业中女性高管占比更大。非国有企业的核心高管年龄同质性($Aage$)的均值为48.212,国有企业为50.390,说明国有企业核心高管的平均年龄更大。非国有企业的核心高管学历同质性($Adegree$)

的均值为 3.132,国有企业为 3.407,二者都介于本科和硕士之间,但国有企业高管的受教育程度略高于非国有企业。非国有企业的核心高管任期同质性(Aten)的均值为 3.462,国有企业为 2.913,表明非国有企业的核心高管的任职期限要长于国有企业。非国有企业的核心高管专业背景同质性(Aedu)的均值为 0.056,国有企业为 0.047,表明非国有企业核心高管中具有会计、金融或经济管理类专业背景的成员占比更大。非国有企业的核心高管职业背景同质性(Ajob)的均值为 0.950,国有企业为 0.943,表明非国有企业核心高管中具有会计、金融或经济管理类职业背景的成员占比略高于国有企业。此外,非国有企业与国有企业的核心高管同质性特征的中位数大小关系与均值大小关系基本保持一致。对非国有企业与国有企业的核心高管同质性特征的均值进行 T 检验,对中位数进行 Wilcoxon 检验,结果表明以上特征都存在显著差异。

表 5.3 非国有企业的核心高管同质性特征描述性统计

变量	样本数	均值	标准差	最小值	p25	p50	p75	最大值
Agend	5,697	0.167	0.185	0.000	0.000	0.125	0.250	0.750
Aage	5,697	48.212	4.433	39.000	45.000	48.000	51.250	59.000
Adegree	5,414	3.132	0.652	1.625	2.750	3.125	3.667	4.667
Aten	5,682	3.462	2.167	0.000	2.000	3.250	5.000	9.500
Aedu	5,697	0.056	0.137	0.000	0.000	0.000	0.000	0.667
Ajob	5,697	0.950	0.111	0.500	1.000	1.000	1.000	1.000

表 5.4 国有企业的核心高管同质性特征描述性统计

变量	样本数	均值	标准差	最小值	p25	p50	p75	最大值
Agend	4,089	0.118	0.163	0.000	0.000	0.000	0.250	0.750
Aage	4,087	50.390	3.507	39.000	48.250	50.500	52.750	59.000
Adegree	3,438	3.407	0.607	1.625	3.000	3.500	4.000	4.667
Aten	4,072	2.913	2.104	0.000	1.167	2.500	4.250	9.500
Aedu	4,089	0.047	0.126	0.000	0.000	0.000	0.000	0.667
Ajob	4,089	0.943	0.115	0.500	1.000	1.000	1.000	1.000

表5.5 不同的产权性质下核心高管同质性特征的均值和中位数检验

变量	非国有企业 (Soe=0) 均值	median	国有企业 (Soe=1) 均值	median	T检验 (0组和1组) t-statistic	Wilcoxon检验 (0组和1组) z-statistic
Agend	0.167	0.125	0.118	0.000	13.722***	13.775***
Aage	48.212	48.000	50.390	50.500	-26.098***	-26.226***
Adegree	3.132	3.125	3.407	3.500	-19.839***	-19.651***
Aten	3.462	3.250	2.913	2.500	12.490***	13.467***
Aedu	0.056	0.000	0.047	0.000	3.318***	3.256***
Ajob	0.950	1.000	0.943	1.000	2.996***	3.812***

注：Soe表示产权性质，***、**、*分别表示1%、5%和10%的显著性水平。

(3) 相关性分析

税收激进行为、内部控制与各控制变量的相关性分析详见前文(4.3.3)所述。如表5.6集中呈现了核心高管同质性特征与税收激进行为等变量的相关性分析结果。由表5.6可知，核心高管的性别同质性（Agend）、年龄同质性（Aage）、学历同质性（Adegree）与税收激进行为（Rate）之间均呈显著负相关关系。这初步表明核心高管中的女性比例越高、年龄越大、学历越高，越有助于抑制企业的税收激进行为。然而，核心高管的任期同质性（Aten）、专业背景同质性（Aedu）、职业背景同质性（Ajob）与税收激进行为没有显著的相关关系，这说明任期的长短、专业背景或职业背景的不同可能并不会导致企业税收激进行为的发生。此外，核心高管同质性特征与其他自变量之间的相关系数的绝对值均小于0.5，这表明自变量之间不存在严重的多重共线性问题。

表5.6 内部控制、核心高管同质性特征与税收激进行为的相关性分析

变量	Rate1	Rate2	Rate3	Agend	Aage	Adegree	Aten	Aedu	Ajob
Rate1	1	0.656***	0.961***	-0.025***	-0.006	-0.008***	0.036	-0.009	-0.014
Rate2	0.735***	1	0.606***	-0.019***	-0.000	-0.010	0.025	-0.001	-0.017
Rate3	0.884***	0.572***	1	-0.020***	-0.002	-0.015***	0.037	-0.007	-0.012
Agend	-0.034***	-0.042***	-0.024***	1	-0.011	0.016	0.063***	0.015	0.012
Aage	-0.010	-0.020***	-0.010	-0.001	1	-0.014	0.031***	0.023**	0.030***
Adegree	-0.033***	-0.018*	-0.032***	0.007	-0.004	1	0.020*	0.016	0.018**
Aten	0.013	0.006	0.014	0.019*	0.056***	0.026**	1	-0.051	0.038***

续表 5.6

变量	Rate1	Rate2	Rate3	Agend	Aage	Adegree	Aten	Aedu	Ajob
Aedu	-0.011	-0.002	-0.011	0.021**	0.037***	0.004	-0.022**	1	-0.066***
Ajob	-0.013	-0.010	-0.006	0.005	0.027***	0.034***	0.043***	-0.059***	1
IC	-0.184***	-0.175***	-0.167***	0.000	0.011	0.043***	0.042***	0.050***	0.017*
Tax rate	0.221***	0.191***	0.230***	0.015	-0.018*	0.016	0.041***	0.022**	0.025**
ROA	-0.313***	-0.345***	-0.271***	0.034***	0.000	-0.002	0.028**	-0.025**	0.020**
Lev	0.215***	0.238***	0.201***	-0.022**	-0.013	0.024**	0.074***	0.037***	0.008
PPE	0.080***	0.021**	0.093***	-0.021**	-0.025**	0.009	0.004	-0.062***	0.018*
Inven	0.046***	0.107***	0.029**	0.013	-0.008	0.045***	0.047***	0.033***	0.005
Intan	0.042***	0.022**	0.042***	-0.001	-0.020*	-0.002	-0.032***	-0.004	-0.005
Size	0.007	0.045***	0.009	-0.037***	-0.005	0.046***	0.068***	0.098***	-0.008
Growth	-0.020*	0.005	-0.022**	-0.002	0.017*	-0.015	0.006	0.022**	0.005
TOP1	-0.061***	-0.038***	-0.048***	0.018*	-0.009	0.026**	-0.072***	0.014	0.001
Age	0.251***	0.225***	0.251***	-0.026**	-0.088***	0.011	0.166***	-0.015	0.025**
Loss	0.202***	0.169***	0.222***	-0.015	-0.022**	-0.011	0.004	0.015	-0.021**
EQINC	0.142***	0.109***	0.158***	-0.020**	-0.027**	0.027**	0.031**	0.002	0.021**
Audit	0.111***	0.081***	0.107***	0.005	0.022**	-0.026**	0.012	0.000	-0.002

注:表中数字1下方的数据为 Pearson 相关系数,数字1上方的数据为 Spearman 相关系数,***、**、*分别表示1%、5%和10%的显著性水平。

(4)多元回归分析

表5.7列出了内部控制、核心高管性别的同质性与税收激进行为的主测试回归结果。由表5.7中的(1)列可知,内部控制(IC)与核心高管性别同质性(Agend)的交互项(IC×Agend)的回归系数为0.136,t 值为2.08,交互项与税收激进行为在5%的水平上呈显著正相关,这说明核心高管中女性的比例越高,内部控制对税收激进行为的抑制作用越小,即核心高管中女性的比例削弱了内部控制对税收激进行为的抑制作用,假设5.1未得到验证。可能的原因有两个。一方面,相较于男性高管,女性高管决策时更谨慎和保守,更重视风险管理,但也更感性,优柔寡断的个性可能会使其在重大战略决策上"错失良机"。当公司内外部环境发生变化时,女性在信息获取与分析方面表现得较迟钝和滞后,在这方面可能不如男性敏感。另一方面,由前文(5.1.3)可知,上市公司的女性高管占比较小(平均值为0.146),难以在管理决策中获得话语权,其稳健的风险

管理理念难以得到有效的实施,而且更有可能"随大流":依附于决策中处于主导地位的男性高管。这些都可能使得女性高管在内部控制建设方面存在劣势,继而削弱对税收激进行为的抑制作用。相关研究表明,创业板上市公司女性高管的比例与内部控制质量呈负相关(刘进、池趁芳,2016)。谨慎和保守的特质本应降低女性在管理决策中进行在职消费时所产生的代理成本,使经济效应的正面影响更显著。然而,实际情况是女性高管对在职消费经济效应产生了明显的负面影响(陈怡秀等,2017)。由表5.7中的(3)列可知,交互项的回归系数在1%的水平上显著为正,与上述结果保持一致。由表5.7中的(2)列可知,交互项的回归系数虽然未通过显著性检验,但符号为正,仍然说明核心高管中的女性比例削弱了内部控制对税收激进行为的抑制作用,只是作用不明显。此外,各控制变量的显著性水平与前文(4.3.4)所述基本一致。

表5.7 内部控制、核心高管性别的同质性与税收激进行为的回归结果

变量	(1) Rate1	(2) Rate2	(3) Rate3
IC	-0.057***	-0.083***	-0.046***
	(-6.50)	(-7.03)	(-5.24)
Agend	-0.027***	-0.038***	-0.024***
	(-3.03)	(-3.17)	(-2.61)
IC×Agend	0.136**	0.081	0.205***
	(2.08)	(0.92)	(3.10)
控制变量	控制	控制	控制
Constant	0.568***	0.741***	0.492***
	(10.88)	(10.51)	(9.31)
Year	控制	控制	控制
Ind	控制	控制	控制
样本数	9,786	9,786	9,786
Adj-R^2	0.224	0.202	0.210
F	75.41***	66.31***	69.27***

注:***、**、*分别表示1%、5%和10%的显著性水平,括号内的数据为t统计量。

5.1.4 进一步测试

(1)按产权性质分组

非国有企业与国有企业高管背景特征的同质性对内部控制与税收激进行为关系的影响,可能源自以下两个方面。其一,非国有企业与国有企业由于产权性质不同往往在公司治理、经营目标等方面都存在较大差异,由此形成不同的避税动机,进而实施不同的避税行为(详见4.4所述)。其二,非国有企业与国有企业因高管背景特征不同,从而强(或弱)化由背景特征决定的个人风格(包括经营理念、管理哲学等)在内部控制建设中所发挥的作用,进而使得税收激进程度也有差异,具体差异分析如下:

首先,非国有企业与国有企业高管的任免程序不同。非国有企业高管主要从职业经理人市场中选聘产生,与企业之间有明确的考核合同约束。由于包括制度建设在内的各项业绩考核与高管个人薪酬紧密相关,他们在构建企业内部控制体系时可能会更"勤勉尽责",在进行内部控制流程设计时可能更倾向于从企业利益的角度考虑问题。而国有企业高管一般由政府委派或国有资产管理机构任命,并享有行政级别,通常可以在政府和企业之间流动。因此,他们关注更多的是个人的政治升迁而非企业的业绩,实现政治目标成为他们的首要诉求。他们热衷于通过履行一定的社会责任如积极纳税,来提升自己的社会地位,以获得良好的发展前景(Galaskiewiez、Burt,1991)。而内部控制质量的好坏与高管的个人利益关联度不高,这使得他们可能会将较少的精力投入内部控制建设中。其次,非国有企业与国有企业高管的职责权限不同。由于非国有企业面临的市场竞争压力较大,企业所有者期望决策层的核心高管能够实施基于企业长期稳定发展的经营战略,因此赋予其更大的职权,致使他们对内部控制的影响也更大。而国有企业的一些重大决策多由上级主管单位决定,高管拥有的自主决策权较少。国有企业内部控制建设能取得比较积极的效果,主要是政府主导的行政力量推动所致,是政府干预的结果(刘启亮等,2012),来自管理层的影响相对较小。综上,因非国有企业有更强的避税动机与更高的避税程度,且其高管背景特征对内部控制的影响更大,由此推断,非国有企业高管背景特征的同质性对内部控制与税收激进行为关系的影响比国有企业更大。

为考查不同的产权性质下核心高管性别的同质性对内部控制与税收激进

行为关系的影响是否存在差异,本节依据上市公司的股权性质,将样本划分为非国有企业和国有企业两组样本,并分别对其进行回归分析,回归结果如表 5.8 所示。由表 5.8 中的(1)列可知,非国有企业内部控制与性别同质性的交互项($IC \times Agend$)的回归系数为 0.138,t 值为 1.71,在 10% 的水平上显著为正,这表明非国有企业核心高管中女性的比例削弱了内部控制对税收激进行为的影响,与全样本的回归结果一致。由表 5.8 中的(2)列可知,国有企业交互项的回归系数为 0.167,t 值为 1.51,未通过显著性检验。交互项不显著表明国有企业核心高管中女性的比例削弱了内部控制对税收激进行为的抑制作用且这种抑制作用并不明显。因此,核心高管中女性的比例削弱了内部控制对税收激进行为的抑制作用;在作用的程度上,非国有企业强于国有企业。由表 5.8 中的(3)列和(4)列可知,非国有企业交互项的回归系数为 0.147,t 值为 1.32;国有企业交互项的回归系数为 0.066,t 值为 0.45:均未通过显著性检验。虽然非国有企业和国有企业交互项的回归系数都不显著,但从 t 值来看,非国有企业交互项的回归系数更接近显著性水平。由表 5.8 中的(5)列和(6)列可知:非国有企业交互项的回归系数为 0.221,t 值为 2.69,在 1% 的水平上显著为正;国有企业交互项的回归系数为 0.233,t 值为 2.10,在 5% 的水平上显著为正。非国有企业交互项回归系数的显著性水平高于国有企业,表明上述结论是稳健的。此外,各控制变量的显著性水平与前文(4.3.4)基本一致。

表 5.8 不同的产权性质下内部控制、核心高管性别的同质性与税收激进行为的回归结果

变量	(1)	(2)	(3)	(4)	(5)	(6)
	*Rate*1		*Rate*2		*Rate*3	
	非国有企业	国有企业	非国有企业	国有企业	非国有企业	国有企业
IC	-0.027**	-0.094***	-0.047***	-0.122***	-0.010	-0.090***
	(-2.40)	(-6.50)	(-3.05)	(-6.36)	(-0.85)	(-6.23)
Agend	-0.030***	-0.026	-0.039***	-0.049**	-0.026***	-0.022
	(-2.97)	(-1.46)	(-2.79)	(-2.04)	(-2.59)	(-1.24)
IC × Agend	0.138*	0.167	0.147	0.066	0.221***	0.233**
	(1.71)	(1.51)	(1.32)	(0.45)	(2.69)	(2.10)
控制变量	控制	控制	控制	控制	控制	控制

续表5.8

变量	(1) Rate1 非国有企业	(2) Rate1 国有企业	(3) Rate2 非国有企业	(4) Rate2 国有企业	(5) Rate3 非国有企业	(6) Rate3 国有企业
Constant	0.407*** (5.86)	0.762*** (9.08)	0.543*** (5.68)	0.956*** (8.56)	0.291*** (4.12)	0.720*** (8.59)
Year	控制	控制	控制	控制	控制	控制
Ind	控制	控制	控制	控制	控制	控制
样本数	5,697	4,089	5,697	4,089	5,697	4,089
Adj-R^2	0.253	0.192	0.217	0.172	0.236	0.183
F	53.13***	27.27***	43.69***	23.95***	48.64***	25.79***

注：***、**、*分别表示1%、5%和10%的显著性水平，括号内的数据为t统计量。

(2)按女性比例高低分组

之前的主测试用交互项检验了核心高管性别的同质性对内部控制与税收激进行为关系的影响，鉴于采用单一计量方法容易产生计量偏误，现将核心高管中的女性比例分成两组：大于女性比例中位数的为女性比例高组，小于女性比例中位数的为女性比例低组，以检验内部控制对税收激进行为发挥抑制作用的具体路径。按女性比例高低分组的回归结果如表5.9所示。由表5.9中的(1)列和(2)列可知，女性比例高组和低组的内部控制(IC)回归系数分别为-0.061和-0.065，且均在1%的水平上显著。利用邹氏检验(Chow-test)测试内部控制回归系数在两组中是否存在显著差异，结果显示，在女性比例高组，内部控制具有更小的回归系数，这说明女性比例高组的内部控制对税收激进行为的抑制作用显著小于女性比例低组，即核心高管中女性所占比例越高，内部控制对税收激进行为的抑制作用越小。当税收激进行为的度量指标替换为Rate2及Rate3时，上述结论依然成立。此外，各控制变量的显著性水平与前文(4.3.4)基本一致。

表 5.9 按女性比例高低分组的回归结果

变量	(1) Rate1 女性比例高	(2) Rate1 女性比例低	(3) Rate2 女性比例高	(4) Rate2 女性比例低	(5) Rate3 女性比例高	(6) Rate3 女性比例低
IC	-0.061*** (-4.97)	-0.065*** (-5.69)	-0.086*** (-5.24)	-0.087*** (-5.64)	-0.053*** (-4.28)	-0.057*** (-4.90)
控制变量	控制	控制	控制	控制	控制	控制
Constant	0.593*** (8.56)	0.601*** (7.98)	0.762*** (8.13)	0.735*** (7.25)	0.520*** (7.44)	0.543*** (7.14)
Year	控制	控制	控制	控制	控制	控制
Ind	控制	控制	控制	控制	控制	控制
样本数	5,090	4,696	5,090	4,696	5,090	4,696
Adj-R^2	0.221	0.228	0.196	0.209	0.208	0.214
F	43.54***	39.61***	37.46***	35.40***	40.31***	36.55***

注：***、**、*分别表示1%、5%和10%的显著性水平,括号内的数据为 t 统计量。

5.1.5 稳健性测试

为了证明本节的结论是一般性结果,而非偶然产生的,本节采用了如下方法进行稳健性测试。

(1)将税收激进行为的度量指标改为 0－1 变量,Logit 回归结果如表 5.10 所示。由表 5.10 可知,虽然交互项($IC \times Agend$)的回归系数不显著,但方向正确。由(3)列的结果可知,交互项的回归系数接近 10% 的显著性水平,其余结果与主测试结果基本一致。

(2)将税收激进行为的度量指标替换为会计—税收差异(BTD)及其变体(DD_BTD),回归结果如表 5.11 所示。由(1)列可知,交互项的回归系数在 10% 的水平上显著为正。由(2)列可知,交互项的回归系数虽不显著但方向正确,其余回归结果与主测试结果基本一致。

(3)将内部控制的度量指标替换为内部控制指数的百分比,回归结果如表 5.11 所示,与主测试结果基本一致。

(4)对回归系数的 t 值进行了 White 稳健性修正和 Cluster 调整,回归结果如表 5.12 所示。虽然 t 值有所下降，但交互项与税收激进行为仍然在 1% 或 5% 的水平上显著正相关，与主测试结果相吻合。

(5) 对公司和年度进行 Cluster 处理，回归结果如表 5.12 所示。由表 5.12 可知，回归结果与主测试结果基本一致。

(6) 采用固定效应模型进行分析，回归结果如表 5.13 所示。由表 5.13 中的(1)列和(3)列可知，交互项与税收激进行为仍然在 10% 或 5% 的水平上显著正相关，与主测试结果基本一致。

(7) 采用差分方程进行分析，样本数量减少至 6854 个，回归结果如表 5.13 所示。由表 5.13 中的(4)列和(6)列可知，交互项与税收激进行为分别在 10% 和 1% 的水平上显著正相关，与主测试结果基本一致。这说明在考虑到内生性问题的情况下，本节的研究结论依然稳健。

表 5.10 Logit 回归结果

变量	(1) *Rate*1	(2) *Rate*2	(3) *Rate*3
IC	-1.200***	-1.581***	-0.987***
	(-4.19)	(-5.44)	(-3.47)
Agend	-0.514*	-0.926***	-0.388
	(-1.75)	(-3.12)	(-1.33)
IC × Agend	1.108	2.577	3.236
	(0.51)	(1.16)	(1.49)
控制变量	控制	控制	控制
Constant	9.805***	12.456***	7.421***
	(5.68)	(7.12)	(4.33)
Year	控制	控制	控制
Ind	控制	控制	控制
样本数	9,786	9,786	9,786
Pseudo R^2	0.143	0.152	0.136
LR chi2	1936.72***	2056.63***	1840.99***

注：***、**、*分别表示 1%、5% 和 10% 的显著性水平，括号内的数据为 z 统计量。

表 5.11 替换税收激进行为和内部控制度量的回归结果

变量	(1)	(2)	(3)	(4)	(5)
	替换税收激进行为的度量		替换内部控制的度量		
	BTD	DD_BTD	Rate1	Rate2	Rate3
IC	-0.017***	-0.034***	-0.008***	-0.011***	-0.007***
	(-3.76)	(-4.84)	(-6.42)	(-6.75)	(-5.37)
Agend	-0.004*	-0.000	-0.028***	-0.039***	-0.024***
	(-1.86)	(-0.11)	(-3.16)	(-3.31)	(-2.68)
IC×Agend	0.038*	0.010	0.022**	0.014	0.031***
	(1.75)	(0.30)	(2.42)	(1.20)	(3.42)
控制变量	控制	控制	控制	控制	控制
Constant	0.086***	0.188***	0.253***	0.279***	0.236***
	(3.20)	(4.41)	(15.08)	(12.35)	(13.92)
Year	控制	控制	控制	控制	控制
Ind	控制	控制	控制	控制	控制
样本数	9,786	9,786	9,786	9,786	9,786
Adj-R^2	0.153	0.197	0.224	0.202	0.210
F	47.62***	64.16***	75.38***	66.16***	69.35***

注：***、**、*分别表示1%、5%和10%的显著性水平,括号内的数据为 t 统计量。

表 5.12 对公司和年度进行 White 稳健性修正和 Cluster 调整的回归结果

变量	(1)	(2)	(3)	(4)	(5)	(6)
	White 稳健性修正			Cluster 调整		
	Rate1	Rate2	Rate3	Rate1	Rate2	Rate3
IC	-0.057***	-0.083***	-0.046***	-0.057***	-0.083***	-0.046***
	(-5.82)	(-6.66)	(-4.64)	(-8.22)	(-7.86)	(-6.01)
Agend	-0.027***	-0.038***	-0.024***	-0.027***	-0.038***	-0.024**
	(-3.39)	(-3.51)	(-2.98)	(-2.89)	(-4.40)	(-2.29)
IC×Agend	0.136**	0.081	0.205***	0.136	0.081	0.205**
	(2.01)	(0.93)	(2.87)	(1.53)	(0.84)	(2.06)
控制变量	控制	控制	控制	控制	控制	控制

续表 5.12

变量	(1)	(2)	(3)	(4)	(5)	(6)
	White 稳健性修正			Cluster 调整		
	Rate1	Rate2	Rate3	Rate1	Rate2	Rate3
Constant	0.568***	0.741***	0.492***	0.486***	0.748***	0.393***
	(9.98)	(10.21)	(8.39)	(8.75)	(34.44)	(6.67)
Year	控制	控制	控制	控制	控制	控制
Ind	控制	控制	控制	控制	控制	控制
样本数	9,786	9,786	9,786	9,786	9,786	9,786
$Adj\text{-}R^2$	0.224	0.202	0.210	0.224	0.202	0.210
F	55.32***	54.62***	53.77***	55.32***	54.62***	53.77***

注：***、**、*分别表示1%、5%和10%的显著性水平,括号内的数据为 t 统计量。

表5.13 固定效应模型和差分方程的回归结果

变量	(1)	(2)	(3)	(4)	(5)	(6)
	固定效应模型			差分方程		
	Rate1	Rate2	Rate3	Rate1	Rate2	Rate3
IC	-0.036***	-0.054***	-0.023**	-0.023**	-0.045***	-0.007
	(-3.32)	(-3.67)	(-2.05)	(-2.48)	(-3.34)	(-0.76)
Agend	-0.014	-0.007	-0.018	-0.001	-0.003	-0.009
	(-0.99)	(-0.31)	(-1.19)	(-0.05)	(-0.12)	(-0.53)
$IC \times Agend$	0.133*	0.018	0.181**	0.131*	-0.070	0.200***
	(1.76)	(0.15)	(2.29)	(1.90)	(-0.69)	(2.76)
控制变量	控制	控制	控制	控制	控制	控制
Constant	0.555***	0.587***	0.493***	0.016*	0.015	0.009
	(5.04)	(4.13)	(4.19)	(1.70)	(1.08)	(0.86)
Year	控制	控制	控制	控制	控制	控制
Ind	控制	控制	控制	控制	控制	控制
样本数	9,786	9,786	9,786	6,854	6,854	6,854
$Adj\text{-}R^2$	0.091	0.085	0.072	0.067	0.051	0.051
F	19.60***	18.04***	15.22***	14.22***	10.90***	10.97***

注：***、**、*分别表示1%、5%和10%的显著性水平,括号内的数据为 t 统计量。

5.1.6 本节小结

本节选取 2010 年至 2015 年的我国 A 股上市公司为研究样本,以核心高管性别的同质性作为核心高管背景特征的切入点,考查核心高管性别的同质性对内部控制与税收激进行为关系的影响以及不同的产权性质下上述关系是否存在显著差异。研究发现:(1)全样本视角下,核心高管中女性的比例削弱了内部控制对税收激进行为的抑制作用。(2)进一步区分不同的产权性质后,核心高管中女性的比例削弱了内部控制对税收激进行为的抑制作用;在作用的程度上,非国有企业强于国有企业。此外,按女性比例高低分组后,核心高管中女性所占比例越高,内部控制对税收激进行为的抑制作用越小。(3)为了使结论更加可靠,本节运用 Logit 回归等方法进行了稳健性测试,采用差分方程解决内生性问题,回归结果与主测试结果基本一致。

5.2 核心高管年龄的同质性对内部控制与税收激进行为关系的影响

5.2.1 理论分析与假设提出

高阶理论认为,管理者的年龄反映了其社会阅历和风险偏好,会影响其行为和决策。年轻的管理者期望快速得到外界的认可,"急功近利"的思想使得他们容易高估自己的能力,在企业重大事项的决策上显得过度自信。相反,年长的管理者深知声誉和名望积累的艰辛,通常不会去指出已达成共识的行业标准可能存在的偏误,根植于思想深处的"循规蹈矩"会让他们的决策行为变得保守(Prendergast、Stole,1996)。不同年龄的高管对待风险的态度亦存在较大的差异。年轻的管理者在行为上更激进和冒险,更愿意承担风险。而年长的管理者相对谨慎和保守,具有较强的风险意识,更偏向于风险较低的决策(Carlsson、Karlsson,1970;Vroom、Pahl,1971;姜付秀等,2009)。随着年龄的增长,管理者的认知将会退化,加之其知识储备常年未更新,使其在面对复杂问题和突发情况时应变能力和处理能力下降。因此,年长的管理者倾向于规避风险(Hambrick、Mason,1984)。企业在生产经营过程中会面临各种风险,而内部控制在帮助企业抵御和防范风险方面通常被"寄予厚望"。相应地,风险管理是内部控制的重要内容,风险评估也因此成为内部控制的组成要素。作为内部控制的主要实施者,核心高管的风险观念、风险好恶往往直接影响着公司的风险管理水平。核心高管年龄越大,对风险的敏感性越强,越容易采取更加严苛的风险管理和控制措施。核心高管的强风险意识会影响到全体员工,从而使整个公司的风险管理能力较强,内部控制质量更高(池国华等,2014),对税收激进行为的抑制作用也更加明显。综上,本节提出以下假设:

假设5.2:限定其他条件,核心高管的平均年龄增强了内部控制对税收激进行为的抑制作用。

5.2.2 变量定义与模型构建

(1)变量定义

对于核心高管年龄的同质性($Aage$),本节借鉴池国华等(2014)、张兆国等(2011)、王福胜和程富(2014)、姜付秀等(2009)、何威风和刘启亮(2010)等人的研究经验,将核心高管的平均年龄作为核心高管年龄同质性的替代变量,其计量方法为:核心高管年龄之和除以核心高管总人数。

(2)模型构建

针对假设5.2,为考查核心高管年龄的同质性对内部控制与税收激进行为关系的影响,本节构建了如下模型:

$$Rate = \alpha_0 + \alpha_1 IC + \alpha_2 Aage + \alpha_3 IC \times Aage + \alpha_4 Tax\_rate + \alpha_5 ROA \\ + \alpha_6 Lev + \alpha_7 PPE + \alpha_8 Inven + \alpha_9 Intan + \alpha_{10} Size + \alpha_{11} Growth + \alpha_{12} TOP1 \\ + \alpha_{13} Age + \alpha_{14} Loss + \alpha_{15} EQINC + \alpha_{16} Audit + \sum Year + \sum Ind + \varepsilon . \quad (5.2)$$

在上述回归模型中,本节关注的是α_3。如果α_3显著为负,那么假设5.2就得到验证,说明核心高管年龄的同质性对内部控制与税收激进行为的关系发挥了负向调节效应,即核心高管的平均年龄增强了内部控制对税收激进行为的抑制作用。

5.2.3 实证分析与结果描述

表5.14列出了内部控制、核心高管年龄的同质性与税收激进行为的主测试回归结果。由表5.14中的(1)列可知,内部控制(IC)与核心高管年龄同质性($Aage$)的交互项($IC \times Aage$)的回归系数为0.005,t值为2.12,交互项与税收激

进行为在5%的水平上显著正相关,这说明核心高管的平均年龄越长,内部控制对税收激进行为的抑制作用越小,即核心高管的平均年龄削弱了内部控制对税收激进行为的抑制作用,假设5.2未得到验证。可能的原因是,上市公司实施《企业内部控制配套指引》后,年长的管理者处于职业生涯后期,更加关注自身的职业稳定,墨守成规的惯性可能使他们对内部控制建设采取抵触态度。当组织架构发生变化,权责配置及界定等涉及自身利益时,他们选择不执行或拖延执行内部控制规范体系。即使执行内部控制规范体系,由于固守已有经验,知识结构老化,适应能力降低,年长的管理者对新规范体系的学习与理解过程较长,对新规范体系的遵循意愿较低,使内部控制质量整体下降,进而削弱对税收激进行为的抑制作用。相关研究结论亦证实了上述观点,如高管团队平均年龄显著负面影响内部控制质量(周虹、李端生,2017)。年长的管理者由于体力和精力都有限,学习等各方面的能力会逐渐减弱。思想陈旧、闭门造车、对环境变化不敏感等,都使得他们不愿意变革,对于在任期内难以体现成效的工作项目表现得不够积极(Taylor,1975;Tihanyi,2000)。而年轻的管理者对自身职业前景有较大的期望,会将自身利益与企业绩效联系起来,在工作中会更加积极。由表5.14中的(2)列和(3)列可知,交互项与税收激进行为在5%与10%的水平上显著正相关,回归结果与上述结论保持一致。

表5.14 内部控制、核心高管年龄的同质性与税收激进行为的回归结果

变量	(1) Rate1	(2) Rate2	(3) Rate3
IC	-0.057*** (-6.62)	-0.079*** (-6.78)	-0.050*** (-5.72)
Aage	-0.000 (-0.30)	-0.001* (-1.69)	-0.000 (-0.16)
IC × Aage	0.005** (2.12)	0.007** (2.16)	0.005* (1.91)
控制变量	控制	控制	控制
Constant	0.567*** (10.92)	0.718*** (10.26)	0.507*** (9.66)

续表 5.14

变量	(1) Rate1	(2) Rate2	(3) Rate3
Year	控制	控制	控制
Ind	控制	控制	控制
样本数	9,784	9,784	9,784
Adj-R^2	0.224	0.202	0.209
F	75.24***	66.13***	69.02***

注：***、**、*分别表示1%、5%和10%的显著性水平，括号内的数据为 t 统计量。

5.2.4 进一步测试

（1）按产权性质分组

为考查不同的产权性质下核心高管年龄的同质性对内部控制与税收激进行为关系的影响是否存在差异，本节依据上市公司的股权性质，将样本划分为非国有企业和国有企业两组样本，并分别对其进行回归分析，回归结果如表 5.15 所示。由表 5.15 中的（1）列可知，非国有企业内部控制与年龄同质性的交互项（$IC \times Aage$）的回归系数为 0.008，t 值为 2.76，在 1% 的水平上显著为正。这表明非国有企业核心高管的平均年龄削弱了内部控制对税收激进行为的影响，与全样本的回归结果一致。由表 5.15 中的（2）列可知，国有企业交互项的回归系数为 0.004，t 值为 1.03，交互项不显著，表明国有企业核心高管的平均年龄削弱了内部控制对税收激进行为的抑制作用且这种抑制作用并不明显。因此，核心高管的平均年龄削弱了内部控制对税收激进行为的抑制作用；在作用的程度上，非国有企业强于国有企业。由表 5.15 中的（3）列和（4）列可知，非国有企业交互项的回归系数为 0.009，t 值为 2.20，在 5% 的水平上显著为正；国有企业交互项的回归系数为 0.009，并不显著。在作用的程度上，非国有企业强于国有企业。由表 5.15 中的（5）列和（6）列可知，非国有企业交互项的回归系数为 0.007，t 值为 2.10，在 5% 的水平上显著为正；国有企业交互项的回归系数为 0.006，并不显著。回归结果与上述结论保持一致，表明上述结论是稳健的。

表 5.15　不同的产权性质下内部控制、核心高管年龄的同质性与税收激进行为的回归结果

变量	(1) 非国有企业	(2) 国有企业	(3) 非国有企业	(4) 国有企业	(5) 非国有企业	(6) 国有企业
	*Rate*1	*Rate*1	*Rate*2	*Rate*2	*Rate*3	*Rate*3
IC	−0.022*	−0.096***	−0.041***	−0.120***	−0.012	−0.094***
	(−1.95)	(−6.75)	(−2.69)	(−6.29)	(−1.05)	(−6.56)
Aage	0.000	−0.001	−0.000	−0.002**	0.000	−0.001
	(0.07)	(−1.28)	(−0.87)	(−2.09)	(0.05)	(−0.93)
IC×*Aage*	0.008***	0.004	0.009**	0.009	0.007**	0.006
	(2.76)	(1.03)	(2.20)	(1.62)	(2.10)	(1.41)
控制变量	控制	控制	控制	控制	控制	控制
Constant	0.373***	0.767***	0.507***	0.939***	0.298***	0.734***
	(5.33)	(9.20)	(5.26)	(8.46)	(4.19)	(8.81)
Year	控制	控制	控制	控制	控制	控制
Ind	控制	控制	控制	控制	控制	控制
样本数	5,697	4,087	5,697	4,087	5,697	4,087
Adj-R²	0.253	0.192	0.217	0.172	0.236	0.183
F	53.21***	27.20***	43.59***	23.95***	48.54***	25.67***

注：***、**、*分别表示1%、5%和10%的显著性水平，括号内的数据为 *t* 统计量。

(2)按年龄分组

本节按照核心高管的年龄将样本分成两组：大于年龄中位数的为年长组，小于年龄中位数的为年轻组，以检验内部控制对税收激进行为发挥抑制作用的具体路径。按年龄分组的回归结果如表 5.16 所示。由表 5.16 中的(1)(2)列可知，年长组和年轻组的内部控制(*IC*)回归系数分别为 −0.051 和 −0.073，且均在1%的水平上显著。利用 Chow-test 测试内部控制回归系数在两组中是否存在显著差异，结果显示，在年长组，内部控制具有更小的回归系数。这说明年长组内部控制对税收激进行为的抑制作用要显著小于年轻组，即核心高管的年龄越大，内部控制对税收激进行为的抑制作用越小。当税收激进行为的度量指标替换为 *Rate*2 及 *Rate*3 时，上述结论依然成立。

表 5.16 按年龄分组的回归结果

变量	(1) Rate1 年长组	(2) Rate1 年轻组	(3) Rate2 年长组	(4) Rate2 年轻组	(5) Rate3 年长组	(6) Rate3 年轻组
IC	-0.051***	-0.073***	-0.063***	-0.108***	-0.047***	-0.063***
	(-4.27)	(-6.25)	(-3.92)	(-6.89)	(-3.91)	(-5.26)
控制变量	控制	控制	控制	控制	控制	控制
Constant	0.605***	0.575***	0.828***	0.668***	0.537***	0.525***
	(8.48)	(7.75)	(8.68)	(6.61)	(7.41)	(7.05)
Year	控制	控制	控制	控制	控制	控制
Ind	控制	控制	控制	控制	控制	控制
样本数	4,805	4,981	4,805	4,981	4,805	4,981
Adj-R^2	0.211	0.242	0.196	0.210	0.189	0.234
F	36.58***	46.39***	33.49***	38.85***	32.10***	44.36***

注：***、**、*分别表示1%、5%和10%的显著性水平，括号内的数据为 t 统计量。

5.2.5 稳健性测试

为了证明本节的结论是一般性结果，而非偶然产生的，本节采用了如下方法进行稳健性测试。

(1)将税收激进行为的度量指标改为 0-1 变量，Logit 回归结果如表 5.17 所示。由(2)列可知，交互项($IC \times Aage$)的回归系数在10%的水平上显著为正。由(3)列可知，交互项的回归系数也接近10%的显著性水平，其余结果与主测试结果基本一致。

(2)将税收激进行为的度量指标替换为会计—税收差异(BTD)及其变体(DD_BTD)，回归结果如表 5.18 所示。由(1)列可知，交互项的回归系数在5%的水平上显著为正。由(2)列可知，交互项的回归系数接近10%的显著性水平，其余回归结果与主测试结果基本一致。

(3)将内部控制的度量指标替换为内部控制指数的百分比，回归结果如表 5.18 所示，与主测试结果基本一致。

(4)对回归系数的 t 值进行 White 稳健性修正和 Cluster 调整，回归结果如

表 5.19 所示。虽然 t 值有所下降,但交互项与税收激进行为仍然在 5% 或 10% 的水平上显著正相关,与主测试结果相吻合。

(5)对公司和年度进行 Cluster 处理,回归结果如表 5.19 所示。由表可知,回归结果与主测试结果基本一致。

(6)采用固定效应模型进行分析,回归结果如表 5.20 所示。由(1)(2)列可知,交互项的回归系数接近 10% 的显著性水平且方向正确,其余回归结果与主测试结果基本一致。

(7)采用差分方程进行分析,样本数量减少至 6852 个,回归结果如表 5.20 所示。由表可知,交互项的回归系数虽不显著但方向正确,其余回归结果与主测试结果基本一致。这说明在考虑了内生性问题的情况下,本节的研究结论依然稳健。

表 5.17 Logit 回归结果

变量	(1)	(2)	(3)
	*Rate*1	*Rate*2	*Rate*3
IC	-1.188***	-1.559***	-1.033***
	(-4.19)	(-5.42)	(-3.67)
Aage	0.017	0.010	0.011
	(1.63)	(0.91)	(0.99)
IC × Aage	0.075	0.139*	0.097
	(0.91)	(1.66)	(1.19)
控制变量	控制	控制	控制
Constant	9.650***	12.183***	7.585***
	(5.63)	(7.01)	(4.46)
Year	控制	控制	控制
Ind	控制	控制	控制
样本数	9,784	9,784	9,784
Pseudo R^2	0.143	0.152	0.136
LR chi2	1939.56***	2055.36***	1842.29***

注:***、**、*分别表示 1%、5% 和 10% 的显著性水平,括号内的数据为 z 统计量。

表5.18 替换税收激进行为和内部控制度量的回归结果

变量	(1)	(2)	(3)	(4)	(5)
	替换税收激进行为的度量		替换内部控制的度量		
	BTD	*DD_BTD*	*Rate*1	*Rate*2	*Rate*3
IC	-0.017***	-0.033***	-0.008***	-0.011***	-0.007***
	(-3.83)	(-4.68)	(-6.59)	(-6.59)	(-5.86)
Aage	-0.000	-0.000**	-0.000	-0.001*	-0.000
	(-0.04)	(-2.02)	(-0.29)	(-1.65)	(-0.14)
IC×Aage	0.002**	0.002	0.001**	0.001**	0.001**
	(2.51)	(1.17)	(2.26)	(2.20)	(2.02)
控制变量	控制	控制	控制	控制	控制
Constant	0.087***	0.188***	0.248***	0.277***	0.229***
	(3.23)	(4.41)	(14.82)	(12.28)	(13.53)
Year	控制	控制	控制	控制	控制
Ind	控制	控制	控制	控制	控制
样本数	9,784	9,784	9,784	9,784	9,784
Adj-R²	0.153	0.197	0.224	0.201	0.209
F	47.59***	64.35***	75.18***	65.96***	69.05***

注：***、**、*分别表示1%、5%和10%的显著性水平，括号内的数据为 t 统计量。

表5.19 对公司和年度进行稳健性修正和 Cluster 调整的回归结果

变量	(1)	(2)	(3)	(4)	(5)	(6)
	White 稳健性修正			Cluster 调整		
	*Rate*1	*Rate*2	*Rate*3	*Rate*1	*Rate*2	*Rate*3
IC	-0.057***	-0.079***	-0.050***	-0.057***	-0.079***	-0.050***
	(-5.80)	(-6.34)	(-4.93)	(-8.95)	(-7.38)	(-7.13)
Aage	-0.000	-0.001*	-0.000	-0.000	-0.001	-0.000
	(-0.31)	(-1.82)	(-0.16)	(-0.29)	(-1.49)	(-0.16)
IC×Aage	0.005**	0.007**	0.005*	0.005**	0.007*	0.005
	(2.08)	(2.18)	(1.84)	(2.31)	(1.83)	(1.50)
控制变量	控制	控制	控制	控制	控制	控制

续表 5.19

变量	(1)	(2)	(3)	(4)	(5)	(6)
	\multicolumn{3}{c}{White 稳健性修正}	\multicolumn{3}{c}{Cluster 调整}				
	*Rate*1	*Rate*2	*Rate*3	*Rate*1	*Rate*2	*Rate*3
Constant	0.567***	0.718***	0.507***	0.484***	0.722***	0.411***
	(9.80)	(9.86)	(8.50)	(10.50)	(26.12)	(8.45)
Year	控制	控制	控制	控制	控制	控制
Ind	控制	控制	控制	控制	控制	控制
样本数	9,784	9,784	9,784	9,784	9,784	9,784
Adj-R²	0.224	0.202	0.209	0.224	0.202	0.209
F	55.30***	54.65***	53.79***	55.30***	54.65***	53.79***

注：***、**、*分别表示 1%、5% 和 10% 的显著性水平，括号内的数据为 *t* 统计量。

表 5.20　固定效应模型和差分方程的回归结果

变量	(1)	(2)	(3)	(4)	(5)	(6)
	\multicolumn{3}{c}{固定效应模型}	\multicolumn{3}{c}{差分方程}				
	*Rate*1	*Rate*2	*Rate*3	*Rate*1	*Rate*2	*Rate*3
IC	-0.038***	-0.049***	-0.030***	-0.027***	-0.038***	-0.016*
	(-3.61)	(-3.52)	(-2.67)	(-3.07)	(-2.90)	(-1.76)
Aage	0.000	-0.000	0.001	0.000	0.000	-0.000
	(0.73)	(-0.41)	(1.25)	(0.16)	(0.11)	(-0.29)
IC × Aage	0.003	0.005	0.001	0.002	0.002	0.001
	(1.10)	(1.14)	(0.49)	(0.62)	(0.49)	(0.43)
控制变量	控制	控制	控制	控制	控制	控制
Constant	0.565***	0.550***	0.532***	0.020**	0.020	0.016*
	(5.15)	(3.94)	(4.56)	(2.15)	(1.42)	(1.65)
Year	控制	控制	控制	控制	控制	控制
Ind	控制	控制	控制	控制	控制	控制
样本数	9,784	9,784	9,784	6,852	6,852	6,852
Adj-R²	0.091	0.085	0.072	0.066	0.051	0.050
F	19.58***	18.08***	15.13***	14.10***	10.89***	10.75***

注：***、**、*分别表示 1%、5% 和 10% 的显著性水平，括号内的数据为 *t* 统计量。

5.2.6 本节小结

本节选取 2010 年至 2015 年的我国 A 股上市公司为研究样本,以核心高管年龄的同质性作为核心高管背景特征的切入点,考查核心高管年龄的同质性对内部控制与税收激进行为关系的影响以及不同的产权性质下上述关系是否存在显著差异。研究发现:(1)全样本视角下,核心高管的平均年龄削弱了内部控制对税收激进行为的抑制作用。(2)进一步区分不同的产权性质后,核心高管平均年龄削弱了内部控制对税收激进行为的抑制作用;在作用的程度上,非国有企业强于国有企业。此外,按年龄分组后,核心高管的年龄越长,内部控制对税收激进行为的抑制作用越小。(3)为了使结论更加可靠,本节运用 Logit 回归等方法进行了稳健性测试,采用差分方程解决内生性问题,回归结果与主测试结果基本一致。

5.3 核心高管学历的同质性对内部控制与税收激进行为关系的影响

5.3.1 理论分析与假设提出

高阶理论认为,学历代表了管理者个人的学习能力和知识积累程度,学历的高低对高管的认知能力和理性思维有着极其重要的影响(Wiersema、Bantel,1992)。学历越高的高管,其自我学习和适应环境的能力就越强。当面对错综复杂的外部环境时,他们往往能够更快地甄别信息,做出的决策亦更合理(Kimberly 等,1981)。Kimberly 和 Evanisko(1981)、Bantel 和 Jackson(1989)发现,学历越高的高管,对企业战略革新和技术变革越积极。Hambrick 和 Mason(1984)研究证实,高管的学历与企业创新呈正相关。Wiersema 和 Bantel(1992)发现,高管的学历与企业多元化程度呈显著正相关,学历越高的高管越容易进行战略革新。姜付秀等(2009)发现,高管的学历与企业过度投资呈显著负相关。以上研究表明,学历越高的管理者,接受外界的新思想越快,对信息的分析处理能力越强,行为也更理性,有更强的能力适应复杂的经营环境变化,能够为自己所在企业进行准确的市场定位,确定符合企业的管理决策模式。高学历的管理者通常能够深刻领会内部控制的本质,更容易判断内部控制的实施是否有效,从而防止内部控制形同虚设,保持企业的可持续发展。此外,内部控制的有效实施依赖于高管正确的道德价值观与良好的诚信品质。而受过高等教育的人,通常对自身道德的约束会更强,自我要求也更高。因此,核心高管平均学历越高,对内部控制体系的制定与实施越有积极的影响,能够在提高内部控制质量的同时,进一步抑制税收激进行为。综上,本节提出以下假设:

假设5.3:限定其他条件,核心高管平均学历增强了内部控制对税收激进行为的抑制作用。

5.3.2 变量定义与模型构建

(1)变量定义

对于核心高管学历的同质性($Adegree$),本节借鉴池国华等(2014)、张兆国等(2011)、王福胜和程富(2014)、姜付秀等(2009)、何威风和刘启亮(2010)等人的研究经验,将核心高管的平均学历作为核心高管学历同质性的替代变量,其计量方法为:核心高管的学历水平之和除以核心高管总人数。其中,高中或中专及以下为1,大专为2,本科为3,硕士为4,博士为5。

(2)模型构建

针对假设5.3,为考查核心高管学历的同质性对内部控制与税收激进行为关系的影响,本节构建了如下模型:

$$Rate = \alpha_0 + \alpha_1 IC + \alpha_2 Adegree + \alpha_3 IC \times Adegree + \alpha_4 Tax\_rate + \alpha_5 ROA \\ + \alpha_6 Lev + \alpha_7 PPE + \alpha_8 Inven + \alpha_9 Intan + \alpha_{10} Size + \alpha_{11} Growth + \alpha_{12} TOP1 \\ + \alpha_{13} Age + \alpha_{14} Loss + \alpha_{15} EQINC + \alpha_{16} Audit + \sum Year + \sum Ind + \varepsilon . \quad (5.3)$$

在上述回归模型中,本节关注的是α_3。如果α_3显著为负,那么假设5.3就得到验证,说明核心高管学历的同质性对内部控制与税收激进行为的关系发挥了负向调节效应,即核心高管的平均学历增强了内部控制对税收激进行为的抑制作用。

5.3.3 实证分析与结果描述

表5.21列出了内部控制、核心高管学历的同质性与税收激进行为的主测试回归结果。由表中的(1)列可知,内部控制(IC)与核心高管学历同质性($Adegree$)的交互项($IC \times Adegree$)的回归系数为0.009,t值为0.54,未通过显著性检

验。这表明核心高管的平均学历并不会显著影响内部控制与税收激进行为的关系,假设5.3未得到验证。可能的原因有两个。一方面,学历对内部控制的影响需要视高管所受教育与其实际工作的契合度而定。健全有效的内部控制有赖于高管正确的道德价值观与良好的诚信品质,而这些都不仅仅是学校教育的结果。受教育程度越高,获得的知识越多,并不表示高管的道德品质就好。事实可能是,学历相差不大的高管,其道德水平存在较大差距。因此,高学历的高管反而难以带来内部控制质量的提升,内部控制对税收激进行为的抑制作用就会大打折扣。另一方面,高管的学历优势发挥作用需要良好的内外部治理环境支持。在我国经济转轨这种特殊的背景下,上市公司的治理结构尚不完善,高管通常在企业行为与战略决策中具有绝对的话语权,从而使高管的学历水平对内部控制的影响无法体现出来。相关研究亦表明,高管团队的学历水平对综合投资效率无显著影响(卢馨等,2017),对企业绩效影响不显著(魏立群、王智慧,2002),对财务重述行为影响不显著(何威风、刘启亮,2010),对企业社会责任披露没有显著影响(王士红,2016),对企业并购无显著影响(黄旭等,2013),对企业环境责任无显著影响(孟晓华等,2012),对会计稳健性与投资不足之间的关系无显著影响(韩静等,2014)。由表5.21中的(2)(3)列可知,交互项的回归系数均不显著,与上述回归结果保持一致。

表5.21 内部控制、核心高管学历的同质性与税收激进行为的回归结果

变量	(1)	(2)	(3)
	*Rate*1	*Rate*2	*Rate*3
IC	-0.056***	-0.083***	-0.047***
	(-6.36)	(-6.89)	(-5.28)
Adegree	-0.007***	-0.005	-0.007***
	(-3.06)	(-1.53)	(-3.10)
IC × *Adegree*	0.009	0.001	0.011
	(0.54)	(0.06)	(0.62)
控制变量	控制	控制	控制
Constant	0.548***	0.721***	0.472***
	(10.28)	(9.95)	(8.73)
Year	控制	控制	控制

续表 5.21

变量	(1) Rate1	(2) Rate2	(3) Rate3
Ind	控制	控制	控制
样本数	8,852	8,852	8,852
Adj-R^2	0.222	0.204	0.205
F	67.51***	60.65***	60.92***

注：***、**、*分别表示1%、5%和10%的显著性水平，括号内的数据为 t 统计量。

5.3.4 进一步测试

(1) 按产权性质分组

表 5.22 列出了不同的产权性质下核心高管学历的同质性对内部控制与税收激进行为关系的影响。由表中的(5)列可知,内部控制(IC)与核心高管学历同质性(Adegree)的交互项(IC × Adegree)的回归系数为 0.038, t 值为 1.79,在 10% 的水平上显著为正。这表明非国有企业核心高管的平均学历越高,内部控制对税收激进行为的抑制作用越小,即非国有企业核心高管的平均学历削弱了内部控制对税收激进行为的抑制作用。由表中的(6)列可知,交互项的回归系数为 -0.008, t 值为 -0.28,未通过显著性检验。这表明国有企业核心高管的平均学历并不会显著影响内部控制与税收激进行为的关系。因此,核心高管的平均学历削弱内部控制对税收激进行为的抑制作用只存在于非国有企业,在国有企业并不明显。可能的原因是,无论内部控制是否健全有效,非国有企业自身税负最小化的税收目标会驱使高学历的核心高管实施激进的避税行为以实现最大的收益;反之,国有企业的管理层基于企业的特殊性质具有较弱的避税动机及较低的避税程度,因而内部控制对税收激进行为的抑制作用表现得不太明显。由表中的(1)(2)列可知,非国有企业交互项的回归系数为 0.025, t 值为 1.18;国有企业交互项的回归系数为 0.001, t 值为 0.02;均未通过显著性检验。虽然两类企业交互项的回归系数都不显著,但从 t 值来看,非国有企业交互项的回归系数更接近 10% 的显著性水平。这表明,相较于国有企业,非国有企业核心高管的平均学历更有可能削弱内部控制对税收激进行为的抑制作用。(3)(4)列的回归结果与上述结论保持一致,表明上述结论是稳健的。

表 5.22 不同的产权性质下内部控制、核心高管学历的同质性与税收激进行为的回归结果

变量	(1) Rate1 非国有企业	(2) Rate1 国有企业	(3) Rate2 非国有企业	(4) Rate2 国有企业	(5) Rate3 非国有企业	(6) Rate3 国有企业
IC	-0.029***	-0.092***	-0.052***	-0.123***	-0.013	-0.092***
	(-2.64)	(-5.97)	(-3.43)	(-5.98)	(-1.16)	(-5.88)
Adegree	-0.006**	-0.009**	-0.003	-0.009	-0.007***	-0.006
	(-2.18)	(-2.11)	(-0.78)	(-1.59)	(-2.75)	(-1.44)
IC × Adegree	0.025	0.001	0.015	-0.002	0.038*	-0.008
	(1.18)	(0.02)	(0.52)	(-0.04)	(1.79)	(-0.28)
控制变量	控制	控制	控制	控制	控制	控制
Constant	0.407***	0.719***	0.558***	0.929***	0.296***	0.681***
	(5.88)	(7.98)	(5.78)	(7.73)	(4.21)	(7.47)
Year	控制	控制	控制	控制	控制	控制
Ind	控制	控制	控制	控制	控制	控制
样本数	5,414	3,438	5,414	3,438	5,414	3,438
Adj-R^2	0.252	0.185	0.216	0.174	0.231	0.174
F	50.33***	22.14***	41.20***	20.63***	44.91***	20.57***

注：***、**、*分别表示1%、5%和10%的显著性水平，括号内的数据为 t 统计量。

(2)按学历高低分组

本节将核心高管学历分成两组：大于学历中位数的为学历高组，小于学历中位数的为学历低组，以检验内部控制对税收激进行为发挥抑制作用的具体路径。按学历高低分组的回归结果如表5.23所示。由表中的(1)(2)列可知，学历高组和低组的内部控制(IC)回归系数分别为-0.068和-0.045，且均在1%的水平上显著。利用 Chow-test 测试内部控制的回归系数在两组中是否存在显著差异，结果显示内部控制的回归系数未通过显著性检验，表明内部控制的回归系数在两组之间并不存在显著差异，也说明核心高管的平均学历并不会显著影响内部控制与税收激进行为的关系。当税收激进行为的度量指标替换为 Rate2 及 Rate3 时，上述结论依然成立。

表5.23 按学历高低分组的回归结果

变量	(1) Rate1 学历高	(2) Rate1 学历低	(3) Rate2 学历高	(4) Rate2 学历低	(5) Rate3 学历高	(6) Rate3 学历低
IC	-0.068***	-0.045***	-0.088***	-0.077***	-0.057***	-0.038***
	(-5.60)	(-3.65)	(-5.33)	(-4.57)	(-4.57)	(-3.10)
控制变量	控制	控制	控制	控制	控制	控制
Constant	0.624***	0.461***	0.747***	0.678***	0.536***	0.397***
	(8.40)	(6.02)	(7.45)	(6.50)	(7.00)	(5.20)
Year	控制	控制	控制	控制	控制	控制
Ind	控制	控制	控制	控制	控制	控制
样本数	4,275	4,577	4,275	4,577	4,275	4,577
Adj-R^2	0.212	0.232	0.205	0.205	0.198	0.213
F	33.82***	39.35***	32.53***	33.80***	31.08***	35.31***

注：***、**、*分别表示1%、5%和10%的显著性水平,括号内的数据为t统计量。

5.3.5 稳健性测试

为了证明本节的结论是一般性结果,而非偶然产生的,本节采用了如下方法进行稳健性测试。需要说明的是,本节的稳健性测试并未采用White稳健性修正和Cluster调整及固定效应模型等方法,因为上述方法会使回归系数的t值进一步降低,使回归系数更加不显著。

(1)将税收激进行为的度量指标改为0-1变量,Logit回归结果如表5.24所示。由表可知,税收激进行为的度量指标无论采用何种方式进行测试,交互项(IC × Adegree)的回归系数都不显著,回归结果与主测试结果吻合。

(2)采用差分方程进行分析,样本数量减少至6134个,回归结果如表5.24所示。由表可知,交互项的回归系数均未通过显著性检验,与主测试结果基本一致。这说明在考虑了内生性问题的情况下,本节的研究结论依然稳健。

(3)将税收激进行为的度量指标替换为会计—税收差异(BTD)及其变体(DD_BTD),回归结果如表5.25所示。由表中的(1)(2)列可知,交互项的回归系数均不显著,其余回归结果与主测试结果基本一致。

(4)将内部控制的度量指标替换为内部控制指数的百分比,回归结果如表 5.25 所示,与主测试结果基本一致。

表 5.24 Logit 回归与差分方程的回归结果

变量	(1)	(2)	(3)	(4)	(5)	(6)
	Logit 回归			差分方程		
	*Rate*1	*Rate*2	*Rate*3	*Rate*1	*Rate*2	*Rate*3
IC	-1.270***	-1.699***	-0.971***	-0.020**	-0.033**	-0.008
	(-4.27)	(-5.61)	(-3.29)	(-2.11)	(-2.41)	(-0.78)
Adegree	-0.026	-0.056	-0.109	0.003	0.011	-0.004
	(-0.35)	(-0.75)	(-1.48)	(0.56)	(1.61)	(-0.83)
IC × Adegree	0.145	0.442	0.035	0.030	0.008	0.032
	(0.26)	(0.77)	(0.06)	(1.34)	(0.32)	(1.41)
控制变量	控制	控制	控制	控制	控制	控制
Constant	9.996***	13.050***	7.203***	0.020**	0.018	0.016
	(5.53)	(7.11)	(4.03)	(2.03)	(1.24)	(1.52)
Year	控制	控制	控制	控制	控制	控制
Ind	控制	控制	控制	控制	控制	控制
样本数	8,852	8,852	8,852	6,134	6,134	6,134
Pseudo R^2	0.144	0.154	0.134	—	—	—
Adj-R^2	—	—	—	0.067	0.058	0.047
LR chi2/F	1765.84***	1894.67***	1643.96***	12.84***	11.15***	9.22***

注:***、**、*分别表示1%、5%和10%的显著性水平。其中,Logit 回归下括号内的数据为 *z* 统计量,差分方程下括号内的数据为 *t* 统计量。

表 5.25 替换税收激进行为和内部控制度量的回归结果

变量	(1)	(2)	(3)	(4)	(5)
	替换税收激进行为的度量		替换内部控制的度量		
	BTD	**DD_BTD**	**Rate1**	**Rate2**	**Rate3**
IC	-0.011**	-0.026***	-0.008***	-0.011***	-0.007***
	(-2.41)	(-3.64)	(-6.34)	(-6.64)	(-5.36)

续表 5.25

变量	(1)	(2)	(3)	(4)	(5)
	替换税收激进行为的度量		替换内部控制的度量		
	BTD	DD_BTD	Rate1	Rate2	Rate3
Adegree	-0.000	0.001	-0.007***	-0.005*	-0.007***
	(-0.54)	(0.70)	(-3.20)	(-1.65)	(-3.28)
IC × Adegree	0.004	0.001	0.002	0.001	0.002
	(0.69)	(0.08)	(0.73)	(0.24)	(0.90)
控制变量	控制	控制	控制	控制	控制
Constant	0.051*	0.140***	0.235***	0.259***	0.209***
	(1.83)	(3.20)	(13.39)	(10.86)	(11.77)
Year	控制	控制	控制	控制	控制
Ind	控制	控制	控制	控制	控制
样本数	8,852	8,852	8,852	8,852	8,852
Adj-R^2	0.142	0.197	0.222	0.204	0.205
F	39.63***	58.17***	67.47***	60.51***	60.94***

注：***、**、*分别表示1%、5%和10%的显著性水平,括号内的数据为 t 统计量。

5.3.6 本节小结

本节选取2010年至2015年的我国A股上市公司为研究样本,以核心高管学历的同质性作为核心高管背景特征的切入点,考查核心高管学历的同质性对内部控制与税收激进行为关系的影响以及不同的产权性质下上述关系是否存在显著差异。研究发现:(1)全样本视角下,核心高管的平均学历并不会显著影响内部控制与税收激进行为的关系。(2)进一步区分不同的产权性质后,核心高管的平均学历削弱了内部控制对税收激进行为的抑制作用且这种抑制作用只存在于非国有企业,在国有企业并不明显。此外,按学历高低分组后,内部控制对税收激进行为的影响并不存在显著差异。(3)为了使结论更加可靠,本节运用Logit回归等方法进行了稳健性测试,采用差分方程解决内生性问题,回归结果与主测试结果基本一致。

5.4 核心高管任期的同质性对内部控制与税收激进行为关系的影响

5.4.1 理论分析与假设提出

高阶理论认为,管理者的任期在一定程度上反映了管理者的认知水平、社会阅历和管理经验(Allen,1981)。随着任期的延长,高管渐渐熟悉企业的各种存量资源,能够以更加全面的视角深刻地剖析企业的现状。通过对外界环境的观察和判断,逐步提升自己应对及处理复杂问题的能力(Finkelstein、Hambrick,1996),从而为企业构建完整的理念系统(Bantel、Jackson,1989)。相对而言,任期较短的高管没有充足的时间建立畅通的交流渠道和健全的信息分享机制,对外界环境的识别能力较弱(郭葆春、张丹,2013)。因此,任期较长的高管有更强的能力预测企业在复杂的经营环境中可能面临的各种不确定性因素,从而在风险和损失出现之前及早予以评估和判断(韩静等,2014)。高管任期越长,越理性,越不容易产生过度自信的心理,越偏好选择风险较小的财务决策(Taylor,1975;Forbes,2005;Fraser 等,2006;姜付秀等,2009),从而强化公司的风险管理。此外,高管的任期越长,团队内部的信息交流就越充分,信息共享程度就越高(Zenger、Lawrence,1989),这样就不会过分依赖私有信息,从而在决策时考虑到更多的客观因素,避免因为主观经验采取激进行为与冒险行为(Finkelstein、Hambrick,1990;Fraser、Greene,2006)。内部控制的构建依托企业的经营管理,内部控制的构建应与企业的经营管理状况匹配,而企业的经营管理应在内部控制建设中有所体现。任期越长的高管,对企业具有的内部条件及所处的外部环境有更深刻的了解,越能确保内部控制设计与建设的科学性与合理性(池国华等,2014)。随着核心高管的平均任职时间延长,其认知范围不断扩大,知识储备不断增加,实践经验不断丰富,从而能够更好地掌控与把握企业在生产经营过程中出现的风险和不确定性,逐渐提升战略决策质量(Finkelstein 等,2008),进而使内部控制质量提高,内部控制对税收激进行为的抑制作用更加显著。综上,本节提出以下假设:

假设5.4:限定其他条件,核心高管的平均任期增强了内部控制对税收激进行为的抑制作用。

5.4.2 变量定义与模型构建

(1)变量定义

对于核心高管任期的同质性($Aten$),本节借鉴池国华等(2014)、张兆国等(2011)、王福胜和程富(2014)、姜付秀等(2009)、何威风和刘启亮(2010)等人的研究经验,将核心高管的平均任期作为核心高管任期同质性的替代变量,其计量方法为:核心高管任现职时间之和除以核心高管总人数。

(2)模型构建

针对假设5.4,为考查核心高管任期的同质性对内部控制与税收激进行为的影响,本节构建了如下模型:

$$Rate = \alpha_0 + \alpha_1 IC + \alpha_2 Aten + \alpha_3 IC \times Aten + \alpha_4 Tax\_rate + \alpha_5 ROA \\ + \alpha_6 Lev + \alpha_7 PPE + \alpha_8 Inven + \alpha_9 Intan + \alpha_{10} Size + \alpha_{11} Growth + \alpha_{12} TOP1 \\ + \alpha_{13} Age + \alpha_{14} Loss + \alpha_{15} EQINC + \alpha_{16} Audit + \sum Year + \sum Ind + \varepsilon . \quad (5.4)$$

在上述回归模型中,本节关注的是α_3。如果α_3显著为负,那么假设5.4就得到验证,说明核心高管任期的同质性对内部控制与税收激进行为的关系发挥了负向调节效应,即核心高管的平均任期增强了内部控制对税收激进行为的抑制作用。

5.4.3 实证分析与结果描述

表5.26列出了内部控制、核心高管任期的同质性与税收激进行为的主测试回归结果。由表中的(1)列可知,内部控制(IC)与核心高管任期同质性($Aten$)的交互项($IC \times Aten$)的回归系数为0.016,t值为3.29,交互项与税收激进行为在1%的水平上呈显著正相关。这说明核心高管任期越长,内部控制对税收激进行为的抑制作用越小,即核心高管的平均任期削弱了内部控制对税收激进行为的抑制作用,假设5.4未得到验证。可能的原因有两个。一方面,随着任职年限的延长,企业核心高管可能会满足于企业已经取得的成绩而丧失紧迫感,更注重稳定且安于现状,对企业内部控制建设所面临的风险视而不见,较少采用稳健的风险管理措施。另一方面,随着任期的增加,高管的地位已经稳固,经营模式已经成熟,难免出现过度自信心理,依赖过往的经验与思维模式,变得不思进取和故步自封,不愿意承担组织变革的风险(Bantel、Jackson,1989;Hambrick、Michel,1992;Finkelstein、Hambrick,1996)。这些都会使得内部控制质量有所下降,从而削弱内部控制对税收激进行为的抑制作用。相关研究亦表明,高管团队平均任职时间延长,内部控制质量反而降低(周虹、李端生,2017)。由表中的(2)(3)列可知,交互项的回归系数均在1%的水平上显著为正,与上述回归结果保持一致。

表5.26 内部控制、核心高管任期的同质性与税收激进行为的回归结果

变量	(1) Rate1	(2) Rate2	(3) Rate3
IC	-0.056*** (-6.58)	-0.078*** (-6.74)	-0.049*** (-5.68)
Aten	-0.001** (-2.13)	-0.002** (-2.57)	-0.001* (-1.89)
IC × Aten	0.016*** (3.29)	0.022*** (3.27)	0.014*** (2.93)
控制变量	控制	控制	控制
Constant	0.564*** (10.95)	0.713*** (10.26)	0.503*** (9.66)
Year	控制	控制	控制
Ind	控制	控制	控制
样本数	9,754	9,754	9,754
Adj-R^2	0.225	0.203	0.209
F	75.35***	66.29***	68.96***

注:***、**、*分别表示1%、5%和10%的显著性水平,括号内的数据为t统计量。

5.4.4 进一步测试

(1)按产权性质分组

为考查不同的产权性质下核心高管任期的同质性对内部控制与税收激进行为关系的影响是否存在差异,本节依据上市公司的股权性质,将样本划分为非国有企业和国有企业两组样本,并分别对其进行回归分析,回归结果如表5.27所示。由(1)列可知,非国有企业内部控制与任期同质性的交互项(IC ×

$Aten$)的回归系数为 0.016，t 值为 2.58，在 1% 的水平上显著为正。这表明非国有企业核心高管的平均任期削弱了内部控制对税收激进行为的影响，与全样本的回归结果一致。由(2)列可知，国有企业交互项的回归系数为 0.019，t 值为 2.32，在 5% 的水平上显著为正。因此，核心高管的平均任期削弱了内部控制对税收激进行为的抑制作用；在作用的程度上，非国有企业强于国有企业。由(3)(4)列可知，非国有企业交互项的回归系数为 0.027，t 值为 3.19，在 1% 的水平上显著为正；国有企业交互项的回归系数为 0.020，t 值为 1.92，在 10% 的水平上显著为正。在作用的程度上，非国有企业依然强于国有企业。(5)(6)列的回归结果与上述结论保持一致，表明上述结论是稳健的。

表 5.27　不同的产权性质下内部控制、核心高管任期的同质性与税收激进行为的回归结果

变量	(1)	(2)	(3)	(4)	(5)	(6)
	$Rate$1		$Rate$2		$Rate$3	
	非国有企业	国有企业	非国有企业	国有企业	非国有企业	国有企业
IC	-0.024**	-0.095***	-0.037**	-0.121***	-0.015	-0.092***
	(-2.26)	(-6.65)	(-2.48)	(-6.36)	(-1.39)	(-6.45)
Aten	-0.001	-0.002*	-0.003**	-0.002	-0.001	-0.003**
	(-1.45)	(-1.93)	(-2.45)	(-1.25)	(-0.98)	(-2.12)
IC×Aten	0.016***	0.019**	0.027***	0.020*	0.022***	0.010
	(2.58)	(2.32)	(3.19)	(1.92)	(2.79)	(1.61)
控制变量	控制	控制	控制	控制	控制	控制
Constant	0.390***	0.773***	0.481***	0.954***	0.317***	0.737***
	(5.69)	(9.27)	(5.10)	(8.60)	(4.55)	(8.84)
Year	控制	控制	控制	控制	控制	控制
Ind	控制	控制	控制	控制	控制	控制
样本数	5,682	4,072	5,682	4,072	5,682	4,072
Adj-R^2	0.252	0.194	0.217	0.173	0.234	0.185
F	52.84***	27.41***	43.52***	24.03***	47.94***	25.93***

注：***、**、*分别表示 1%、5% 和 10% 的显著性水平，括号内的数据为 t 统计量。

(2)按任期长短分组

本节将核心高管任期分成两组：大于任期中位数的为任期长组，小于任期

中位数的为任期短组,以检验内部控制对税收激进行为发挥抑制作用的具体路径。按任期长短分组的回归结果如表5.28所示。由(1)(2)列可知,任期长组和短组的内部控制(IC)回归系数分别为-0.057、-0.068,且均在1%的水平上显著。利用Chow-test测试内部控制回归系数在两组中是否存在显著差异,结果显示,任期长组的内部控制具有更小的回归系数。这说明任期长组的内部控制对税收激进行为的抑制作用要显著小于任期短组,即核心高管任期越长,内部控制对税收激进行为的抑制作用越小。当税收激进行为的度量指标替换为$Rate2$及$Rate3$时,上述结论依然成立。

表5.28 按任期长短分组的回归结果

变量	(1)	(2)	(3)	(4)	(5)	(6)
	$Rate1$		$Rate2$		$Rate3$	
	任期长	任期短	任期长	任期短	任期长	任期短
IC	-0.057***	-0.068***	-0.083***	-0.090***	-0.051***	-0.060***
	(-4.76)	(-5.79)	(-5.07)	(-5.72)	(-4.18)	(-5.05)
控制变量	控制	控制	控制	控制	控制	控制
$Constant$	0.535***	0.637***	0.708***	0.790***	0.495***	0.560***
	(7.03)	(9.08)	(6.80)	(8.44)	(6.35)	(8.00)
$Year$	控制	控制	控制	控制	控制	控制
Ind	控制	控制	控制	控制	控制	控制
样本数	4,600	5,154	4,600	5,154	4,600	5,154
$Adj\text{-}R^2$	0.207	0.240	0.195	0.210	0.188	0.228
F	35.55***	47.49***	32.96***	40.19***	31.65***	44.60***

注:***、**、*分别表示1%、5%和10%的显著性水平,括号内的数据为t统计量。

5.4.5 稳健性测试

为了证明本节的结论是一般性结果,而非偶然产生的,本节采用了如下方法进行稳健性测试。

(1)将税收激进行为的度量指标改为0-1变量,Logit回归结果如表5.29所示。由(1)(3)列可知,虽然交互项($IC \times Aten$)的回归系数不显著,但方向正确。由(2)列可知,交互项回归系数接近10%的显著性水平,其余结果与主测试结果基本一致。

(2) 将税收激进行为的度量指标替换为会计—税收差异(*BTD*)及其变体(*DD_BTD*)，回归结果如表 5.30 所示。由(1)列可知，交互项的回归系数在 1%的水平上显著为正。由(2)列可知，交互项的回归系数虽不显著，但方向正确。其余回归结果与主测试结果基本一致。

(3) 将内部控制的度量指标替换为内部控制指数的百分比，回归结果如表5.30 所示，与主测试结果基本一致。

(4) 对回归系数的 t 值进行 White 稳健性修正和 Cluster 调整，回归结果如表 5.31 所示。虽然 t 值有所下降，但交互项与税收激进行为仍然在 1%的水平上呈显著正相关，与主测试结果相吻合。

(5) 对公司和年度进行 Cluster 处理，回归结果如表 5.31 所示。由表 5.31 可知，回归结果与主测试结果基本一致。

(6) 采用固定效应模型进行分析，回归结果如表 5.32 所示。由(1)(2)(3)列可知，交互项的回归系数分别在 1%、5% 与 10%的水平上显著为正，其余回归结果与主测试结果基本一致。

(7) 采用差分方程进行分析，样本数量减少至 6820 个，回归结果如表 5.32 所示。由(4)(5)列可知，交互项的回归系数分别在 5% 与 10%的水平上显著为正，其余回归结果与主测试结果基本一致。这说明在考虑了内生性问题的情况下，本节的研究结论依然稳健。

表 5.29　Logit 回归结果

变量	(1) *Rate*1	(2) *Rate*2	(3) *Rate*3
IC	-1.263***	-1.590***	-1.081***
	(-4.50)	(-5.58)	(-3.88)
Aten	-0.005	-0.040*	-0.007
	(-0.22)	(-1.83)	(-0.34)
IC × *Aten*	0.048	0.204	0.074
	(0.29)	(1.23)	(0.46)
控制变量	控制	控制	控制

续表 5.29

变量	(1) Rate1	(2) Rate2	(3) Rate3
Constant	9.994***	12.373***	7.793***
	(5.86)	(7.15)	(4.60)
Year	控制	控制	控制
Ind	控制	控制	控制
样本数	9,754	9,754	9,754
Pseudo R^2	0.143	0.151	0.136
LR chi2	1932.76***	2046.12***	1837.87***

注：***、**、*分别表示1%、5%和10%的显著性水平,括号内的数据为 z 统计量。

表 5.30 替换税收激进行为和内部控制度量的回归结果

变量	(1)	(2)	(3)	(4)	(5)
	替换税收激进行为的度量		替换内部控制的度量		
	BTD	DD_BTD	Rate1	Rate2	Rate3
IC	-0.016***	-0.034***	-0.008***	-0.011***	-0.007***
	(-3.73)	(-4.82)	(-6.60)	(-6.60)	(-5.86)
Aten	-0.000	-0.001***	-0.001**	-0.002***	-0.001**
	(-0.68)	(-3.99)	(-2.25)	(-2.63)	(-2.02)
IC×Aten	0.005***	0.002	0.002***	0.003***	0.002***
	(2.83)	(0.66)	(3.72)	(3.54)	(3.35)
控制变量	控制	控制	控制	控制	控制
Constant	0.080***	0.183***	0.252***	0.281***	0.232***
	(2.98)	(4.31)	(15.12)	(12.51)	(13.75)
Year	控制	控制	控制	控制	控制
Ind	控制	控制	控制	控制	控制
样本数	9,754	9,754	9,754	9,754	9,754
Adj-R^2	0.153	0.198	0.225	0.203	0.210
F	47.31***	64.34***	75.37***	66.18***	69.06***

注：***、**、*分别表示1%、5%和10%的显著性水平,括号内的数据为 t 统计量。

表 5.31 对公司和年度进行 White 稳健性修正和 Cluster 调整的回归结果

变量	(1)	(2)	(3)	(4)	(5)	(6)
	\multicolumn{3}{c	}{White 稳健性修正}	\multicolumn{3}{c}{Cluster 调整}
	*Rate*1	*Rate*2	*Rate*3	*Rate*1	*Rate*2	*Rate*3
IC	-0.056***	-0.078***	-0.049***	-0.056***	-0.078***	-0.049***
	(-5.76)	(-6.30)	(-4.87)	(-8.81)	(-6.44)	(-7.60)
Aten	-0.001**	-0.002***	-0.001*	-0.001**	-0.002***	-0.001*
	(-2.19)	(-2.68)	(-1.93)	(-2.24)	(-3.51)	(-1.86)
IC×Aten	0.016***	0.022***	0.014***	0.016***	0.022***	0.014**
	(3.07)	(3.08)	(2.65)	(2.82)	(3.84)	(2.01)
控制变量	控制	控制	控制	控制	控制	控制
Constant	0.564***	0.713***	0.503***	0.460***	0.646***	0.399***
	(9.80)	(9.84)	(8.48)	(10.77)	(8.39)	(9.86)
Year	控制	控制	控制	控制	控制	控制
Ind	控制	控制	控制	控制	控制	控制
样本数	9,754	9,754	9,754	9,754	9,754	9,754
Adj-R^2	0.225	0.203	0.209	0.225	0.203	0.209
F	55.14***	54.46***	53.57***	55.14***	54.46***	53.57***

注：***、**、*分别表示1%、5%和10%的显著性水平,括号内的数据为 t 统计量。

表 5.32 固定效应模型和差分方程的回归结果

变量	(1)	(2)	(3)	(4)	(5)	(6)
	\multicolumn{3}{c	}{固定效应模型}	\multicolumn{3}{c}{差分方程}
	*Rate*1	*Rate*2	*Rate*3	*Rate*1	*Rate*2	*Rate*3
IC	-0.034***	-0.043***	-0.026**	-0.023***	-0.033**	-0.015
	(-3.31)	(-3.08)	(-2.38)	(-2.62)	(-2.57)	(-1.62)
Aten	-0.001	-0.002*	-0.001	-0.002**	-0.003**	-0.001
	(-1.49)	(-1.85)	(-1.16)	(-2.50)	(-2.11)	(-1.59)
IC×Aten	0.016***	0.020**	0.012*	0.012**	0.013**	0.005
	(2.62)	(2.16)	(1.96)	(2.42)	(1.84)	(0.99)

续表 5.32

变量	(1)	(2)	(3)	(4)	(5)	(6)
	固定效应模型			差分方程		
	*Rate*1	*Rate*2	*Rate*3	*Rate*1	*Rate*2	*Rate*3
控制变量	控制	控制	控制	控制	控制	控制
Constant	0.544***	0.514***	0.512***	0.020**	0.019	0.016
	(5.04)	(3.69)	(4.42)	(2.10)	(1.37)	(1.59)
Year	控制	控制	控制	控制	控制	控制
Ind	控制	控制	控制	控制	控制	控制
样本数	9,754	9,754	9,754	6,820	6,820	6,820
Adj-R^2	0.093	0.086	0.073	0.067	0.051	0.050
F	19.79***	18.22***	15.22***	14.22***	10.90***	10.80***

注：***、**、*分别表示1%、5%和10%的显著性水平,括号内的数据为 t 统计量。

5.4.6 本节小结

本节选取2010年至2015年的我国A股上市公司为研究样本,以核心高管任期的同质性作为核心高管背景特征的切入点,考查核心高管任期的同质性对内部控制与税收激进行为关系的影响以及不同的产权性质下上述关系是否存在显著差异。研究发现:(1)全样本视角下,核心高管的平均任期削弱了内部控制对税收激进行为的抑制作用。(2)进一步区分不同的产权性质后,核心高管的平均任期削弱了内部控制对税收激进行为的抑制作用;在作用的程度上,非国有企业强于国有企业。此外,按任期长短分组后,核心高管任期越长,内部控制对税收激进行为的抑制作用越小。(3)为了使结论更加可靠,本节运用Logit回归等方法进行了稳健性测试,采用差分方程解决内生性问题,回归结果与主测试结果基本一致。

5.5 核心高管专业背景的同质性对内部控制与税收激进行为关系的影响

5.5.1 理论分析与假设提出

高阶理论认为,高管的专业背景形成了高管人员认知事物的基础和结构,他(她)们因不同的专业背景学习了不同类型的课程,形成了区别于他人的认知结构及价值观,而他们的思维模式与行为方式又受这种认知结构及价值观的影响,并通过个人的专业技术水平呈现出来,最终在企业中产生不同的作用(Smart,1986)。同时,高管团队成员的专业背景也是高层管理者制定战略和做出决策的基础。位居企业领导地位的关键管理者,如董事长、总经理等,他们的专业背景会有意或无意地使企业战略偏向于熟悉的领域(Datta、Guthrie,1994)。某一专业领域的专业经验一直被视为影响高层管理者战略决策的重要因素(朱国军等,2013),因此,高管做出战略决策时会偏向于自身擅长的专业领域。如拥有科学与工程专业背景的高管偏好采用产品创新来达到多元化战略目的(Wiersema、Bantel,1992),而拥有财务相关专业背景的高管则偏好通过并购来达到多元化战略目的(吕富彪,2012)。由前文(3.1.1)可知,保证财务报告的真实可靠与保护资产的安全完整是内部控制的两大目标,而这两大目标的实现依赖于内部会计控制系统的健全与完善。具有会计、金融或者经济管理类专业背景的高管能够深刻理解内部会计系统对于内部控制有效实施的重要性,能够清楚地认识到内部会计系统是内部控制的基础,而内部控制是内部会计系统的衍生形式。专业为会计、金融或者经济管理类的高管,对内部控制在企业制度建设中的必要性及重要性有更深刻的认识。由于高管重视内部控制的实施,因此内部控制质量更高(张继德等,2013)。从另一角度来说,具有会计、金融或者经济管理类专业背景的高管会以更全面的视角分析问题,能够更好地理解风险、收益等概念,在决策中会更理性地将风险因素等考虑在内,从而提升内部控制质量(池国华等,2014),内部控制对税收激进行为的抑制作用也更加显著。综上,本节提出以下假设:

假设5.5:限定其他条件,核心高管中具有会计、金融或经济管理类专业背景的成员的比例增强了内部控制对税收激进行为的抑制作用。

5.5.2 变量定义与模型构建

(1)变量定义

对于核心高管专业背景的同质性(Aedu),本节借鉴池国华等(2014)、张兆国等(2011)、何霞和苏晓华(2012)、朱国军等(2013)、杨林(2013)等人的研究经验,将核心高管中所学专业为会计、金融或经济管理类的人员所占比例作为核心高管专业背景同质性的替代变量,计量方法为:核心高管所学专业之和除以核心高管总人数。其中,专业为会计、金融或经济管理类的为1,否则为0。

(2)模型构建

针对假设5.5,为考查核心高管专业背景的同质性对内部控制与税收激进行为关系的影响,本节构建了如下模型:

$$Rate = \alpha_0 + \alpha_1 IC + \alpha_2 Aedu + \alpha_3 IC \times Aedu + \alpha_4 Tax\_rate + \alpha_5 ROA \\ + \alpha_6 Lev + \alpha_7 PPE + \alpha_8 Inven + \alpha_9 Intan + \alpha_{10} Size + \alpha_{11} Growth + \alpha_{12} TOP1 \\ + \alpha_{13} Age + \alpha_{14} Loss + \alpha_{15} EQINC + \alpha_{16} Audit + \sum Year + \sum Ind + \varepsilon. \quad (5.5)$$

在上述回归模型中,本节关注的是 α_3。如果 α_3 显著为负,那么假设5.5就得到验证,说明核心高管专业背景的同质性对内部控制与税收激进行为的关系发挥了负向调节效应,即核心高管中具有会计、金融或经济管理类专业背景的成员的比例增强了内部控制对税收激进行为的抑制作用。

5.5.3 实证分析与结果描述

表5.33列出了内部控制、核心高管专业背景的同质性与税收激进行为的主测试回归结果。由(1)列可知,内部控制(IC)与核心高管专业背景同质性(Aedu)的交互项(IC×Aedu)的回归系数为0.009,t值为0.12,未通过显著性检验。这表明核心高管中具有会计、金融或经济管理类专业背景的成员的比例并不会显著影响内部控制与税收激进行为的关系,假设5.5未得到验证。可能的原因是,会计、金融等专业的高管风险意识较强,但这仅仅满足内部控制组成要素之一"风险评估"的要求,其他要素(如控制环境对诚信和道德价值观的要求、控制活动对业务处理程序的要求、信息与沟通对信息系统的要求、监控对控制设计的评估等)与会计、金融等专业的关联度并不高。因此,上述专业出身的高管联合主导下的内部控制质量可能并不高,进而影响到对税收激进行为的抑制

效果。由(2)(3)列可知,交互项的回归系数均不显著,与上述回归结果保持一致。

表 5.33 内部控制、核心高管专业背景的同质性与税收激进行为的回归结果

变量	(1) Rate1	(2) Rate2	(3) Rate3
IC	-0.062***	-0.089***	-0.053***
	(-7.34)	(-7.76)	(-6.23)
Aedu	-0.006	0.003	-0.009
	(-0.64)	(0.24)	(-0.98)
IC×Aedu	0.009	-0.120	0.067
	(0.12)	(-1.23)	(0.91)
控制变量	控制	控制	控制
Constant	0.588***	0.756***	0.521***
	(11.49)	(10.95)	(10.09)
Year	控制	控制	控制
Ind	控制	控制	控制
样本数	9,786	9,786	9,786
Adj-R^2	0.223	0.202	0.209
F	75.10***	66.03***	68.92***

注:***、**、*分别表示1%、5%和10%的显著性水平,括号内的数据为 t 统计量。

5.5.4 进一步测试

(1)按产权性质分组

表 5.34 列出了不同的产权性质下核心高管专业背景的同质性对内部控制与税收激进行为关系的影响。由(5)列可知,内部控制(IC)与核心高管专业背景同质性(Aedu)的交互项(IC×Aedu)的回归系数为 0.182, t 值为 1.82,在 10% 的水平上显著为正。这表明非国有企业核心高管中具有会计、金融或经济管理类专业背景的成员的比例越高,内部控制对税收激进行为的抑制作用越小,即非国有企业核心高管中具有会计、金融或经济管理类专业背景的成员的比例削弱了内部控制对税收激进行为的抑制作用。由(6)列可知,交互项的回归系数

为0.026,t值为0.23,未通过显著性检验。这表明国有企业核心高管中具有会计、金融或经济管理类专业背景的成员的比例并不会显著影响内部控制与税收激进行为的关系。因此,核心高管中具有会计、金融或经济管理类专业背景的成员的比例削弱了内部控制对税收激进行为的抑制作用且这种抑制作用只存在于非国有企业,在国有企业并不明显。可能的原因有两个。一方面,会计、金融或经济管理类专业探讨的是收益与风险、收益与成本的权衡问题。但凡能获得更大的收益,受过此类教育的人都可能趋向于采取激进行为。由于非国有企业的管理者往往是其控制性股东,在代理问题极少的情况下,即使内部控制健全有效,他们仍然有更大的动机去采取积极避税的行为,获取税收收益以实现自身利益最大化。另一方面,由前文(5.1.3)可知,非国有企业核心高管中具有会计、金融或经济管理类专业背景的成员的比例(均值为0.056)显著大于国有企业(均值为0.047),这也使得内部控制对税收激进行为的抑制作用在非国有企业更为明显。由(3)(4)列可知,非国有企业交互项的回归系数为0.202,t值为1.30;国有企业交互项的回归系数为-0.027,t值为-0.20;均未通过显著性检验。虽然两类企业交互项的回归系数都不显著,但从t值来看,非国有企业交互项的回归系数更接近10%的显著性水平。这表明,相较于国有企业,非国有企业核心高管中具有会计、金融或经济管理类专业背景的成员的比例更可能削弱内部控制对税收激进行为的负面影响,回归结果与上述结论保持一致。

表5.34 在不同的产权性质下内部控制、核心高管专业背景的同质性与税收激进行为的回归结果

变量	(1) 非国有企业 Rate1	(2) 国有企业 Rate1	(3) 非国有企业 Rate2	(4) 国有企业 Rate2	(5) 非国有企业 Rate3	(6) 国有企业 Rate3
IC	-0.031***	-0.098***	-0.056***	-0.125***	-0.015	-0.095***
	(-2.92)	(-6.89)	(-3.76)	(-6.59)	(-1.40)	(-6.72)
Aedu	-0.007	-0.011	-0.007	0.018	-0.012	-0.016
	(-0.67)	(-0.59)	(-0.47)	(0.74)	(-1.12)	(-0.89)
IC × Aedu	0.081	-0.024	0.202	-0.027	0.182*	0.026
	(0.82)	(-0.21)	(1.30)	(-0.20)	(1.82)	(0.23)

续表 5.34

变量	(1)	(2)	(3)	(4)	(5)	(6)
	*Rate*1		*Rate*2		*Rate*3	
	非国有企业	国有企业	非国有企业	国有企业	非国有企业	国有企业
控制变量	控制	控制	控制	控制	控制	控制
Constant	0.431***	0.764***	0.589***	0.943***	0.320***	0.731***
	(6.32)	(9.12)	(6.28)	(8.45)	(4.62)	(8.73)
Year	控制	控制	控制	控制	控制	控制
Ind	控制	控制	控制	控制	控制	控制
样本数	5,697	4,089	5,697	4,089	5,697	4,089
Adj-R^2	0.252	0.192	0.216	0.171	0.236	0.183
F	52.83***	27.21***	43.44***	23.86***	48.43***	25.67***

注：***、**、*分别表示1%、5%和10%的显著性水平,括号内的数据为 t 统计量。

(2)按会计等专业比例高低分组

本节将核心高管中具有会计、金融或经济管理类专业背景的成员的比例分成两组:大于上述专业成员比例中位数的为会计等专业比例高组,小于上述专业成员比例中位数的为会计等专业比例低组,以检验内部控制对税收激进行为发挥抑制作用的具体路径。按会计等专业比例高低分组的回归结果如表5.35所示。由(1)(2)列可知,会计等专业比例高组和低组的内部控制(IC)回归系数分别为 -0.050 和 -0.065,且均在1%的水平上显著。利用Chow-test测试内部控制回归系数在两组中是否存在显著差异,结果显示内部控制回归系数未通过显著性检验,表明内部控制的回归系数在两组之间并不存在显著差异。这说明核心高管中具有会计、金融或经济管理类专业背景的成员的比例并不会显著影响内部控制与税收激进行为的关系。当税收激进行为的度量指标替换为 *Rate*2 及 *Rate*3 时,上述结论依然成立。

表5.35 按会计等专业比例高低分组的回归结果

变量	(1)	(2)	(3)	(4)	(5)	(6)
	*Rate*1		*Rate*2		*Rate*3	
	会计等专业比例高	会计等专业比例低	会计等专业比例高	会计等专业比例低	会计等专业比例高	会计等专业比例低
IC	-0.050***	-0.065***	-0.080***	-0.086***	-0.044**	-0.058***
	(-2.64)	(-6.99)	(-3.05)	(-6.87)	(-2.27)	(-6.17)
控制变量	控制	控制	控制	控制	控制	控制
Constant	0.501***	0.598***	0.738***	0.739***	0.422***	0.546***
	(4.47)	(10.44)	(4.78)	(9.60)	(3.68)	(9.46)
Year	控制	控制	控制	控制	控制	控制
Ind	控制	控制	控制	控制	控制	控制
样本数	1,582	8,204	1,582	8,204	1,582	8,204
Adj-R^2	0.220	0.226	0.211	0.201	0.200	0.211
F	14.13***	67.59***	13.40***	58.31***	12.65***	62.11***

注：***、**、*分别表示1%、5%和10%的显著性水平,括号内的数据为t统计量。

5.5.5 稳健性测试

为了证明本节的结论是一般性结果,而非偶然产生的,本节采用了如下方法进行稳健性测试。需要说明的是,本节的稳健性测试并未采用White稳健性修正和Cluster调整及固定效应模型等方法,原因详见前文(5.3.5)所述。

(1)将税收激进行为的度量指标改为0-1变量,Logit回归结果如表5.36所示。由表5.36可知,税收激进行为的度量指标无论采用何种方式进行测试,交互项($IC \times Aedu$)的回归系数都不显著,回归结果与主测试结果吻合。

(2)采用差分方程进行分析,样本数量减少至6854个,回归结果如表5.36所示。由表可知,交互项的回归系数均未通过显著性检验,与主测试结果基本一致。这说明在考虑了内生性问题的情况下,本节的研究结论依然稳健。

(3)将税收激进行为的度量指标替换为会计—税收差异(BTD)及其变体(DD_BTD),回归结果如表5.37所示。由表可知,交互项的回归系数均不显著,其余回归结果与主测试结果基本一致。

（4）将内部控制的度量指标替换为内部控制指数的百分比，回归结果如表5.37所示，与主测试结果基本一致。

表5.36 Logit 与差分方程的回归结果

变量	(1)	(2)	(3)	(4)	(5)	(6)
	Logit 回归			差分方程		
	*Rate*1	*Rate*2	*Rate*3	*Rate*1	*Rate*2	*Rate*3
IC	-1.248***	-1.696***	-1.091***	-0.030***	-0.047***	-0.016*
	(-4.50)	(-6.03)	(-3.96)	(-3.41)	(-3.67)	(-1.78)
Aedu	-0.113	0.003	-0.115	0.002	0.040*	-0.024
	(-0.37)	(0.01)	(-0.38)	(0.11)	(1.73)	(-1.43)
IC × Aedu	-0.833	-1.599	0.770	0.002	-0.188	0.056
	(-0.35)	(-0.68)	(0.33)	(0.03)	(-1.57)	(0.66)
控制变量	控制	控制	控制	控制	控制	控制
Constant	9.858***	12.715***	7.835***	0.016*	0.014	0.008
	(5.82)	(7.41)	(4.65)	(1.67)	(1.04)	(0.85)
Year	控制	控制	控制	控制	控制	控制
Ind	控制	控制	控制	控制	控制	控制
样本数	9,786	9,786	9,786	6,854	6,854	6,854
Pseudo R²	0.143	0.151	0.136			
Adj-R²				0.066	0.051	0.050
LRchi2	1934.30***	2047.50***	1838.43***	14.10***	11.00***	10.80***

注：***、**、*分别表示1%、5%和10%的显著性水平。其中，Logit 回归下方括号内的数据为 z 统计量，差分方程下方括号内的数据为 t 统计量。

表5.37 替换税收激进行为和内部控制度量的回归结果

变量	(1)	(2)	(3)	(4)	(5)
	替换税收激进行为的度量		替换内部控制的度量		
	BTD	*DD_BTD*	*Rate*1	*Rate*2	*Rate*3
IC	-0.017***	-0.034***	-0.008***	-0.012***	-0.007***
	(-3.76)	(-4.95)	(-7.18)	(-7.35)	(-6.29)

续表 5.37

变量	(1) 替换税收激进行为的度量	(2) 替换税收激进行为的度量	(3) 替换内部控制的度量	(4) 替换内部控制的度量	(5) 替换内部控制的度量
	BTD	*DD_BTD*	*Rate*1	*Rate*2	*Rate*3
Aedu	0.001	0.009**	-0.009	-0.001	-0.011
	(0.28)	(1.99)	(-0.98)	(-0.09)	(-1.23)
IC × Aedu	0.042	0.047	0.007	-0.010	0.014
	(1.61)	(1.18)	(0.68)	(-0.74)	(1.37)
控制变量	控制	控制	控制	控制	控制
Constant	0.085***	0.196***	0.243***	0.263***	0.227***
	(3.14)	(4.60)	(14.50)	(11.64)	(13.41)
Year	控制	控制	控制	控制	控制
Ind	控制	控制	控制	控制	控制
样本数	9,786	9,786	9,786	9,786	9,786
Adj-R²	0.153	0.197	0.223	0.201	0.209
F	47.51***	64.35***	75.03***	65.83***	68.97***

注：***、**、*分别表示1%、5%和10%的显著性水平,括号内的数据为 t 统计量。

5.5.6 本节小结

本节选取 2010 年至 2015 年的我国 A 股上市公司为研究样本,以核心高管专业背景的同质性作为核心高管背景特征的切入点,考查核心高管专业背景的同质性对内部控制与税收激进行为关系的影响以及不同的产权性质下上述关系是否存在显著差异。研究发现:(1)全样本视角下,核心高管中具有会计、金融或经济管理类专业背景的成员的比例并不会显著影响内部控制与税收激进行为的关系。(2)进一步区分不同的产权性质后,核心高管中具有会计、金融或经济管理类专业背景的成员的比例削弱了内部控制对税收激进行为的抑制作用且这种抑制作用只存在于非国有企业,在国有企业并不明显。此外,按会计等专业比例高低分组后,内部控制对税收激进行为的影响并不存在显著差异。(3)为了使结论更加可靠,本节运用 Logit 回归等方法进行了稳健性测试,采用差分方程解决内生性问题,回归结果与主测试结果基本一致。

5.6 核心高管职业背景的同质性对内部控制与税收激进行为关系的影响

5.6.1 理论分析与假设提出

高阶理论认为,高层管理者的职业背景,决定了他们对企业战略决策及风险的不同认知和偏好,并影响着高层管理者乃至整个团队的工作效率和所采取的战略类型(Hambrick、Mason,1984)。一般来说,具有相似职业背景的高层管理者理念相近。受认知偏差的影响,具有不同职业背景的高管将根据自己的专业知识来分析问题和处理问题(Dearborn、Simon,1958),信息选择性偏差则会使高管决策时更依赖自身熟悉的信息(Hitt、Tyler,1991)。当企业面临复杂的经营环境时,拥有相关职业经验的高管能够帮助企业解决所面临的紧迫问题(Bunderson,2003)。高管具有产品研发、工程技术和市场营销等领域的工作经验,有更强的意愿实施战略创新,希望在产品开发、市场拓展等方面为企业寻求新的收益增长点。然而,拥有财务会计、投融资和行政管理等职业背景的高管,则可以让企业在重组改制、合并收购及资产评估等方面增加收入来源(Finkelstein、Hambrick,1996;Hambrick、Mason,1984)。从内部控制理论的发展过程可以看出,内部会计控制、会计系统等都是内部控制的重要组成要素,企业财务管理的优劣取决于内部控制体系健全与否。因此,与具有生产运营、工程技术、销售管理类职业背景的高管相比,具有会计、金融或经济管理类职业背景的高管对内部控制更熟悉,在进行内部控制建设时游刃有余。企业内部控制质量的高低还取决于企业内部控制环境,而内部控制环境又受到管理层对内部控制重要性的认知以及高管的风险控制理念等影响。具有会计、金融或经济管理类职业背景的高管能够以更全面的视角审视内部控制,能够以保守且谨慎的态度评估和对待风险(Barker、Mueller,2002;Finkelstein、Hambrick,1990),能够更客观且专业地评价内部控制建设与实施(池国华等,2014),从而使内部控制更好地发挥监督作用,以有效抑制税收激进行为。综上,本节提出以下假设:

假设5.6:限定其他条件,核心高管中具有会计、金融或经济管理类职业背景的成员的比例增强了内部控制对税收激进行为的抑制作用。

5.6.2 变量定义与模型构建

(1) 变量定义

关于核心高管职业背景的同质性($Ajob$),本节借鉴池国华等(2014)、何霞和苏晓华(2012)、郭葆春和张丹(2013)、鲁倩和贾良定(2009)、雷辉和刘鹏(2013)等人的研究经验,将职业为会计、金融或经济管理类的人员所占比例作为核心高管职业背景同质性的替代变量,计量方法为:核心高管曾经从事职业之和除以核心高管总人数。其中,职业为会计、金融或经济管理类的为1,否则为0。

(2) 模型构建

针对假设5.6,为考查核心高管职业背景的同质性对内部控制与税收激进行为关系的影响,本节构建了如下模型:

$$Rate = \alpha_0 + \alpha_1 IC + \alpha_2 Ajob + \alpha_3 IC \times Ajob + \alpha_4 Tax\_rate + \alpha_5 ROA \\ + \alpha_6 Lev + \alpha_7 PPE + \alpha_8 Inven + \alpha_9 Intan + \alpha_{10} Size + \alpha_{11} Growth + \alpha_{12} TOP1 \\ + \alpha_{13} Age + \alpha_{14} Loss + \alpha_{15} EQINC + \alpha_{16} Audit + \sum Year + \sum Ind + \varepsilon. \quad (5.6)$$

在上述回归模型中,本节关注的是α_3。如果α_3显著为负,那么假设5.6就得到验证,说明核心高管职业背景的同质性对内部控制与税收激进行为的关系发挥了负向调节效应,即核心高管中具有会计、金融或经济管理类职业背景的成员的比例增强了内部控制对税收激进行为的抑制作用。

5.6.3 实证分析与结果描述

表5.38列出了内部控制、核心高管职业背景的同质性与税收激进行为的主测试回归结果。由(1)列可知,内部控制(IC)与核心高管职业背景同质性($Ajob$)的交互项($IC \times Ajob$)的回归系数为0.148,t值为2.34,交互项与税收激进行为在5%的水平上呈显著正相关,这说明核心高管中具有会计、金融或经济管理类职业背景的成员的比例越大,内部控制对税收激进行为的抑制作用越小,即核心高管中具有会计、金融或经济管理类职业背景的成员的比例削弱了内部控制对税收激进行为的抑制作用,假设5.6未得到验证。可能的原因是,企业核心高管中具有会计、金融或经济管理类职业背景的董事长、总经理及财务总监对内部控制质量没有显著影响,具有会计、金融或经济管理类职业背景

的监事会主席对内部控制质量具有显著的正面影响(池国华等,2014)。然而,许多上市公司的监事会形同虚设:表面上,它们是可以独立行使监督权的机构,实际上,由于控股股东施压和影响,它们的监督职能往往难以发挥(李维安等,2006),致使监事会主席对内部控制的影响相对较小。因此,由董事长、总经理、财务总监及监事会主席组成的核心高管团队,其整体职业背景对内部控制的建设和实施难以发挥较大的作用,削弱了内部控制对税收激进行为的抑制作用。相关研究也表明,高管在财务、管理部门工作的职业经历对内部控制无显著影响(殷治平,2017)。由(2)(3)列可知,交互项与税收激进行为分别在10%与5%的水平上呈显著正相关,回归结果与上述结论保持一致。

表5.38 内部控制、核心高管职业背景的同质性与税收激进行为的回归结果

变量	(1) Rate1	(2) Rate2	(3) Rate3
IC	-0.059***	-0.083***	-0.051***
	(-6.91)	(-7.14)	(-5.91)
Ajob	-0.025**	-0.022	-0.021
	(-2.23)	(-1.45)	(-1.85)
IC×Ajob	0.148**	0.165*	0.158**
	(2.34)	(1.93)	(2.01)
控制变量	控制	控制	控制
Constant	0.578***	0.735***	0.514***
	(11.18)	(10.54)	(9.83)
Year	控制	控制	控制
Ind	控制	控制	控制
样本数	9,786	9,786	9,786
Adj-R^2	0.224	0.202	0.209
F	75.25***	66.04***	69.02***

注:***、**、*分别表示1%、5%和10%的显著性水平,括号内的数据为t统计量。

5.6.4 进一步测试

(1) 按产权性质分组

为考查不同产权性质下核心高管职业背景的同质性对内部控制与税收激进行为关系的影响是否存在差异,本节依据上市公司的股权性质,将样本划分为非国有企业和国有企业两组样本,并分别对其进行回归分析,回归结果如表 5.39 所示。由(5)列可知,非国有企业的内部控制与职业背景同质性的交互项 ($IC \times Ajob$) 的回归系数为 0.339, t 值为 2.10, 在 5% 的水平上显著为正。这表明非国有企业核心高管中具有会计、金融或经济管理类职业背景的成员的比例越高,内部控制对税收激进行为的抑制作用越小,即非国有企业核心高管中具有会计、金融或经济管理类职业背景的成员的比例削弱了内部控制对税收激进行为的抑制作用,与全样本的回归结果一致。由(6)列可知,国有企业交互项的回归系数为 0.078, t 值为 0.65, 未通过显著性检验。交互项不显著表明国有企业核心高管中具有会计、金融或经济管理类职业背景的成员的比例未明显削弱内部控制对税收激进行为的抑制作用。因此,核心高管中具有会计、金融或经济管理类职业背景的成员的比例削弱了内部控制对税收激进行为的抑制作用;在作用的程度上,非国有企业强于国有企业。由(1)(2)列可知,非国有企业交互项的回归系数为 0.262, t 值为 1.62;国有企业交互项的回归系数为 0.115, t 值为 0.98;均未通过显著性检验。虽然两类企业交互项的回归系数都不显著,但从 t 值来看,非国有企业交互项的回归系数更接近 10% 的显著性水平。在作用的程度上,非国有企业依然强于国有企业。(3)(4)列的回归结果与上述结论保持一致,表明上述结论是稳健的。

表 5.39 不同的产权性质下内部控制、核心高管职业背景的同质性与税收激进行为的回归结果

变量	(1) Rate1 非国有企业	(2) Rate1 国有企业	(3) Rate2 非国有企业	(4) Rate2 国有企业	(5) Rate3 非国有企业	(6) Rate3 国有企业
IC	-0.031*** (-2.86)	-0.095*** (-6.64)	-0.048*** (-3.21)	-0.122*** (-6.37)	-0.019* (-1.77)	-0.092*** (-6.42)
Ajob	-0.035** (-2.48)	-0.021 (-1.13)	-0.041** (-2.12)	-0.011 (-0.45)	-0.021 (-1.50)	-0.030 (-1.57)

续表 5.39

变量	(1)	(2)	(3)	(4)	(5)	(6)
	Rate1		Rate2		Rate3	
	非国有企业	国有企业	非国有企业	国有企业	非国有企业	国有企业
IC×Ajob	0.262	0.115	0.239	0.182	0.339**	0.078
	(1.62)	(0.98)	(1.47)	(0.85)	(2.10)	(0.65)
控制变量	控制	控制	控制	控制	控制	控制
Constant	0.430***	0.764***	0.548***	0.945***	0.344***	0.727***
	(6.32)	(9.13)	(5.85)	(8.48)	(4.97)	(8.70)
Year	控制	控制	控制	控制	控制	控制
Ind	控制	控制	控制	控制	控制	控制
样本数	5,697	4,089	5,697	4,089	5,697	4,089
Adj-R^2	0.253	0.192	0.217	0.171	0.235	0.183
F	53.04***	27.26***	43.58***	23.83***	48.39***	25.79***

注：***、**、*分别表示 1%、5% 和 10% 的显著性水平，括号内的数据为 t 统计量。

(2)按会计等职业比例高低分组

本节将核心高管中具有会计、金融或经济管理类职业背景的成员的比例分成两组：大于上述职业背景成员比例中位数的为会计等职业比例高组，小于上述职业背景成员比例中位数的为会计等职业比例低组，以检验内部控制对税收激进行为发挥抑制作用的具体路径。按会计等职业比例高低分组的回归结果如表 5.40 所示。由(1)(2)列可知，会计等职业比例高组和低组的内部控制(IC)的回归系数分别为 -0.051、-0.066，且均在 1% 的水平上显著。利用 Chow-test 测试内部控制回归系数在两组中是否存在显著差异，结果显示，在会计等职业比例高组，内部控制具有更小的回归系数。这说明会计等职业比例高组的内部控制对税收激进行为的抑制作用要显著小于会计等职业比例低组，即核心高管中具有会计、金融或经济管理类职业背景的成员的比例越高，内部控制对税收激进行为的抑制作用越小。当税收激进行为的度量指标替换为 Rate2 及 Rate3 时，上述结论依然成立。

表5.40 按会计等职业比例高低分组的回归结果

变量	(1)	(2)	(3)	(4)	(5)	(6)
	*Rate*1		*Rate*2		*Rate*3	
	会计等职业比例高	会计等职业比例低	会计等职业比例高	会计等职业比例低	会计等职业比例高	会计等职业比例低
IC	-0.051***	-0.066***	-0.086***	-0.096***	-0.034*	-0.059***
	(-2.79)	(-6.98)	(-3.64)	(-6.88)	(-1.80)	(-6.28)
控制变量	控制	控制	控制	控制	控制	控制
Constant	0.603***	0.548***	0.740***	0.837***	0.548***	0.434***
	(10.54)	(4.93)	(9.74)	(5.19)	(9.58)	(3.72)
Year	控制	控制	控制	控制	控制	控制
Ind	控制	控制	控制	控制	控制	控制
样本数	7,834	1,952	7,834	1,952	7,834	1,952
Adj-R^2	0.228	0.215	0.209	0.168	0.215	0.194
F	65.43***	16.30***	58.53***	12.29***	60.66***	14.45***

注：***、**、*分别表示1%、5%和10%的显著性水平，括号内的数据为t统计量。

5.6.5 稳健性测试

为了证明本节的结论是一般性结果，而非偶然产生的，本节采用了如下方法进行稳健性测试。

（1）将税收激进行为的度量指标改为0-1变量，Logit回归结果如表5.41所示。由表可知，交互项（IC×Ajob）的回归系数在5%或10%的水平上显著为正，其余结果与主测试结果基本一致。

（2）将税收激进行为的度量指标替换为会计—税收差异（BTD）及其变体（DD_BTD），回归结果如表5.42所示。由（1）列可知，交互项的回归系数虽不显著，但方向正确。由（2）列可知，交互项的回归系数在10%的水平上显著为正，其余回归结果与主测试结果基本一致。

（3）将内部控制的度量指标替换为内部控制指数的百分比，回归结果如表5.42所示，与主测试结果基本一致。

（4）对回归系数的t值进行White稳健性修正和Cluster调整，回归结果如

表5.43所示。虽然 t 值有所下降,但交互项与税收激进行为仍然在5%或10%的水平上呈显著正相关,与主测试结果相吻合。

(5)对公司和年度进行 Cluster 处理,回归结果如表5.43所示。由表可知,回归结果与主测试结果基本一致。

(6)采用固定效应模型进行分析,回归结果如表5.44所示。由(1)(2)(3)列可知,交互项的回归系数均在10%的水平上显著为正,回归结果与主测试结果基本一致。

(7)采用差分方程进行分析,样本数量减少至6854个,回归结果如表5.44所示。由(4)(6)列可知,交互项的回归系数均在1%的水平上显著为正,回归结果与主测试结果基本一致。这说明在考虑了内生性问题的情况下,本节的研究结论依然稳健。

表5.41 Logit 回归结果

变量	(1)	(2)	(3)
	*Rate*1	*Rate*2	*Rate*3
IC	-1.235***	-1.644***	-1.104***
	(-4.37)	(-5.74)	(-3.94)
Ajob	-0.159	-0.167	-0.286
	(-0.43)	(-0.45)	(-0.78)
IC×*Ajob*	0.472**	1.646*	0.365*
	(2.14)	(1.87)	(1.69)
控制变量	控制	控制	控制
Constant	9.876***	12.574***	7.913***
	(5.76)	(7.24)	(4.65)
Year	控制	控制	控制
Ind	控制	控制	控制
样本数	9,786	9,786	9,786
Pseudo R²	0.143	0.151	0.136
LRchi2	1933.73***	2046.99***	1839.04***

注:***、**、*分别表示1%、5%和10%的显著性水平,括号内的数据为 z 统计量。

表5.42 替换税收激进行为和内部控制度量的回归结果

变量	(1)	(2)	(3)	(4)	(5)
	替换税收激进行为的度量		替换内部控制的度量		
	BTD	*DD_BTD*	*Rate*1	*Rate*2	*Rate*3
IC	-0.016***	-0.034***	-0.008***	-0.011***	-0.007***
	(-3.63)	(-4.87)	(-6.80)	(-6.85)	(-5.99)
Ajob	-0.006*	0.000	-0.028**	-0.025*	-0.023**
	(-1.86)	(0.07)	(-2.48)	(-1.65)	(-2.04)
IC×*Ajob*	0.022	0.096*	0.027**	0.030*	0.027**
	(0.65)	(1.82)	(2.03)	(1.69)	(2.03)
控制变量	控制	控制	控制	控制	控制
Constant	0.086***	0.188***	0.248***	0.274***	0.229***
	(3.17)	(4.41)	(14.93)	(12.23)	(13.65)
Year	控制	控制	控制	控制	控制
Ind	控制	控制	控制	控制	控制
样本数	9,786	9,786	9,786	9,786	9,786
Adj-R²	0.153	0.197	0.224	0.201	0.209
F	47.53***	64.27***	75.23***	65.91***	69.08***

注：***、**、*分别表示1%、5%和10%的显著性水平,括号内的数据为 *t* 统计量。

表5.43 对公司和年度进行稳健性修正和Cluster调整的回归结果

变量	(1)	(2)	(3)	(4)	(5)	(6)
	White稳健性修正			Cluster调整		
	*Rate*1	*Rate*2	*Rate*3	*Rate*1	*Rate*2	*Rate*3
IC	-0.059***	-0.083***	-0.051***	-0.059***	-0.083***	-0.051***
	(-5.97)	(-6.66)	(-5.02)	(-9.01)	(-8.33)	(-6.70)
Ajob	-0.025**	-0.022	-0.021*	-0.025**	-0.022**	-0.021
	(-2.39)	(-1.53)	(-1.94)	(-2.16)	(-1.98)	(-1.60)
IC×*Ajob*	0.148**	0.165*	0.158*	0.148***	0.165**	0.158***
	(2.01)	(1.67)	(1.73)	(3.06)	(2.27)	(3.61)
控制变量	控制	控制	控制	控制	控制	控制

续表5.43

变量	(1)	(2)	(3)	(4)	(5)	(6)
	White 稳健性修正			Cluster 调整		
	*Rate*1	*Rate*2	*Rate*3	*Rate*1	*Rate*2	*Rate*3
Constant	0.578***	0.735***	0.514***	0.494***	0.741***	0.414***
	(9.93)	(10.08)	(8.56)	(9.39)	(16.81)	(7.32)
Year	控制	控制	控制	控制	控制	控制
Ind	控制	控制	控制	控制	控制	控制
样本数	9,786	9,786	9,786	9,786	9,786	9,786
Adj-R²	0.224	0.202	0.209	0.224	0.202	0.209
F	55.30***	54.43***	53.75***	55.30***	54.43***	53.75***

注：***、**、*分别表示1%、5%和10%的显著性水平，括号内的数据为 t 统计量。

表5.44 固定效应模型和差分方程的回归结果

变量	(1)	(2)	(3)	(4)	(5)	(6)
	固定效应模型			差分方程		
	*Rate*1	*Rate*2	*Rate*3	*Rate*1	*Rate*2	*Rate*3
IC	-0.037***	-0.050***	-0.029**	-0.021**	-0.035***	-0.009
	(-3.52)	(-3.52)	(-2.54)	(-2.40)	(-2.73)	(-0.97)
Ajob	-0.024	-0.041	-0.018	-0.046**	-0.060**	-0.040*
	(-1.48)	(-1.59)	(-1.00)	(-2.28)	(-2.04)	(-1.88)
IC × Ajob	0.191*	0.201*	0.131*	0.299***	0.193	0.319***
	(1.84)	(1.74)	(1.67)	(2.91)	(1.28)	(2.96)
控制变量	控制	控制	控制	控制	控制	控制
Constant	0.569***	0.562***	0.533***	0.016*	0.015	0.008
	(5.19)	(4.02)	(4.53)	(1.67)	(1.07)	(0.83)
Year	控制	控制	控制	控制	控制	控制
Ind	控制	控制	控制	控制	控制	控制
样本数	9,786	9,786	9,786	6,854	6,854	6,854
Adj-R²	0.091	0.085	0.072	0.068	0.051	0.051
F	19.61***	18.14***	15.10***	14.41***	11.02***	11.02***

注：***、**、*分别表示1%、5%和10%的显著性水平，括号内的数据为 t 统计量。

5.6.6 本节小结

本节选取 2010 年至 2015 年的我国 A 股上市公司为研究样本,以核心高管职业背景的同质性作为核心高管背景特征的切入点,考查核心高管职业背景的同质性对内部控制与税收激进行为关系的影响以及不同的产权性质下上述关系是否存在显著差异。研究发现:(1)全样本视角下,核心高管中具有会计、金融或经济管理类职业背景的成员的比例削弱了内部控制对税收激进行为的抑制作用。(2)进一步区分不同的产权性质后,核心高管中具有会计、金融或经济管理类职业背景的成员的比例削弱了内部控制对税收激进行为的抑制作用;在作用的程度上,非国有企业强于国有企业。此外,按会计等职业比例高低分组后,核心高管中具有会计、金融或经济管理类职业背景的成员的比例越高,内部控制对税收激进行为的抑制作用越小。(3)为了使结论更加可靠,运用 Logit 回归等方法进行了稳健性测试,采用差分方程解决内生性问题,回归结果与主测试结果基本一致。

6 核心高管背景特征的异质性对内部控制与税收激进行为关系影响的实证分析

企业行为是高层管理者的价值观和认知的反映(Hambrick、Mason,1984),而高管的价值观和认知通过人口统计学特征呈现。用来描述高管人口统计学特征的另一个核心概念是高层管理团队的异质性(Olson 等,2006),其反映了高层管理团队成员在认知结构、价值观、经验上的差异化程度(Finkelstein、Hambrick,1990)。高管团队在人口统计学方面的异质性,会显著影响团队成员的意识、态度和行为,进而影响企业战略选择、绩效实施及决策制定(Jackson,1992;Wiersema、Bird,1993)。因此,内部控制与税收激进行为的关系必然会受到高管背景特征的异质性影响。从前面的文献综述可以发现,鲜有研究探讨核心高管背景特征的异质性对内部控制与税收激进行为关系的影响及不同的产权性质下上述关系是否存在显著差异,这也是本章的研究主题所在。有鉴于此,本章拟结合产权性质,对核心高管背景特征的异质性、内部控制与税收激进行为的关系进行全面深入的研究。

6.1 核心高管性别的异质性对内部控制与税收激进行为关系的影响

6.1.1 理论分析与假设提出

性别是一个重要的人口统计学特征,广泛运用于高管人员的决策行为研究。男性与女性高管因性别差异而产生的行为差异,会不同程度地影响企业战略决策的制定(Klenke,2003)。Groson 和 Gneezy(2009)认为,高管对风险的好恶程度会影响企业的决策行为。相较于男性高管,女性高管倾向于规避风险,制定的战略较稳健,主导的企业可持续发展能力更强(Boden、Nucci,2000),更能减少股价崩盘的风险(刘行、李小荣,2012),更能有效地抑制过度投资行为(范合君、叶胜然,2014),更倾向于制定稳健的会计政策(王福胜、程富,2014)。

相反,男性面临风险时表现得过度自信与激进,做出错误决策的比例往往较高(Peng、Wei,2007)。在男性高管主导的企业中,财务重述发生的比例通常较高(何威风、刘启亮,2010),而会计稳健性则会降低(张兆国等,2011)。内部控制规范的制定及其有效运行使管理者在追求业绩的提升时,更要注意风险的防范,重视内部控制措施的落实。核心高管性别异质性越高,对风险的感知能力越参差不齐,不同的管理风格将使核心高管在管理中很难对高风险事项保持一致的敏感度,较少采用稳健的风险控制措施,从而降低内部控制质量,进而削弱内部控制对税收激进行为的抑制作用。综上,本节提出以下假设:

假设6.1:限定其他条件,核心高管性别的异质性削弱了内部控制对税收激进行为的抑制作用。

6.1.2 变量定义与模型构建

(1)变量定义

性别属于分类变量,对于核心高管性别的异质性($Hgend$),本节借鉴张兆国等(2011)、杨林(2013)、张诚和赵剑波(2012)等人的研究经验,将核心高管性别的赫芬达尔—赫希曼(Herfindahl-Hirschman)指数作为核心高管性别异质性的替代变量。Blau(1977)率先用该指数来测量团队的异质性,其计算公式为:

$$H = 1 - \sum_{i=1}^{n} P_i^2. \qquad (6.1)$$

其中:P_i代表核心高管中第i种性别成员所占的百分比;n代表性别的种类(取值为2),男性取值为1,女性取值为2。H值介于0和1之间,值越大,表明核心高管性别的异质性越高。

表6.1集中呈现了核心高管异质性特征变量的符号、定义或计算方法。

表6.1 变量定义

变量名称	变量符号	变量定义或计算方法
核心高管性别的异质性	$Hgend$	计算赫芬达尔指数。其中,男性为1,女性为2
核心高管年龄的异质性	$Hage$	核心高管年龄标准差与核心高管年龄平均值之比
核心高管学历的异质性	$Hdegree$	计算赫芬达尔指数。其中,高中或中专及以下为1,大专为2,本科为3,硕士为4,博士为5

续表 6.1

变量名称	变量符号	变量定义或计算方法
核心高管任期的异质性	Hten	核心高管任期标准差与核心高管任期平均值之比
核心高管专业背景的异质性	Hedu	计算赫芬达尔指数。其中,会计金融类为1,理工农医类为2,文史法哲类为3,其他为4
核心高管职业背景的异质性	Hjob	计算赫芬达尔指数。其中,会计金融类为1,生产研发类为2,营销管理类为3,其他为4

(2)模型构建

针对假设 6.1,为考查核心高管性别的异质性对内部控制与税收激进行为关系的影响,本节构建了如下模型:

$$\begin{aligned}Rate =& \alpha_0 + \alpha_1 IC + \alpha_2 Hgend + \alpha_3 IC \times Hgend + \alpha_4 Tax\_rate + \alpha_5 ROA \\ &+ \alpha_6 Lev + \alpha_7 PPE + \alpha_8 Inven + \alpha_9 Intan + \alpha_{10} Size + \alpha_{11} Growth + \alpha_{12} TOP1 \\ &+ \alpha_{13} Age + \alpha_{14} Loss + \alpha_{15} EQINC + \alpha_{16} Audit + \sum Year + \sum Ind + \varepsilon. \end{aligned} \quad (6.2)$$

在上述回归模型中,本节关注的是 α_3。如果 α_3 显著为正,那么假设 6.1 就得到验证,说明核心高管性别的异质性对内部控制与税收激进行为的关系发挥了正向调节效应,即核心高管性别的异质性削弱了内部控制对税收激进行为的抑制作用。

6.1.3 实证分析与结果描述

(1)样本选择

本节以 2010 年至 2015 年的我国 A 股上市公司为初选样本,并遵循研究惯例对样本进行了筛选,详见前文(4.3.1)所述,最终得到 9786 个样本观测值。

(2)描述性统计

①全样本描述性统计

税收激进行为、内部控制与各控制变量的全样本描述性统计详见前文(4.3.2)所述。表 6.2 集中呈现了核心高管异质性特征的描述性统计情况。由表 6.2 可知,核心高管性别异质性(Hgend)的均值为 0.205,标准差为 0.222,说明上市公司男女比例差异较大。核心高管年龄异质性(Hage)的均值为 0.106,标准差为 0.055,说明公司可能存在"论资排辈"的现象。核心高管学历异质性(Hdegree)的均值为 0.370,标准差为 0.252,说明高管受教育水平差异较大。核心高管任期异质性(Hten)的均值最大(为0.398),最大值为1.414,最小值为0,这可能是因为上市公司在不断引进新的核心高管。核心高管专业背景异质性(Hedu)的均值为0.068,标准差为0.159,说明高管所学专业相差不大。核心高管职业背景异质性(Hjob)的均值为0.081,标准差为0.164,说明高管曾经从事的职业差异不大。

表6.2 全样本核心高管异质性特征描述性统计

变量	样本数	均值	标准差	最小值	$p25$	$p50$	$p75$	最大值
Hgend	9,786	0.205	0.222	0.000	0.000	0.000	0.375	0.688
Hage	9,784	0.106	0.055	0.009	0.066	0.099	0.138	0.269
Hdegree	8,852	0.370	0.252	0.000	0.000	0.444	0.500	0.813
Hten	9,021	0.398	0.336	0.000	0.000	0.354	0.612	1.414
Hedu	9,786	0.068	0.159	0.000	0.000	0.000	0.000	0.556
Hjob	9,786	0.081	0.164	0.000	0.000	0.000	0.000	0.500

②区分产权性质的描述性统计

在全样本描述性统计的基础上,本节进一步区分产权性质,对非国有企业与国有企业的核心高管异质性特征进行描述性统计分析,并对上述特征的均值和中位数分别进行T检验与Wilcoxon检验,以辨别这两组样本是否存在显著差异,描述性统计与检验结果分别如表6.3、6.4与6.5所示。从两组样本的对比情况来看,非国有企业核心高管性别异质性(Hgend)的均值为0.229,国有企业为0.172,说明非国有企业核心高管性别的异质性较高。非国有企业核心高管年龄异质性(Hage)的均值为0.117,国有企业为0.090,说明非国有企业核心高管年龄的异质性更高。非国有企业核心高管学历异质性(Hdegree)的均值为0.391,国有企业为0.337,说明非国有企业核心高管受教育程度的异质性略高于国有企业。非国有企业核心高管任期异质性(Hten)的均值为0.380,国有企业为0.424,表明国有企业核心高管任期的异质性要高于非国有企业。非国有企业专业背景异质性(Hedu)的均值为0.072,国有企业为0.063,表明非国有企业核心高管专业背景的异质性高于国有企业。非国有企业职业背景异质性(Hjob)的均值为0.075,国有企业为0.089,表明国有企业核心高管曾经从事的职业的异质性高于非国有企业。非国有企业核心高管的性别异质性、年龄异质性、学历异质性及专业背景异质性高于国有企业,这可能是因为非国有企业核心高管团队稳定性较差,人员流动较频繁。此外,非国有企业与国有企业核心高管异质性特征的中位数大小关系与均值大小关系保持一致。分别对非国有企业与国有企业样本的均值进行 T 检验,对中位数进行 Wilcoxon 检验,结果表明以上特征都存在显著差异。

表6.3 非国有企业核心高管异质性特征描述性统计

变量	样本数	均值	标准差	最小值	$p25$	$p50$	$p75$	最大值
Hgend	5,697	0.229	0.223	0.000	0.000	0.375	0.375	0.688
Hage	5,697	0.117	0.060	0.009	0.072	0.111	0.156	0.269
Hdegree	5,414	0.391	0.243	0.000	0.375	0.444	0.556	0.813
Hten	5,286	0.380	0.325	0.000	0.000	0.349	0.585	1.414
Hedu	5,697	0.072	0.163	0.000	0.000	0.000	0.000	0.556
Hjob	5,697	0.075	0.159	0.000	0.000	0.000	0.000	0.500

表6.4 国有企业核心高管异质性特征描述性统计

变量	样本数	均值	标准差	最小值	$p25$	$p50$	$p75$	最大值
Hgend	4,089	0.172	0.216	0.000	0.000	0.000	0.375	0.688
Hage	4,087	0.090	0.042	0.009	0.059	0.088	0.118	0.253
Hdegree	3,438	0.337	0.262	0.000	0.000	0.438	0.500	0.813
Hten	3,735	0.424	0.349	0.000	0.049	0.396	0.667	1.414
Hedu	4,089	0.063	0.154	0.000	0.000	0.000	0.000	0.556
Hjob	4,089	0.089	0.170	0.000	0.000	0.000	0.000	0.500

表6.5 不同的产权性质下核心高管异质性特征的均值和中位数检验

变量	非国有企业 ($Soe=0$) 均值	非国有企业 ($Soe=0$) median	国有企业 ($Soe=1$) 均值	国有企业 ($Soe=1$) median	T 检验 (0 组和 1 组) t-statistic	Wilcoxon 检验 (0 组和 1 组) z-statistic
Hgend	0.229	0.375	0.172	0.000	12.618***	12.683***
Hage	0.117	0.111	0.090	0.088	24.956***	22.056***
Hdegree	0.391	0.444	0.337	0.438	10.036***	8.632***
Hten	0.380	0.349	0.424	0.396	-6.105***	-5.571***
Hedu	0.072	0.000	0.063	0.000	2.871***	2.983***
Hjob	0.075	0.000	0.089	0.000	-4.293***	-4.258***

注:Soe 表示产权性质,***、**、*分别表示1%、5%和10%的显著性水平。

(3) 相关性分析

税收激进行为、内部控制与各控制变量的相关性分析详见前文(4.3.3)所述。表6.6集中呈现了内部控制、核心高管异质性特征与税收激进行为的相关性分析结果。由表6.6可知,核心高管的性别异质性(Hgend)、学历异质性(Hdegree)及任期异质性(Hten)与税收激进行为(Rate)呈显著正相关,年龄异质性(Hgend)与税收激进行为呈显著负相关。这表明核心高管性别差异、学历差异、任期差异越小,年龄差异越大,越有助于抑制企业的税收激进行为。核心高管的专业背景异质性(Hedu)、职业背景异质性(Hjob)与税收激进行为均没有显著的相关关系,说明专业背景及职业背景的不同可能不会导致企业税收激进行为的发生。此外,核心高管异质性特征与其他自变量之间的相关系数的绝对值均小于0.5,表明自变量之间不存在严重的多重共线性问题。

表6.6 内部控制、核心高管异质性特征与税收激进行为的相关性分析

变量	Rate1	Rate2	Rate3	Hgend	Hage	Hdegree	Hten	Hedu	Hjob
Rate1	1	0.655***	0.959***	0.047***	-0.004*	0.059***	0.022**	-0.004	-0.010
Rate2	0.735***	1	0.605***	0.041***	-0.028**	0.063***	0.005	-0.004	-0.017
Rate3	0.884***	0.572***	1	0.049***	-0.005*	0.060***	0.027**	-0.003	-0.007
Hgend	0.029***	0.019*	0.031***	1	0.046***	0.079***	-0.003	0.017	-0.025**
Hage	-0.019*	-0.031***	-0.019*	-0.003**	1	0.013	0.012	-0.039***	-0.035***
Hdegree	0.051***	0.045***	0.057***	0.046***	0.007	1	-0.006	-0.056***	-0.008
Hten	0.025**	0.019*	0.022**	-0.018*	0.014	-0.002	1	-0.006	0.010
Hedu	-0.014	-0.006	-0.013	0.051***	-0.036***	-0.048***	0.000	1	-0.059***
Hjob	-0.010	-0.006	-0.004	0.007	-0.019*	-0.006	0.018*	-0.055***	1
IC	-0.184***	-0.175***	-0.167***	-0.049***	-0.008	-0.016	0.049***	0.033***	0.009
Tax rate	0.221***	0.191***	0.230***	0.048***	-0.034***	0.091***	0.042***	0.009	0.045***
ROA	-0.313***	-0.345***	-0.271***	-0.013	0.031***	-0.059***	0.032***	-0.014	0.018**
Lev	0.215***	0.238***	0.201***	0.010	-0.085***	0.052***	0.053***	0.016	0.021**
PPE	0.080***	0.021**	0.093***	-0.020**	-0.002	0.006	-0.004	-0.065***	0.027***
Inven	0.046***	0.107***	0.029**	0.013	-0.002	0.057***	0.021**	0.018*	-0.002
Intan	0.042***	0.022**	0.042***	-0.026***	0.022***	-0.015	0.000	0.014	0.001
Size	0.007	0.045***	0.009	-0.011	-0.065***	0.047***	0.021**	0.085***	0.016
Growth	-0.020*	0.005	-0.022**	0.074***	-0.009	0.006	0.061***	0.026***	0.032***

续表6.6

变量	Rate1	Rate2	Rate3	Hgend	Hage	Hdegree	Hten	Hedu	Hjob
TOP1	-0.061***	-0.038***	-0.048***	-0.013	-0.036***	-0.009	0.006	0.001	0.013
Age	0.251***	0.225***	0.251***	0.051***	-0.075***	0.148***	0.039***	-0.034***	0.033***
Loss	0.202***	0.169***	0.222***	0.034***	-0.029**	0.058***	0.024**	0.013	-0.009
EQINC	0.142***	0.109***	0.158***	0.018*	-0.025**	0.080***	0.010	-0.010	0.015
Audit	0.111***	0.081***	0.107***	0.038***	-0.012	-0.004	0.020*	0.002	0.002

注:表中数字1下方的为 Pearson 相关系数,1 上方的为 Spearman 相关系数,***、**、*分别表示1%、5%和10%的显著性水平。

(4)多元回归分析

表6.7列出了内部控制、核心高管性别的异质性与税收激进行为的主测试回归结果。由(1)列可知,内部控制(IC)与核心高管性别的异质性(Hgend)的交互项(IC×Hgend)的回归系数为0.117,t值为2.38,交互项与税收激进行为在5%的水平上呈显著正相关。这说明核心高管性别的异质性越高,内部控制对税收激进行为的抑制作用越小,即核心高管性别的异质性削弱了内部控制对税收激进行为的抑制作用,假设6.1得到验证。相关研究也表明,与工作无关的性别、年龄等异质性更容易导致社会冲突,不利于组织决策(Pelled 等,1999)。由(3)列可知,交互项与税收激进行为在1%的水平上呈显著正相关,回归结果与上述结论保持一致。由(2)列可知,交互项的回归系数虽然未通过显著性检验,但符号为正,说明核心高管性别的异质性削弱了内部控制对税收激进行为的抑制作用,只是作用不明显。

表6.7 内部控制、核心高管性别的异质性与税收激进行为的回归结果

变量	(1) Rate1	(2) Rate2	(3) Rate3
IC	-0.055*** (-6.17)	-0.080*** (-6.68)	-0.044*** (-4.94)
Hgend	-0.005 (-0.42)	-0.020 (-1.14)	-0.003 (-0.23)
IC×Hgend	0.117** (2.38)	0.099 (1.50)	0.158*** (3.18)

续表6.7

变量	(1) Rate1	(2) Rate2	(3) Rate3
控制变量	控制	控制	控制
Constant	0.554***	0.724***	0.478***
	(10.45)	(10.12)	(8.92)
Year	控制	控制	控制
Ind	控制	控制	控制
样本数	9,786	9,786	9,786
Adj-R^2	0.224	0.202	0.209
F	75.27***	66.05***	69.24***

注：***、**、*分别表示1%、5%和10%的显著性水平,括号内的数据为t统计量。

6.1.4 进一步测试

(1)按产权性质分组

非国有企业与国有企业高管背景特征的异质性对内部控制与税收激进行为关系的影响差异,可能源自以下两个方面。其一,非国有企业与国有企业产权性质不同,往往在公司治理、经营目标等方面存在较大差异,因此形成不同的避税动机,进而实施不同的避税行为(详见前文4.4所述)。其二,非国有企业与国有企业在文化价值观念、沟通交流机制等方面有所不同,解决由高管特征异质性产生的冲突的方式也不同,进而使内部控制对税收激进行为的影响也有差异。具体差异分析如下。首先,非国有企业受到传统的家族式文化和行为模式的影响,高管背景特征异质性过高会使内部冲突增加,激化排外情绪,影响团队决策效率。而国有企业受"集体主义"文化价值观的影响较大,高管团队内部强调成员间的合作。融洽的协作氛围有利于高管团队达成一致的目标,就不同的意见和观点进行有效沟通。其次,非国有企业发展历史相对较短,企业内部沟通制度尚不完善,使得管理者之间难以充分交流,团体氛围不浓,影响战略决策的有效性和准确性。而国有企业构建了较完善的信息沟通体系,高管成员在和谐互信的氛围中进行商讨和沟通,这样既能够缓和团队异质性所引起的矛盾和冲突,又能发挥个体的主观能动性,尽可能共享所掌握的知识及获取的信息,从而提高决策质量。综上,相较于国有企业,非国有企业一方面有更强的避税动机与更高的避税程度,另一方面由高管特征异质性而导致的团队内部冲突较大,会降低避税决策质量及有效性。因此,不同的产权性质下企业核心高管背景特征的异质性对内部控制与税收激进行为关系的影响差异,是上述多重因素相互作用的结果。理论上,它们之间的确切关系难以推演出来,更多地表现为一个实证性问题。

为考查不同的产权性质下核心高管性别的异质性对内部控制与税收激进行为关系的影响是否存在差异,本节依据上市公司的股权性质,将样本划分为非国有企业和国有企业两组样本,并分别对其进行回归分析,回归结果如表 6.8 所示。由(1)列可知,非国有企业内部控制与性别异质性的交互项($IC \times Hgend$)的回归系数为 0.092,t 值为 1.44,未通过显著性检验。这表明非国有企业核心高管性别的异质性未明显削弱内部控制对税收激进行为的抑制作用。由(2)列可知,国有企业交互项的回归系数为 0.167,t 值为 2.09,在 5% 的水平上显著为正。这表明国有企业核心高管性别的异质性削弱了内部控制对税收激进行为的抑制作用,与全样本的回归结果一致。因此,核心高管性别的异质性削弱了内部控制对税收激进行为的抑制作用;在作用的程度上,国有企业强于非国有企业。可能的原因是,国有企业需要承担更多的社会责任,当税负较重时,由于高管团队内部因性别异质性所导致的矛盾冲突较小,更容易就避税决策达成一致意见,从而更愿意采取避税行为且避税程度较高。相关研究也发现,我国的国有企业依然存在较强的避税动机(Zhang 等,2016;金鑫、俞俊利,2015)。由(3)(4)列可知,非国有企业交互项的回归系数为 0.106,t 值为 1.00;国有企业的回归系数为 0.140,t 值为 1.59;均未通过显著性检验。虽然两类企业交互项的回归系数都不显著,但从 t 值来看,国有企业交互项的回归系数更接近显著性水平。由(5)(6)列可知,非国有企业交互项的回归系数为 0.140,t 值为 2.14,在 5% 的水平上显著为正;国有企业的回归系数为 0.214,t 值为 2.69,在 1% 的水平上显著为正。国有企业交互项回归系数的显著性水平高于非国有企业,表明上述结论是稳健的。

表6.8 不同的产权性质下内部控制、核心高管性别的异质性与税收激进行为的回归结果

变量	(1) Rate1 非国有企业	(2) Rate1 国有企业	(3) Rate2 非国有企业	(4) Rate2 国有企业	(5) Rate3 非国有企业	(6) Rate3 国有企业
IC	-0.026**	-0.091***	-0.043***	-0.119***	-0.010	-0.087***
	(-2.28)	(-6.28)	(-2.71)	(-6.16)	(-0.82)	(-5.99)
Hgend	-0.005	-0.012	-0.035*	-0.001	-0.004	-0.007
	(-0.36)	(-0.48)	(-1.71)	(-0.03)	(-0.27)	(-0.27)
IC × Hgend	0.092	0.167**	0.106	0.140	0.140**	0.214***
	(1.44)	(2.09)	(1.00)	(1.59)	(2.14)	(2.69)
控制变量	控制	控制	控制	控制	控制	控制
Constant	0.402***	0.749***	0.524***	0.935***	0.288***	0.705***
	(5.58)	(8.88)	(5.28)	(8.32)	(3.92)	(8.37)
Year	控制	控制	控制	控制	控制	控制
Ind	控制	控制	控制	控制	控制	控制
样本数	5,697	4,089	5,697	4,089	5,697	4,089
Adj-R^2	0.252	0.192	0.217	0.171	0.236	0.184
F	52.88***	27.32***	43.56***	23.84***	48.48***	25.88***

注：***、**、*分别表示1%、5%和10%的显著性水平,括号内的数据为t统计量。

(2) 按性别异质性高低分组

本节将核心高管性别的异质性分成两组：大于性别异质性中位数的为性别异质性高组,小于性别异质性中位数的为性别异质性低组,以检验内部控制对税收激进行为发挥抑制作用的具体路径。按性别异质性高低分组的回归结果如表6.9所示。由(1)(2)列可知,性别异质性高组和低组的内部控制(IC)回归系数分别为-0.061和-0.065,且均在1%的水平上显著。利用Chow-test测试内部控制回归系数在两组中是否存在显著差异,结果显示,在性别异质性高组,内部控制具有更小的回归系数。这说明在内部控制对税收激进行为的抑制作用上,性别异质性高组显著小于性别异质性低组,即核心高管性别异质性越高,内部控制对税收激进行为的抑制作用越小。当税收激进行为的度量指标替换为Rate2及Rate3时,上述结论依然成立。

表 6.9 按性别异质性高低分组的回归结果

变量	(1) Rate1 性别异质性高	(2) Rate1 性别异质性低	(3) Rate2 性别异质性高	(4) Rate2 性别异质性低	(5) Rate3 性别异质性高	(6) Rate3 性别异质性低
IC	-0.061***	-0.065***	-0.086***	-0.087***	-0.054***	-0.056***
	(-5.00)	(-5.66)	(-5.25)	(-5.63)	(-4.39)	(-4.80)
控制变量	控制	控制	控制	控制	控制	控制
Constant	0.606***	0.590***	0.738***	0.759***	0.552***	0.513***
	(8.02)	(8.53)	(7.26)	(8.11)	(7.25)	(7.34)
Year	控制	控制	控制	控制	控制	控制
Ind	控制	控制	控制	控制	控制	控制
样本数	4,671	5,115	4,671	5,115	4,671	5,115
$Adj\text{-}R^2$	0.228	0.222	0.208	0.197	0.214	0.208
F	39.27***	43.85***	35.08***	37.80***	36.38***	40.42***

注：***、**、*分别表示1%、5%和10%的显著性水平,括号内的数据为t统计量。

6.1.5 稳健性测试

为了证明本节的结论是一般性结果,而非偶然产生的,本节采用了如下方法进行稳健性测试。

(1)将税收激进行为的度量指标改为0-1变量,Logit回归结果如表6.10所示。由(1)(3)列可知,交互项($IC \times Hgend$)的回归系数均在5%的水平上显著为正。由(2)列可知,交互项的回归系数接近10%的显著性水平,其余结果与主测试结果基本一致。

(2)将税收激进行为的度量指标替换为会计—税收差异(BTD)及其变体(DD_BTD),回归结果如表6.11所示。由(1)列可知,交互项的回归系数接近显著性水平且方向正确。由(2)列可知,交互项的回归系数在10%的水平上显著为正,其余回归结果与主测试结果基本一致。

(3)将内部控制的度量指标替换为内部控制指数的百分比,回归结果如表6.11所示,与主测试结果基本一致。

(4)对回归系数的 t 值进行 White 稳健性修正和 Cluster 调整,回归结果如表 6.12 所示。虽然 t 值有所下降,但交互项与税收激进行为仍然在 1% 或 5% 的水平上呈显著正相关,与主测试结果相吻合。

(5)对公司和年度进行 Cluster 处理,回归结果如表 6.12 所示。由表可知,回归结果与主测试结果基本一致。

(6)采用固定效应模型进行分析,回归结果如表 6.13 所示。由(1)列可知,交互项的回归系数接近显著性水平且方向正确。由表(3)列可知,交互项的回归系数在 10% 的水平上显著为正,其余回归结果与主测试结果基本一致。

(7)采用差分方程进行分析,样本数量减少至 6854 个,回归结果如表 6.13 所示。由(4)(6)列可知,交互项的回归系数均在 5% 的水平上显著为正,其余回归结果与主测试结果基本一致。这说明在考虑了内生性问题的情况下,本节的研究结论依然稳健。

表 6.10 Logit 回归结果

变量	(1) Rate1	(2) Rate2	(3) Rate3
IC	-1.172***	-1.550***	-0.987***
	(-4.04)	(-5.27)	(-3.42)
Hgend	-0.148	-0.130	-0.097
	(-0.35)	(-0.31)	(-0.23)
IC×Hgend	1.252**	2.205	2.054**
	(2.21)	(1.32)	(1.98)
控制变量	控制	控制	控制
Constant	9.591***	12.083***	7.306***
	(5.50)	(6.84)	(4.22)
Year	控制	控制	控制
Ind	控制	控制	控制
样本数	9,786	9,786	9,786
Pseudo R^2	0.143	0.151	0.136
LRchi2	1934.13***	2048.93***	1840.22***

注:***、**、*分别表示 1%、5% 和 10% 的显著性水平,括号内的数据为 z 统计量。

表 6.11 替换税收激进行为和内部控制度量的回归结果

变量	(1)	(2)	(3)	(4)	(5)
	替换税收激进行为的度量		替换内部控制的度量		
	BTD	*DD_BTD*	*Rate*1	*Rate*2	*Rate*3
IC	-0.016***	-0.034***	-0.008***	-0.011***	-0.006***
	(-3.68)	(-4.82)	(-6.10)	(-6.44)	(-5.09)
Hgend	-0.002	-0.001	-0.006	-0.020	-0.003
	(-1.12)	(-0.52)	(-0.46)	(-1.17)	(-0.24)
IC × Hgend	0.023	0.003*	0.019***	0.016*	0.023***
	(1.57)	(1.89)	(2.80)	(1.77)	(3.52)
控制变量	控制	控制	控制	控制	控制
Constant	0.080***	0.185***	0.250***	0.278***	0.232***
	(2.99)	(4.37)	(14.74)	(12.15)	(13.58)
Year	控制	控制	控制	控制	控制
Ind	控制	控制	控制	控制	控制
样本数	9,786	9,786	9,786	9,786	9,786
Adj-R²	0.153	0.197	0.224	0.201	0.210
F	47.52***	64.17***	75.27***	65.91***	69.33***

注：***、**、*分别表示1%、5%和10%的显著性水平，括号内的数据为 *t* 统计量。

表 6.12 对公司和年度进行 White 稳健性修正和 Cluster 调整的回归结果

变量	(1)	(2)	(3)	(4)	(5)	(6)
	White 稳健性修正			Cluster 调整		
	*Rate*1	*Rate*2	*Rate*3	*Rate*1	*Rate*2	*Rate*3
IC	-0.055***	-0.080***	-0.044***	-0.055***	-0.080***	-0.044***
	(-5.70)	(-6.49)	(-4.53)	(-7.93)	(-6.81)	(-6.31)
Hgend	-0.005	-0.020	-0.003	-0.005	-0.020*	-0.003
	(-0.39)	(-1.16)	(-0.22)	(-0.32)	(-1.71)	(-0.19)
IC × Hgend	0.117**	0.099	0.158***	0.117*	0.099	0.158**
	(2.21)	(1.51)	(2.90)	(1.79)	(1.21)	(2.22)
控制变量	控制	控制	控制	控制	控制	控制

续表 6.12

变量	(1)	(2)	(3)	(4)	(5)	(6)
	White 稳健性修正			Cluster 调整		
	*Rate*1	*Rate*2	*Rate*3	*Rate*1	*Rate*2	*Rate*3
Constant	0.554***	0.724***	0.478***	0.471***	0.731***	0.379***
	(9.89)	(10.08)	(8.32)	(8.39)	(15.09)	(6.59)
Year	控制	控制	控制	控制	控制	控制
Ind	控制	控制	控制	控制	控制	控制
样本数	9,786	9,786	9,786	9,786	9,786	9,786
Adj-R²	0.224	0.202	0.209	0.224	0.202	0.209
F	55.29***	54.55***	53.74***	55.29***	54.55***	53.74***

注：***、**、*分别表示1%、5%和10%的显著性水平，括号内的数据为 *t* 统计量。

表6.13 固定效应模型和差分方程的回归结果

变量	(1)	(2)	(3)	(4)	(5)	(6)
	固定效应模型			差分方程		
	*Rate*1	*Rate*2	*Rate*3	*Rate*1	*Rate*2	*Rate*3
IC	-0.035***	-0.052***	-0.024**	-0.021**	-0.042***	-0.006
	(-3.18)	(-3.53)	(-2.05)	(-2.21)	(-3.07)	(-0.64)
Hgend	0.004	-0.001	-0.002	0.015	0.007	0.002
	(0.27)	(-0.05)	(-0.13)	(1.02)	(0.35)	(0.14)
IC × Hgend	0.102	0.044	0.112*	0.105**	0.019	0.141**
	(1.62)	(0.52)	(1.75)	(1.97)	(0.24)	(2.52)
控制变量	控制	控制	控制	控制	控制	控制
Constant	0.545***	0.569***	0.494***	0.016*	0.015	0.008
	(4.97)	(4.03)	(4.20)	(1.67)	(1.08)	(0.85)
Year	控制	控制	控制	控制	控制	控制
Ind	控制	控制	控制	控制	控制	控制
样本数	9,786	9,786	9,786	6,854	6,854	6,854
Adj-R²	0.091	0.085	0.072	0.067	0.051	0.051
F	19.62***	18.05***	15.17***	14.29***	10.89***	10.95***

注：***、**、*分别表示1%、5%和10%的显著性水平，括号内的数据为 *t* 统计量。

6.1.6 本节小结

本节选取 2010 年至 2015 年的我国 A 股上市公司为研究样本,以核心高管性别的异质性作为核心高管背景特征的切入点,考查核心高管性别的异质性对内部控制与税收激进行为关系的影响以及不同的产权性质下上述关系是否存在显著差异。研究发现:(1)全样本视角下,核心高管性别的异质性削弱了内部控制对税收激进行为的抑制作用。(2)进一步区分不同的产权性质后,核心高管性别的异质性削弱了内部控制对税收激进行为的抑制作用;在作用的程度上,国有企业强于非国有企业。此外,按性别异质性高低分组后,核心高管性别的异质性越高,内部控制对税收激进行为的抑制作用越小。(3)为了使结论更加可靠,运用 Logit 回归等方法进行了稳健性测试,采用差分方程解决内生性问题,回归结果与主测试结果基本一致。

6.2 核心高管年龄的异质性对内部控制与税收激进行为关系的影响

6.2.1 理论分析与假设提出

年龄是高阶理论中研究高管决策行为的一个重要人口统计学特征,它可以体现管理者的工作经历、风险偏好以及对企业创新和战略变革的态度。高管年龄越大,越关注个人职业的稳定性和回报率,偏向于选择谨慎保守、风险较小的战略决策(Bantel、Jackson,1989;Wiersema、Bantel,1992);而年轻的高管更倾向于开拓创新,并愿意承担风险(Hambrick、Mason,1984)。作为高管团队人口背景特征中影响战略决策的一个重要因素,年龄的异质性会在不同的情况下促进或制约企业活动的开展(Hambrick、Mason,1984)。但在多数的研究中,学者们还是倾向于"社会类化理论",认为高管团队成员年龄的异质性不利于企业的发展。年龄异质性较低的高管,因年龄相仿,有着相似的人生经历和价值观,容易产生共鸣,团队的稳定性越好。和谐融洽的同事关系能够有效降低相互之间的沟通成本,在公司战略决策的制定上更容易达成共识。反之,年龄异质性较高的高管团队,管理者之间较少沟通与交流,合作程度较低,因认知结构、价值观不同更容易发生冲突。由于成员不能勠力同心,团队凝聚力下降,从而对企业战略决策产生一系列消极影响(Zenger、Lawrence,1989;Wiersema、Bird,1993)。因此,高管团队年龄异质性越高,越容易降低彼此的心理认同度,不利于沟通和开放式讨论,进而对决策造成负面影响。由此推断,核心高管年龄异质性越高,成员之间的沟通和交流受到的阻碍越大,决策意见越不一致,越少采用稳健的风险控制措施,从而减小内部控制对税收激进行为的影响。综上,本节提出以下假设:

假设6.2:限定其他条件,核心高管年龄的异质性削弱了内部控制对税收激进行为的抑制作用。

6.2.2 变量定义与模型构建

(1)变量定义

年龄属于连续型变量。关于核心高管年龄的异质性($Hage$),本节借鉴朱晋伟和彭瑾瑾(2017)、韩静等(2014)、孙海法和姚振华(2010)、李正卫等(2011)、孟晓华等(2012)的研究经验,将核心高管年龄的标准差系数作为核心高管年龄异质性的替代变量。在测度连续性数据时,标准差系数(变异系数)要优于标准差和方差,因为它是比例恒定的度量指标(Allison,1978;Bantel、Jackson,1989)。核心高管年龄异质性的计量方法为:核心高管年龄的标准差除以年龄的平均值。该值越大,表示核心高管年龄的异质性越高。

(2)模型构建

针对假设6.2,为考查核心高管年龄的异质性对内部控制与税收激进行为关系的影响,本节构建了如下模型:

$$Rate = \alpha_0 + \alpha_1 IC + \alpha_2 Hage + \alpha_3 IC \times Hage + \alpha_4 Tax\_rate + \alpha_5 ROA \\ + \alpha_6 Lev + \alpha_7 PPE + \alpha_8 Inven + \alpha_9 Intan + \alpha_{10} Size + \alpha_{11} Growth + \alpha_{12} TOP1 \\ + \alpha_{13} Age + \alpha_{14} Loss + \alpha_{15} EQINC + \alpha_{16} Audit + \sum Year + \sum Ind + \varepsilon. \quad (6.3)$$

在上述回归模型中,本节关注的是α_3。如果α_3显著为正,那么假设6.2就得到验证,说明核心高管年龄的异质性对内部控制与税收激进行为的关系发挥了正向调节效应,即核心高管年龄的异质性削弱了内部控制对税收激进行为的抑制作用。

6.2.3 实证分析与结果描述

表6.14列出了内部控制、核心高管年龄的异质性与税收激进行为的主测

试回归结果。由(1)列可知,内部控制(IC)与核心高管年龄异质性($Hage$)的交互项($IC \times Hage$)的回归系数为0.338,t值为1.70,交互项与税收激进行为在10%的水平上呈显著正相关。这说明核心高管年龄的异质性越高,内部控制对税收激进行为的抑制作用越小,即核心高管年龄的异质性削弱了内部控制对税收激进行为的抑制作用,假设6.2得到验证。相关研究也表明,与工作无关的性别、年龄等异质性更容易导致社会冲突,不利于组织决策(Pelled等,1999)。由(3)列可知,交互项与税收激进行为在5%的水平上呈显著正相关,回归结果与上述结论保持一致。由(2)列可知,交互项的回归系数接近10%的显著性水平,且符号为正,说明核心高管年龄的异质性削弱了内部控制对税收激进行为的抑制作用,只是作用不明显。

表6.14　内部控制、核心高管年龄的异质性与税收激进行为的回归结果

变量	(1) $Rate1$	(2) $Rate2$	(3) $Rate3$
IC	-0.058***	-0.081***	-0.049***
	(-6.67)	(-6.87)	(-5.57)
$Hage$	-0.004	-0.042	-0.012
	(-0.17)	(-1.22)	(-0.47)
$IC \times Hage$	0.338*	0.419	0.445**
	(1.70)	(1.57)	(2.22)
控制变量	控制	控制	控制
$Constant$	0.569***	0.723***	0.500***
	(10.90)	(10.27)	(9.49)
$Year$	控制	控制	控制
Ind	控制	控制	控制
样本数	9,784	9,784	9,784
$Adj\text{-}R^2$	0.224	0.202	0.209
F	75.18***	66.05***	69.06***

注:***、**、*分别表示1%、5%和10%的显著性水平,括号内的数据为t统计量。

6.2.4 进一步测试

(1)按产权性质分组

为考查不同的产权性质下核心高管年龄的异质性对内部控制与税收激进行为关系的影响是否存在差异,本节依据上市公司的股权性质,将样本划分为非国有企业和国有企业两组样本,并分别对其进行回归分析,回归结果如表6.15所示。由(1)列可知,非国有企业内部控制与年龄异质性的交互项($IC \times Hage$)的回归系数为0.242,t值为1.08,未通过显著性检验。这表明非国有企业核心高管年龄的异质性未明显削弱内部控制对税收激进行为的抑制作用。由(2)列可知,国有企业交互项的回归系数为0.663,t值为1.76,在10%的水平上显著为正。这表明国有企业核心高管年龄的异质性削弱了内部控制对税收激进行为的抑制作用,与全样本的回归结果一致。因此,核心高管年龄的异质性削弱了内部控制对税收激进行为的抑制作用;在作用的程度上,国有企业强于非国有企业。由(3)(4)列可知,非国有企业交互项的回归系数为0.240,t值为0.77,未通过显著性检验;国有企业交互项的回归系数为1.049,t值为2.09,在5%的水平上显著为正,回归结果与上述结论保持一致。由(5)(6)列可知,非国有企业交互项的回归系数为0.399,t值为1.74,在10%的水平上显著为正;国有企业交互项的回归系数为0.755,t值为2.01,在5%的水平上显著为正。国有企业交互项回归系数的显著性水平高于非国有企业,表明上述结论是稳健的。

表6.15 不同的产权性质下内部控制、核心高管年龄的异质性与税收激进行为的回归结果

变量	(1)	(2)	(3)	(4)	(5)	(6)
	\multicolumn{2}{c}{*Rate*1}	\multicolumn{2}{c}{*Rate*2}	\multicolumn{2}{c}{*Rate*3}
	非国有企业	国有企业	非国有企业	国有企业	非国有企业	国有企业
IC	-0.030***	-0.092***	-0.050***	-0.115***	-0.015	-0.090***
	(-2.76)	(-6.37)	(-3.35)	(-5.97)	(-1.34)	(-6.19)
Hage	-0.022	0.027	-0.044	-0.050	-0.028	0.006
	(-0.82)	(0.49)	(-1.17)	(-0.68)	(-1.01)	(0.11)
IC × Hage	0.242	0.663*	0.240	1.049**	0.399*	0.755**
	(1.08)	(1.76)	(0.77)	(2.09)	(1.74)	(2.01)

续表6.15

变量	(1)	(2)	(3)	(4)	(5)	(6)
	*Rate*1		*Rate*2		*Rate*3	
	非国有企业	国有企业	非国有企业	国有企业	非国有企业	国有企业
控制变量	控制	控制	控制	控制	控制	控制
Constant	0.424***	0.747***	0.560***	0.918***	0.319***	0.712***
	(6.18)	(8.89)	(5.93)	(8.20)	(4.57)	(8.48)
Year	控制	控制	控制	控制	控制	控制
Ind	控制	控制	控制	控制	控制	控制
样本数	5,697	4,087	5,697	4,087	5,697	4,087
$Adj\text{-}R^2$	0.252	0.193	0.216	0.172	0.235	0.183
F	52.85***	27.34***	43.47***	23.95***	48.42***	25.80***

注：***、**、*分别表示1%、5%和10%的显著性水平，括号内的数据为 *t* 统计量。

(2)按年龄异质性高低分组

本节将核心高管年龄的异质性分成两组：大于年龄异质性中位数的为年龄异质性高组，小于年龄异质性中位数的为年龄异质性低组，以检验内部控制对税收激进行为发挥抑制作用的具体路径。按年龄异质性高低分组的回归结果如表6.16所示。由(1)(2)列可知，年龄异质性高组和低组的内部控制(*IC*)回归系数分别为 -0.056 和 -0.067，且均在1%的水平上显著。利用Chow-test 测试内部控制回归系数在两组中是否存在显著差异，结果显示，在年龄异质性高组，内部控制具有更小的回归系数。这说明年龄异质性高组的内部控制对税收激进行为的抑制作用显著小于年龄异质性低组，即核心高管年龄异质性越高，内部控制对税收激进行为的抑制作用越小。当税收激进行为的度量指标替换为 *Rate*2 及 *Rate*3 时，上述结论依然成立。

表6.16 按年龄异质性高低分组的回归结果

变量	(1) Rate1 年龄异质性高	(2) Rate1 年龄异质性低	(3) Rate2 年龄异质性高	(4) Rate2 年龄异质性低	(5) Rate3 年龄异质性高	(6) Rate3 年龄异质性低
IC	-0.056***	-0.067***	-0.068***	-0.101***	-0.044***	-0.063***
	(-4.73)	(-5.64)	(-4.37)	(-6.17)	(-3.72)	(-5.25)
控制变量	控制	控制	控制	控制	控制	控制
Constant	0.570***	0.598***	0.672***	0.796***	0.485***	0.559***
	(7.93)	(8.26)	(7.13)	(7.96)	(6.67)	(7.66)
Year	控制	控制	控制	控制	控制	控制
Ind	控制	控制	控制	控制	控制	控制
样本数	4,892	4,892	4,892	4,892	4,892	4,892
Adj-R^2	0.221	0.225	0.205	0.199	0.206	0.212
F	40.61***	40.53***	37.07***	34.72***	37.31***	37.44***

注：***、**、*分别表示1%、5%和10%的显著性水平,括号内的数据为t统计量。

6.2.5 稳健性测试

为了证明本节的结论是一般性结果,而非偶然产生的,本节采用了如下方法进行稳健性测试。

(1)将税收激进行为的度量指标改为0-1变量,Logit回归结果如表6.17所示。由(1)(3)列可知,交互项($IC \times Hage$)的回归系数分别在10%与5%的水平上显著为正。由(2)列可知,交互项回归系数亦接近显著性水平,其余结果与主测试结果基本一致。

(2)将税收激进行为的度量指标替换为会计—税收差异(BTD)及其变体(DD_BTD),回归结果如表6.18所示。由表(1)列可知,交互项的回归系数在5%的水平上显著为正。由(2)列可知,交互项的回归系数在10%的水平上显著为正,其余回归结果与主测试结果基本一致。

(3)将内部控制的度量指标替换为内部控制指数的百分比,回归结果如表6.18所示,与主测试结果基本一致。

(4)对回归系数的 t 值进行 White 稳健性修正和 Cluster 调整,回归结果如表 6.19 所示。虽然 t 值有所下降,但交互项与税收激进行为仍然在 5% 或 10% 的水平上呈显著正相关,与主测试结果相吻合。

(5)对公司和年度进行 Cluster 处理,回归结果如表 6.19 所示。由表可知,回归结果与主测试结果基本一致。

(6)采用固定效应模型进行分析,回归结果如表 6.20 所示。由(1)(3)列可知,交互项的回归系数为正且接近 10% 的显著性水平,其余回归结果与主测试结果基本一致。

(7)采用差分方程进行分析,样本数量减少至 6852 个,回归结果如表 6.20 所示。由(4)(6)列可知,交互项的回归系数均在 10% 的水平上显著为正,其余回归结果与主测试结果基本一致。这说明在考虑了内生性问题的情况下,本节的研究结论依然稳健。

表 6.17 Logit 回归结果

变量	(1) $Rate1$	(2) $Rate2$	(3) $Rate3$
IC	-1.168***	-1.559***	-1.036***
	(-4.09)	(-5.37)	(-3.66)
Hage	-0.780	-1.365*	-1.219
	(-0.95)	(-1.65)	(-1.50)
IC × Hage	7.068*	8.588	7.005**
	(1.75)	(1.63)	(2.35)
控制变量	控制	控制	控制
Constant	9.515***	12.184***	7.522***
	(5.51)	(6.96)	(4.39)
Year	控制	控制	控制
Ind	控制	控制	控制
样本数	9,784	9,784	9,784
Pseudo R^2	0.143	0.151	0.136
LRchi2	1936.98***	2050.80***	1844.69***

注:***、**、*分别表示 1%、5% 和 10% 的显著性水平,括号内的数据为 z 统计量。

表6.18 替换税收激进行为和内部控制度量的回归结果

变量	(1)	(2)	(3)	(4)	(5)
	替换税收激进行为的度量		替换内部控制的度量		
	BTD	*DD_BTD*	*Rate*1	*Rate*2	*Rate*3
IC	-0.016***	-0.034***	-0.008***	-0.011***	-0.007***
	(-3.69)	(-4.82)	(-6.60)	(-6.58)	(-5.73)
Hage	-0.004	-0.008	-0.005	-0.045	-0.010
	(-0.56)	(-0.71)	(-0.19)	(-1.35)	(-0.40)
IC × Hage	0.100**	0.004*	0.050*	0.067*	0.060**
	(2.25)	(1.84)	(1.86)	(1.86)	(2.24)
控制变量	控制	控制	控制	控制	控制
Constant	0.081***	0.185***	0.245***	0.274***	0.228***
	(3.02)	(4.37)	(14.73)	(12.21)	(13.55)
Year	控制	控制	控制	控制	控制
Ind	控制	控制	控制	控制	控制
样本数	9,784	9,784	9,784	9,784	9,784
Adj-R²	0.153	0.197	0.224	0.201	0.209
F	47.47***	64.20***	75.12***	65.91***	69.07***

注：***、**、*分别表示1%、5%和10%的显著性水平，括号内的数据为 *t* 统计量。

表6.19 对公司和年度进行 *White* 稳健性修正和 *Cluster* 调整的回归结果

变量	(1)	(2)	(3)	(4)	(5)	(6)
	White 稳健性修正			Cluster 调整		
	*Rate*1	*Rate*2	*Rate*3	*Rate*1	*Rate*2	*Rate*3
IC	-0.058***	-0.081***	-0.049***	-0.058***	-0.081***	-0.049***
	(-5.83)	(-6.53)	(-4.80)	(-8.71)	(-8.02)	(-6.83)
Hage	-0.004	-0.042	-0.012	-0.004	-0.042	-0.012
	(-0.18)	(-1.33)	(-0.48)	(-0.14)	(-0.88)	(-0.50)
IC × Hage	0.338*	0.419	0.445**	0.338	0.419	0.445*
	(1.67)	(1.44)	(2.03)	(1.65)	(1.35)	(1.79)
控制变量	控制	控制	控制	控制	控制	控制

续表 6.19

变量	(1)	(2)	(3)	(4)	(5)	(6)
	White 稳健性修正			Cluster 调整		
	*Rate*1	*Rate*2	*Rate*3	*Rate*1	*Rate*2	*Rate*3
Constant	0.569***	0.723***	0.500***	0.487***	0.728***	0.405***
	(9.82)	(10.04)	(8.39)	(9.43)	(23.99)	(7.03)
Year	控制	控制	控制	控制	控制	控制
Ind	控制	控制	控制	控制	控制	控制
样本数	9,784	9,784	9,784	9,784	9,784	9,784
Adj-R²	0.224	0.202	0.209	0.224	0.202	0.209
F	55.51***	54.51***	53.80***	55.51***	54.51***	53.80***

注：***、**、*分别表示1%、5%和10%的显著性水平,括号内的数据为 t 统计量。

表 6.20　固定效应模型和差分方程的回归结果

变量	(1)	(2)	(3)	(4)	(5)	(6)
	固定效应模型			差分方程		
	*Rate*1	*Rate*2	*Rate*3	*Rate*1	*Rate*2	*Rate*3
IC	-0.038***	-0.052***	-0.026**	-0.027***	-0.044***	-0.015
	(-3.58)	(-3.81)	(-2.35)	(-3.01)	(-3.37)	(-1.63)
Hage	-0.003	0.053	-0.036	-0.027	-0.068	-0.023
	(-0.08)	(0.97)	(-0.85)	(-0.68)	(-1.15)	(-0.56)
IC × Hage	0.312	0.179	0.373	0.157*	0.217	0.168*
	(1.31)	(0.50)	(1.56)	(1.68)	(1.39)	(1.73)
控制变量	控制	控制	控制	控制	控制	控制
Constant	0.568***	0.572***	0.516***	0.020**	0.020	0.016*
	(5.23)	(4.17)	(4.42)	(2.15)	(1.43)	(1.65)
Year	控制	控制	控制	控制	控制	控制
Ind	控制	控制	控制	控制	控制	控制
样本数	9,784	9,784	9,784	6,852	6,852	6,852
Adj-R²	0.091	0.085	0.072	0.066	0.051	0.050
F	19.55***	18.10***	15.13***	14.14***	10.92***	10.78***

注：***、**、*分别表示1%、5%和10%的显著性水平,括号内的数据为 t 统计量。

6.2.6 本节小结

本节选取 2010 年至 2015 年的我国 A 股上市公司为研究样本,以核心高管年龄的异质性作为核心高管背景特征的切入点,考查核心高管年龄的异质性对内部控制与税收激进行为关系的影响以及不同的产权性质下上述关系是否存在显著差异。研究发现:(1)全样本视角下,核心高管年龄的异质性削弱了内部控制对税收激进行为的抑制作用。(2)进一步区分不同的产权性质后,核心高管年龄的异质性削弱了内部控制对税收激进行为的抑制作用;在作用的程度上,国有企业强于非国有企业。此外,按年龄异质性高低分组后,核心高管年龄的异质性越高,内部控制对税收激进行为的抑制作用越小。(3)为了使结论更加可靠,运用 Logit 回归等方法进行了稳健性测试,采用差分方程解决内生性问题,回归结果与主测试结果基本一致。

6.3 核心高管学历的异质性对内部控制与税收激进行为关系的影响

6.3.1 理论分析与假设提出

目前学术界倾向于"高阶理论",认为高管之间的学历差异对企业战略决策能够产生积极的影响。Amason 和 Sapienza(1997)研究发现,受教育水平差异大的高管团队会从多元的视角来阐释同一个问题,从而加深对某种现象的理解,有助于决策质量的提高。Carpenter(2002)通过实证分析得出相同的观点。他认为,受教育水平差异大的管理团队,其社会认知视角更加多元,信息来源更广。与此同时,思维的"碰撞"可以带来灵感的火花,对问题的讨论可以实现意见的交换。在此过程中,高管们会重新评估自身的观点是否正确,思考是否忽略了关键的影响因素,从而形成多个可供选择的方案,并对方案的可行性进行合理的评估。高管学历的多元化、国际化程度越高,越有利于企业开展创新活动(Seigyoung、Bulent,2005),而环境不确定性越大,高管受教育水平的异质性与企业战略扩张的正相关关系越显著(Carpenter、Fredrickson,2001)。Goll 等(2008)研究发现,高管受教育水平的异质性会对差异化战略产生积极的影响,原因在于受教育水平异质性较高的高管即使面临复杂的环境,也能够应对自如。谢凤华等(2008)研究证实高管受教育水平异质性越高,企业技术创新绩效、生产制造绩效与过程绩效等越高。由此推断,不同学历的高管共同讨论企业内部控制制度设计与运行时,会充分评估并消除风险,进而增强内部控制对税收激进行为的抑制作用。综上,本节提出以下假设:

假设6.3:限定其他条件,核心高管学历的异质性增强了内部控制对税收激进行为的抑制作用。

6.3.2 变量定义与模型构建

(1)变量定义

学历属于分类变量。关于核心高管学历的异质性($Hdegree$),本节借鉴朱晋伟和彭瑾瑾(2017)、余怒涛等(2017)、赵丙艳等(2015)、肖挺等(2013)、杨林(2013)、孟晓华等(2012)、马富萍和郭晓川(2010)的研究经验,将核心高管学历的赫芬达尔指数作为核心高管学历异质性的替代变量,其计算公式为:

$$H = 1 - \sum_{i=1}^{n} P_i^2. \tag{6.4}$$

其中:P_i代表核心高管中第i类学历成员所占的百分比;n代表学历的种类(取值为5);高中或中专及以下为1,大专为2,本科为3,硕士为4,博士为5。H值介于0和1之间,值越大,表明核心高管学历的异质性越高。

(2)模型构建

针对假设6.3,为考查核心高管学历的异质性对内部控制与税收激进行为关系的影响,本节构建了如下模型:

$$\begin{aligned} Rate = &\alpha_0 + \alpha_1 IC + \alpha_2 Hdegree + \alpha_3 IC \times Hdegree + \alpha_4 Tax\_rate + \alpha_5 ROA \\ &+ \alpha_6 Lev + \alpha_7 PPE + \alpha_8 Inven + \alpha_9 Intan + \alpha_{10} Size + \alpha_{11} Growth + \alpha_{12} TOP1 \\ &+ \alpha_{13} Age + \alpha_{14} Loss + \alpha_{15} EQINC + \alpha_{16} Audit + \sum Year + \sum Ind + \varepsilon. \end{aligned} \tag{6.5}$$

在上述回归模型中,本节关注的是α_3。如果α_3显著为负,那么假设6.3就得到验证,说明核心高管学历的异质性对内部控制与税收激进行为的关系发挥了负向调节效应,即核心高管学历的异质性增强了内部控制对税收激进行为的抑制作用。

6.3.3 实证分析与结果描述

表6.21列出了内部控制、核心高管学历的异质性与税收激进行为的主测

试回归结果。由(1)列可知,内部控制(IC)与核心高管学历异质性(Hdegree)的交互项(IC×Hdegree)的回归系数为0.086,t值为2.02,交互项与税收激进行为在5%的水平上呈显著正相关。这说明核心高管学历的异质性越高,内部控制对税收激进行为的抑制作用越小,即核心高管学历的异质性削弱了内部控制对税收激进行为的抑制作用,假设6.3未得到验证。这表明,相对于异质性所激发的团队认知能力对内部控制与税收激进行为关系的促进作用而言,异质性所带来的团队内部冲突对上述关系的削弱作用更大。可能的原因是,管理者学历越高,其信息加工处理能力越强,认知视野越广,越易于接受新思维,越有强烈的意愿实施创新战略。而管理者学历越低,知识水平和认知能力越有限,越可能因循守旧,对企业经营过程中存在的问题很难有深层次的认识,从而影响决策。因此,学历的异质性妨碍了管理者沟通信息和制定决策。当学历的异质性较高时,信息沟通不畅及观念上的分歧会使团队内部矛盾加剧,导致管理层在决策时很难统一意见,从而影响决策效率,进而对企业内部控制质量产生负面影响,最终削弱对税收激进行为的抑制作用。在高阶理论下,核心高管学历的异质性体现了不同的见解和主张、思想和理念的碰撞,这些本应有利于企业内部控制质量的提升。然而,上述研究表明,学历的异质性对内部控制的影响更多地表现为负面影响,即产生更大的社会冲突,对企业战略决策产生负面影响。相关研究也表明,高管受教育水平的异质性不利于企业绩效提升(刘兵等,2015)。由(3)列可知,交互项与税收激进行为在5%的水平上呈显著正相关,回归结果与上述结论保持一致。由(2)列可知,交互项的回归系数虽不显著,但方向正确。

表6.21 内部控制、核心高管学历的异质性与税收激进行为的回归结果

变量	(1) Rate1	(2) Rate2	(3) Rate3
IC	-0.053***	-0.080***	-0.044***
	(-5.87)	(-6.57)	(-4.78)
Hdegree	-0.010*	-0.011	-0.007
	(-1.68)	(-1.38)	(-1.14)
IC×Hdegree	0.086**	0.053	0.094**
	(2.02)	(0.91)	(2.17)

续表 6.21

变量	(1) Rate1	(2) Rate2	(3) Rate3
控制变量	控制	控制	控制
Constant	0.533***	0.711***	0.456***
	(9.87)	(9.69)	(8.32)
Year	控制	控制	控制
Ind	控制	控制	控制
样本数	8,852	8,852	8,852
Adj-R^2	0.222	0.204	0.204
F	67.29***	60.61***	60.70***

注：***、**、*分别表示1%、5%和10%的显著性水平,括号内的数据为 t 统计量。

6.3.4 进一步测试

(1)按产权性质分组

为考查不同的产权性质下,核心高管学历的异质性对内部控制与税收激进行为关系的影响是否存在差异,本节依据上市公司的股权性质,将样本划分为非国有企业和国有企业两组样本,并分别对其进行回归分析,回归结果如表6.22所示。由(1)列可知,非国有企业内部控制与学历异质性的交互项(IC × Hdegree)的回归系数为0.075,t 值为1.34,未通过显著性检验。这表明非国有企业核心高管学历的异质性未明显削弱内部控制对税收激进行为的抑制作用。由(2)列可知,国有企业交互项的回归系数为0.112,t 值为1.67,在10%的水平上显著为正。这表明国有企业核心高管学历的异质性削弱了内部控制对税收激进行为的抑制作用,与全样本的回归结果一致。因此,核心高管学历的异质性削弱了内部控制对税收激进行为的抑制作用;在作用的程度上,国有企业强于非国有企业。由(3)(4)列可知,非国有企业交互项的回归系数为0.046,t 值为0.50;国有企业交互项的回归系数为0.080,t 值为1.53;均未通过显著性检验。虽然两类企业交互项的回归系数都不显著,但从 t 值来看,国有企业交互项的回归系数更接近显著性水平。由(5)(6)列可知,非国有企业交互项的回归系数为0.085,t 值为1.51,未通过显著性检验;国有企业交互项的回归系数为

0.127,t 值为 1.82,在 10% 的水平上显著为正。国有企业交互项回归系数的显著性水平高于非国有企业,表明上述结论是稳健的。

表 6.22 不同的产权性质下内部控制、核心高管学历的异质性与税收激进行为的回归结果

变量	(1) Rate1 非国有企业	(2) Rate1 国有企业	(3) Rate2 非国有企业	(4) Rate2 国有企业	(5) Rate3 非国有企业	(6) Rate3 国有企业
IC	-0.028**	-0.089***	-0.049***	-0.122***	-0.013	-0.088***
	(-2.45)	(-5.71)	(-3.11)	(-5.89)	(-1.15)	(-5.55)
Hdegree	-0.007	-0.013	-0.009	-0.016	-0.005	-0.008
	(-0.95)	(-1.22)	(-0.90)	(-1.13)	(-0.65)	(-0.79)
IC×Hdegree	0.075	0.112*	0.046	0.080	0.085	0.127*
	(1.34)	(1.67)	(0.50)	(1.53)	(1.51)	(1.82)
控制变量	控制	控制	控制	控制	控制	控制
Constant	0.399***	0.717***	0.538***	0.935***	0.295***	0.675***
	(5.62)	(7.93)	(5.44)	(7.76)	(4.10)	(7.39)
Year	控制	控制	控制	控制	控制	控制
Ind	控制	控制	控制	控制	控制	控制
样本数	5,414	3,438	5,414	3,438	5,414	3,438
Adj-R^2	0.252	0.185	0.216	0.174	0.230	0.174
F	50.23***	22.03***	41.23***	20.55***	44.73***	20.57***

注:***、**、*分别表示 1%、5% 和 10% 的显著性水平,括号内的数据为 t 统计量。

(2)按学历异质性高低分组

本节将核心高管学历的异质性分成两组:大于学历异质性中位数的为学历异质性高组,小于学历异质性中位数的为学历异质性低组,以检验内部控制对税收激进行为发挥抑制作用的具体路径。按学历异质性高低分组的回归结果如表 6.23 所示。由(1)(2)列可知,学历异质性高组和低组的内部控制(IC)回归系数分别为 -0.055、-0.060,且均在 1% 的水平上显著。利用 Chow-test 测试内部控制回归系数在两组中是否存在显著差异,结果显示,学历异质性高组的内部控制具有更小的回归系数。这说明学历异质性高组的内部控制对税收激进行为的抑制作用要显著小于学历异质性低组,即核心高管学历异质性越

高,内部控制对税收激进行为的抑制作用越小。当税收激进行为的度量指标替换为 Rate2 及 Rate3 时,上述结论依然成立。

表6.23 按学历异质性高低分组的回归结果

变量	(1)	(2)	(3)	(4)	(5)	(6)
	Rate1		Rate2		Rate3	
	学历异质性高	学历异质性低	学历异质性高	学历异质性低	学历异质性高	学历异质性低
IC	-0.055***	-0.060***	-0.077***	-0.092***	-0.045***	-0.054***
	(-4.23)	(-5.14)	(-4.52)	(-5.65)	(-3.84)	(-4.07)
控制变量	控制	控制	控制	控制	控制	控制
Constant	0.590***	0.511***	0.751***	0.702***	0.522***	0.438***
	(7.48)	(7.15)	(7.27)	(7.01)	(6.56)	(6.01)
Year	控制	控制	控制	控制	控制	控制
Ind	控制	控制	控制	控制	控制	控制
样本数	4,062	4,790	4,062	4,790	4,062	4,790
Adj-R^2	0.228	0.219	0.215	0.196	0.200	0.208
F	35.19***	38.31***	32.77***	33.52***	30.03***	35.94***

注:***、**、*分别表示1%、5%和10%的显著性水平,括号内的数据为 t 统计量。

6.3.5 稳健性测试

为了证明本节的结论是一般性结果,而非偶然产生的,本节采用了如下方法进行稳健性测试。

(1)将税收激进行为的度量指标改为 0-1 变量,Logit 回归结果如表6.24所示。由(1)(3)列可知,交互项($IC \times Hdegree$)的回归系数均在10%的水平上显著为正。由(2)列可知,交互项的回归系数虽不显著,但方向正确,其余结果与主测试结果基本一致。

(2)将税收激进行为的度量指标替换为会计—税收差异(BTD)及其变体(DD_BTD),回归结果如表6.25所示。由(1)(2)列可知,交互项的回归系数分别在5%和10%的水平上显著为正,其余回归结果与主测试结果基本一致。

(3)将内部控制的度量指标替换为内部控制指数的百分比,回归结果如表

6.25所示,与主测试结果基本一致。

(4)对回归系数的 t 值进行 White 稳健性修正和 Cluster 调整,回归结果如表6.26所示。虽然 t 值有所下降,但交互项与税收激进行为仍然在10%的水平上呈显著正相关,与主测试结果相吻合。

(5)对公司和年度进行 Cluster 处理,回归结果如表6.26所示。由表可知,回归结果与主测试结果基本一致。

(6)采用固定效应模型进行分析,回归结果如表6.27所示。由(1)列可知,交互项的回归系数在5%的水平上显著为正。由(3)列可知,交互项的回归系数为正且接近10%的显著性水平,其余回归结果与主测试结果基本一致。

(7)采用差分方程进行分析,样本数量减少至6134个,回归结果如表6.27所示。由(4)(6)列可知,交互项的回归系数在10%的水平上显著为正,其余回归结果与主测试结果基本一致。这说明在考虑了内生性问题的情况下,本节的研究结论依然稳健。

表6.24 Logit 回归结果

变量	(1) *Rate*1	(2) *Rate*2	(3) *Rate*3
IC	−1.156***	−1.690***	−0.846***
	(−3.83)	(−5.51)	(−2.83)
Hdegree	−0.117	−0.017	−0.327*
	(−0.59)	(−0.09)	(−1.67)
IC × *Hdegree*	1.962*	1.091	2.690*
	(1.71)	(0.74)	(1.87)
控制变量	控制	控制	控制
Constant	9.541***	12.985***	6.713***
	(5.23)	(7.01)	(3.71)
Year	控制	控制	控制
Ind	控制	控制	控制
样本数	8,852	8,852	8,852
Pseudo R^2	0.144	0.154	0.134
LRchi2	1767.29***	1894.61***	1645.11***

注:***、**、*分别表示1%、5%和10%的显著性水平,括号内的数据为 z 统计量。

表6.25 替换税收激进行为和内部控制度量的回归结果

变量	(1)	(2)	(3)	(4)	(5)
	替换税收激进行为的度量		替换内部控制的度量		
	BTD	*DD_BTD*	*Rate*1	*Rate*2	*Rate*3
IC	-0.011**	-0.026***	-0.007***	-0.011***	-0.006***
	(-2.46)	(-3.61)	(-5.85)	(-6.34)	(-4.88)
Hdegree	-0.002	-0.003	-0.010*	-0.011	-0.007
	(-1.24)	(-1.09)	(-1.74)	(-1.44)	(-1.18)
IC × Hdegree	0.010**	0.008*	0.013**	0.008	0.014**
	(2.02)	(1.72)	(2.22)	(1.04)	(2.37)
控制变量	控制	控制	控制	控制	控制
Constant	0.052*	0.138***	0.239***	0.263***	0.214***
	(1.86)	(3.17)	(13.74)	(11.10)	(12.09)
Year	控制	控制	控制	控制	控制
Ind	控制	控制	控制	控制	控制
样本数	8,852	8,852	8,852	8,852	8,852
Adj-R²	0.142	0.197	0.221	0.203	0.204
F	39.66***	58.20***	67.27***	60.48***	60.74***

注：***、**、*分别表示1%、5%和10%的显著性水平,括号内的数据为 t 统计量。

表6.26 对公司和年度进行 White 稳健性修正和 Cluster 调整的回归结果

变量	(1)	(2)	(3)	(4)	(5)	(6)
	White 稳健性修正			Cluster 调整		
	*Rate*1	*Rate*2	*Rate*3	*Rate*1	*Rate*2	*Rate*3
IC	-0.053***	-0.080***	-0.044***	-0.053***	-0.080***	-0.044***
	(-5.15)	(-6.28)	(-4.21)	(-8.13)	(-8.04)	(-6.25)
Hdegree	-0.010*	-0.011	-0.007	-0.010	-0.011	-0.007
	(-1.73)	(-1.40)	(-1.14)	(-1.27)	(-1.25)	(-0.93)
IC × Hdegree	0.086*	0.053	0.094*	0.086*	0.053	0.094**
	(1.85)	(0.89)	(1.86)	(1.89)	(0.76)	(2.33)
控制变量	控制	控制	控制	控制	控制	控制

续表6.26

变量	(1)	(2)	(3)	(4)	(5)	(6)
	\multicolumn{3}{c}{White 稳健性修正}	\multicolumn{3}{c}{Cluster 调整}				
	*Rate*1	*Rate*2	*Rate*3	*Rate*1	*Rate*2	*Rate*3
Constant	0.533***	0.711***	0.456***	0.439***	0.656***	0.361***
	(8.94)	(9.52)	(7.53)	(11.09)	(10.18)	(8.57)
Year	控制	控制	控制	控制	控制	控制
Ind	控制	控制	控制	控制	控制	控制
样本数	8,852	8,852	8,852	8,852	8,852	8,852
Adj-R²	0.222	0.204	0.204	0.222	0.204	0.204
F	47.48***	47.48***	44.85***	47.48***	47.48***	44.85***

注：***、**、*分别表示1%、5%和10%的显著性水平,括号内的数据为 t 统计量。

表6.27　固定效应模型和差分方程的回归结果

变量	(1)	(2)	(3)	(4)	(5)	(6)
	\multicolumn{3}{c}{固定效应模型}	\multicolumn{3}{c}{差分方程}				
	*Rate*1	*Rate*2	*Rate*3	*Rate*1	*Rate*2	*Rate*3
IC	-0.033***	-0.046***	-0.024**	-0.019**	-0.033**	-0.008
	(-2.88)	(-3.11)	(-2.02)	(-1.99)	(-2.41)	(-0.85)
Hdegree	-0.013	-0.009	-0.007	-0.004	-0.001	-0.004
	(-1.55)	(-0.77)	(-0.76)	(-0.58)	(-0.06)	(-0.45)
IC × Hdegree	0.111**	0.060	0.070	0.074*	0.006	0.059*
	(2.09)	(0.84)	(1.16)	(1.68)	(0.09)	(1.93)
控制变量	控制	控制	控制	控制	控制	控制
Constant	0.472***	0.398***	0.485***	0.020**	0.018	0.016
	(4.09)	(2.72)	(3.90)	(2.04)	(1.23)	(1.54)
Year	控制	控制	控制	控制	控制	控制
Ind	控制	控制	控制	控制	控制	控制
样本数	8,852	8,852	8,852	6,134	6,134	6,134
Adj-R²	0.093	0.092	0.070	0.066	0.057	0.047
F	12.51***	11.89***	9.21***	12.80***	11.06***	9.179***

注：***、**、*分别表示1%、5%和10%的显著性水平,括号内的数据为 t 统计量。

6.3.6 本节小结

本节选取 2010 年至 2015 年的我国 A 股上市公司为研究样本,以核心高管学历的异质性作为核心高管背景特征的切入点,考查核心高管学历的异质性对内部控制与税收激进行为关系的影响以及不同的产权性质下上述关系是否存在显著差异。研究发现:(1)全样本视角下,核心高管学历的异质性削弱了内部控制对税收激进行为的抑制作用。(2)进一步区分不同的产权性质后,核心高管学历的异质性削弱了内部控制对税收激进行为的抑制作用;在作用的程度上,国有企业强于非国有企业。此外,按学历异质性高低分组后,核心高管学历的异质性越高,内部控制对税收激进行为的抑制作用越小。(3)为了使结论更加可靠,运用 Logit 回归等方法进行了稳健性测试,采用差分方程解决内生性问题,回归结果与主测试结果基本一致。

6.4 核心高管任期的异质性对内部控制与税收激进行为关系的影响

6.4.1 理论分析与假设提出

任期是管理者作为一个团队成员工作的时间,高管任期的长短对团队内部沟通交流的性质、模式及深入程度都有影响。此外,高管的任期在某种程度上决定了其个人社交能力的强弱及人脉资源的丰富程度,这就使得任期不同的高管制定战略决策时存在较大的差别。任期较长的高管,有充足的时间建立和完善信息共享机制等企业规章制度,使成员能够畅所欲言,若相互配合默契则能在企业面临突发状况时及时做出准确的决策(Zenger、Lawrence,1989)。任期越长的高管,对企业面临的风险等各种情况越熟悉,越倾向于选择风险较小的决策(张兆国等,2011)。当任期较短的高管进入一个新的行业时,之前的工作经验并不能完全适用,从而导致其不能在较短时间内快速甄别风险,决策出现失误的概率较大(Finkelstein、Hambrick,1996)。依据社会类化理论,在任期差异较小的团队中,成员之间的相互交流会增加,从而减少冲突,决策时较容易达成一致(Michel、Hambrick,1992)。任期异质性高的高管团队,由于共事时间较短,相互之间未能完全适应,沟通交流不畅,更易引起矛盾,离职率也会提高。这些都将导致决策时意见难以统一,决策效率及质量低下(Smith等,1994;孙海法等,2006)。任期异质性较高的团队处理问题的方式和对企业发展规划的理解都不同,成员之间沟通交流的效率不高、效果不好,改组的程度与进度也大受影响。因此,任期异质性越高的高管团队,可能对风险的认识偏差越大,更少采用稳健的风险管理措施。此外,较高的离职率亦不利于企业内部控制的连续且有效实施。这些都将导致内部控制质量下降,从而削弱内部控制对税收激进行为的抑制作用。综上,本节提出以下假设:

假设6.4:限定其他条件,核心高管任期的异质性削弱了内部控制对税收激进行为的抑制作用。

6.4.2 变量定义与模型构建

(1)变量定义

任期属于连续型变量。关于核心高管任期的异质性($Hten$),本节借鉴朱晋伟和彭瑾瑾(2017)、韩静等(2014)、顾慧君和杨忠(2012)、孟晓华等(2012)人的研究经验,将核心高管任期的标准差系数作为核心高管任期异质性的替代变量。核心高管任期异质性的计量方法为:核心高管任期的标准差除以任期的平均值。该值越大,表示核心高管任期的异质性越高。

(2)模型构建

针对假设6.4,为考查核心高管任期的异质性对内部控制与税收激进行为关系的影响,本节构建了如下模型:

$$\begin{aligned} Rate = &\alpha_0 + \alpha_1 IC + \alpha_2 Hten + \alpha_3 IC \times Hten + \alpha_4 Tax\_rate + \alpha_5 ROA \\ &+ \alpha_6 Lev + \alpha_7 PPE + \alpha_8 Inven + \alpha_9 Intan + \alpha_{10} Size + \alpha_{11} Growth + \alpha_{12} TOP1 \\ &+ \alpha_{13} Age + \alpha_{14} Loss + \alpha_{15} EQINC + \alpha_{16} Audit + \sum Year + \sum Ind + \varepsilon . \end{aligned} \quad (6.6)$$

在上述回归模型中,本节关注的是α_3。如果α_3显著为正,那么假设6.4就得到验证,说明核心高管任期的异质性对内部控制与税收激进行为的关系发挥了正向调节效应,即核心高管任期的异质性削弱了内部控制对税收激进行为的抑制作用。

6.4.3 实证分析与结果描述

表6.28列出了内部控制、核心高管任期的异质性与税收激进行为的主测

试回归结果。由(1)列可知,内部控制(IC)与核心高管任期异质性(Hten)的交互项(IC×Hten)的回归系数为0.063,t值为1.92,交互项与税收激进行为在10%的水平上呈显著正相关。这说明核心高管任期的异质性越高,内部控制对税收激进行为的抑制作用越小,即核心高管任期的异质性削弱了内部控制对税收激进行为的抑制作用,假设6.4得到验证。由(3)列可知,交互项与税收激进行为在5%的水平上呈显著正相关,回归结果与上述结论保持一致。由(2)列可知,交互项的回归系数虽不显著,但符号为正,说明核心高管任期的异质性削弱了内部控制对税收激进行为的抑制作用,只是作用不明显。

表6.28 内部控制、核心高管任期的异质性与税收激进行为的回归结果

变量	(1) Rate1	(2) Rate2	(3) Rate3
IC	-0.061***	-0.087***	-0.052***
	(-6.80)	(-7.17)	(-5.70)
Hten	0.004	0.006	0.000
	(0.91)	(0.99)	(0.10)
IC×Hten	0.063*	0.018	0.075**
	(1.92)	(0.40)	(2.27)
控制变量	控制	控制	控制
Constant	0.587***	0.761***	0.513***
	(10.82)	(10.37)	(9.37)
Year	控制	控制	控制
Ind	控制	控制	控制
样本数	9,021	9,021	9,021
Adj-R^2	0.223	0.201	0.208
F	69.25***	60.89***	63.28***

注:***、**、*分别表示1%、5%和10%的显著性水平,括号内的数据为t统计量。

6.4.4 进一步测试

(1)按产权性质分组

为考查不同的产权性质下核心高管任期的异质性对内部控制与税收激进

行为关系的影响是否存在差异,本节依据上市公司的股权性质,将样本划分为非国有企业和国有企业两组样本,并分别对其进行回归分析,回归结果如表 6.29 所示。由(1)列可知,非国有企业内部控制与任期异质性的交互项($IC \times Hten$)的回归系数为 0.067,t 值为 1.39,未通过显著性检验。这表明非国有企业核心高管任期的异质性未明显削弱内部控制对税收激进行为的抑制作用。由(2)列可知,国有企业交互项的回归系数为 0.070,t 值为 1.74,在 10% 的水平上显著为正。这表明国有企业核心高管任期的异质性削弱了内部控制对税收激进行为的抑制作用,与全样本的回归结果一致。因此,核心高管任期的异质性削弱了内部控制对税收激进行为的抑制作用;在作用的程度上,国有企业强于非国有企业。由(3)(4)列可知,非国有企业交互项的回归系数为 0.011,t 值为 0.82;国有企业交互项的回归系数为 0.052,t 值为 1.13;均未通过显著性检验。虽然两类企业交互项的回归系数都不显著,但从 t 值来看,国有企业交互项的回归系数更接近显著性水平。由(5)(6)列可知,非国有企业交互项的回归系数为 0.063,t 值为 1.37,未通过显著性检验;国有企业交互项的回归系数为 0.104,t 值为 2.06,在 5% 的水平上显著为正。国有企业交互项的显著性水平高于非国有企业,表明上述结论是稳健的。

表 6.29　不同的产权性质下内部控制、核心高管任期的异质性与税收激进行为的回归结果

变量	(1)	(2)	(3)	(4)	(5)	(6)
	*Rate*1		*Rate*2		*Rate*3	
	非国有企业	国有企业	非国有企业	国有企业	非国有企业	国有企业
IC	-0.030**	-0.101***	-0.052***	-0.127***	-0.017	-0.096***
	(-2.55)	(-6.80)	(-3.24)	(-6.37)	(-1.42)	(-6.46)
$Hten$	-0.000	0.007	0.002	0.008	-0.005	0.004
	(-0.03)	(0.90)	(0.24)	(0.83)	(-0.87)	(0.50)
$IC \times Hten$	0.067	0.070*	0.011	0.052	0.063	0.104**
	(1.39)	(1.74)	(0.82)	(1.13)	(1.37)	(2.06)
控制变量	控制	控制	控制	控制	控制	控制
$Constant$	0.423***	0.798***	0.575***	0.973***	0.328***	0.751***
	(5.72)	(9.18)	(5.65)	(8.38)	(4.38)	(8.61)
$Year$	控制	控制	控制	控制	控制	控制

续表6.29

变量	(1)	(2)	(3)	(4)	(5)	(6)
	*Rate*1		*Rate*2		*Rate*3	
	非国有企业	国有企业	非国有企业	国有企业	非国有企业	国有企业
Ind	控制	控制	控制	控制	控制	控制
样本数	5,286	3,735	5,286	3,735	5,286	3,735
Adj-R^2	0.251	0.191	0.215	0.172	0.233	0.181
F	48.85***	24.90***	40.08***	21.90***	44.29***	23.37***

注：***、**、*分别表示1%、5%和10%的显著性水平，括号内的数据为*t*统计量。

(2)按任期异质性高低分组

本节将核心高管任期的异质性分成两组：大于任期异质性中位数的为任期异质性高组，小于任期异质性中位数的为任期异质性低组，以检验内部控制对税收激进行为发挥抑制作用的具体路径。按任期异质性高低分组的回归结果如表6.30所示。由(1)(2)列可知，任期异质性高组和低组的内部控制(*IC*)回归系数分别为-0.060、-0.066，且均在1%的水平上显著。利用Chow-test测试内部控制回归系数在两组中是否存在显著差异，结果显示，任期异质性高组的内部控制具有更小的回归系数。这说明任期异质性高组的内部控制对税收激进行为的抑制作用要显著小于任期异质性低组，即核心高管任期异质性越高，内部控制对税收激进行为的抑制作用越小。当税收激进行为的度量指标替换为*Rate*2及*Rate*3时，上述结论依然成立。

表6.30 按任期异质性高低分组的回归结果

变量	(1)	(2)	(3)	(4)	(5)	(6)
	*Rate*1		*Rate*2		*Rate*3	
	任期异质性高	任期异质性低	任期异质性高	任期异质性低	任期异质性高	任期异质性低
IC	-0.060***	-0.066***	-0.085***	-0.089***	-0.053***	-0.057***
	(-5.17)	(-5.48)	(-5.56)	(-5.35)	(-4.48)	(-4.70)
控制变量	控制	控制	控制	控制	控制	控制
Constant	0.586***	0.601***	0.740***	0.770***	0.526***	0.529***
	(8.30)	(8.18)	(7.89)	(7.62)	(7.34)	(7.16)

续表 6.30

变量	(1) Rate1 任期异质性高组	(2) Rate1 任期异质性低组	(3) Rate2 任期异质性高组	(4) Rate2 任期异质性低组	(5) Rate3 任期异质性高组	(6) Rate3 任期异质性低组
Year	控制	控制	控制	控制	控制	控制
Ind	控制	控制	控制	控制	控制	控制
样本数	4,500	4,521	4,500	4,521	4,500	4,521
$Adj\text{-}R^2$	0.218	0.232	0.196	0.211	0.205	0.215
F	41.78***	38.97***	36.65***	34.51***	38.72***	35.42***

注：***、**、*分别表示1%、5%和10%的显著性水平，括号内的数据为t统计量。

6.4.5 稳健性测试

为了证明本节的结论是一般性结果，而非偶然产生的，本节采用了如下方法进行稳健性测试。

(1)将税收激进行为的度量指标改为0-1变量，Logit回归结果如表6.31所示。由(1)(3)列可知，交互项($IC \times Hten$)的回归系数分别在10%和5%的水平上显著为正。由(2)列可知，交互项的回归系数方向正确且接近10%的显著性水平，其余结果与主测试结果基本一致。

(2)将税收激进行为的度量指标替换为会计—税收差异(BTD)及其变体(DD_BTD)，回归结果如表6.32所示。由(1)列可知，交互项的回归系数在10%的水平上显著为正。由(2)列可知，交互项的回归系数为正且接近10%的显著性水平，其余回归结果与主测试结果基本一致。

(3)将内部控制的度量指标替换为内部控制指数的百分比，回归结果如表6.32所示，与主测试结果基本一致。

(4)对回归系数的 t 值进行White稳健性修正和Cluster调整，回归结果如表6.33所示。虽然 t 值有所下降，但交互项与税收激进行为仍然在5%或10%的水平上呈显著正相关，与主测试结果相吻合。

(5)对公司和年度进行Cluster处理，回归结果如表6.33所示。由表可知，回归结果与主测试结果基本一致。

(6)采用固定效应模型进行分析,回归结果如表6.34所示。由(1)(3)列可知,交互项的回归系数分别在5%和10%的水平上显著为正,其余回归结果与主测试结果基本一致。

(7)采用差分方程进行分析,样本数量减少至5929个,回归结果如表6.34所示。由(4)(6)列可知,交互项的回归系数分别在1%和5%的水平上显著为正,其余回归结果与主测试结果基本一致。这说明在考虑了内生性问题的情况下,本节的研究结论依然稳健。

表6.31 Logit 回归结果

变量	(1) Rate1	(2) Rate2	(3) Rate3
IC	-1.124***	-1.604***	-0.951***
	(-3.84)	(-5.40)	(-3.27)
Hten	0.110	0.076	0.083
	(0.75)	(0.52)	(0.57)
IC × Hten	1.106*	1.214	2.190**
	(1.82)	(1.49)	(2.00)
控制变量	控制	控制	控制
Constant	9.177***	12.538***	7.021***
	(5.15)	(6.94)	(3.96)
Year	控制	控制	控制
Ind	控制	控制	控制
样本数	9,021	9,021	9,021
Pseudo R^2	0.142	0.149	0.135
LRchi2	1769.79***	1869.40***	1689.82***

注:***、**、*分别表示1%、5%和10%的显著性水平,括号内的数据为z统计量。

表6.32 替换税收激进行为和内部控制度量的回归结果

变量	(1)	(2)	(3)	(4)	(5)
	替换税收激进行为的度量		替换内部控制的度量		
	BTD	*DD_BTD*	*Rate*1	*Rate*2	*Rate*3
IC	-0.017***	-0.035***	-0.009***	-0.012***	-0.008***
	(-3.84)	(-4.97)	(-6.82)	(-6.91)	(-5.96)
Hten	0.001	0.000	0.004	0.005	0.001
	(0.68)	(0.15)	(0.93)	(0.86)	(0.19)
IC × Hten	0.008*	0.001	0.009**	0.005	0.010**
	(1.74)	(1.35)	(2.11)	(0.78)	(2.28)
控制变量	控制	控制	控制	控制	控制
Constant	0.088***	0.196***	0.247***	0.275***	0.225***
	(3.16)	(4.50)	(14.06)	(11.58)	(12.72)
Year	控制	控制	控制	控制	控制
Ind	控制	控制	控制	控制	控制
样本数	9,021	9,021	9,021	9,021	9,021
Adj-R²	0.150	0.196	0.223	0.201	0.208
F	42.83***	58.86***	69.22***	60.76***	63.32***

注：***、**、*分别表示1%、5%和10%的显著性水平，括号内的数据为 *t* 统计量。

表6.33 对公司和年度进行White稳健性修正和Cluster调整的回归结果

变量	(1)	(2)	(3)	(4)	(5)	(6)
	White稳健性修正			Cluster调整		
	*Rate*1	*Rate*2	*Rate*3	*Rate*1	*Rate*2	*Rate*3
IC	-0.061***	-0.087***	-0.052***	-0.061***	-0.087***	-0.052***
	(-6.05)	(-6.76)	(-4.94)	(-8.58)	(-8.44)	(-7.08)
Hten	0.004	0.006	0.000	0.004	0.006	0.000
	(0.88)	(0.93)	(0.10)	(1.01)	(1.13)	(0.11)
IC × Hten	0.063*	0.018	0.075**	0.063**	0.018	0.075***
	(1.82)	(0.39)	(2.15)	(2.00)	(0.61)	(2.78)
控制变量	控制	控制	控制	控制	控制	控制

续表6.33

变量	(1)	(2)	(3)	(4)	(5)	(6)
	White 稳健性修正			Cluster 调整		
	*Rate*1	*Rate*2	*Rate*3	*Rate*1	*Rate*2	*Rate*3
Constant	0.587***	0.761***	0.513***	0.504***	0.764***	0.417***
	(9.85)	(10.03)	(8.29)	(7.96)	(14.49)	(6.86)
Year	控制	控制	控制	控制	控制	控制
Ind	控制	控制	控制	控制	控制	控制
样本数	9,021	9,021	9,021	9,021	9,021	9,021
Adj-R²	0.223	0.201	0.208	0.223	0.201	0.208
F	50.36***	49.92***	48.85***	50.36***	49.92***	48.85***

注：***、**、*分别表示1%、5%和10%的显著性水平，括号内的数据为 t 统计量。

表6.34 固定效应模型和差分方程的回归结果

变量	(1)	(2)	(3)	(4)	(5)	(6)
	固定效应模型			差分方程		
	*Rate*1	*Rate*2	*Rate*3	*Rate*1	*Rate*2	*Rate*3
IC	-0.038***	-0.053***	-0.030**	-0.018*	-0.034**	-0.011
	(-3.33)	(-3.53)	(-2.51)	(-1.96)	(-2.45)	(-1.12)
Hten	0.001	0.009	0.002	-0.001	0.007	-0.002
	(0.12)	(1.04)	(0.38)	(-0.27)	(1.04)	(-0.31)
IC × Hten	0.083**	0.006	0.068*	0.118***	0.006	0.094**
	(2.07)	(1.01)	(1.71)	(3.38)	(0.11)	(2.54)
控制变量	控制	控制	控制	控制	控制	控制
Constant	0.608***	0.626***	0.560***	0.021**	0.021	0.017
	(4.99)	(4.11)	(4.35)	(2.06)	(1.39)	(1.59)
Year	控制	控制	控制	控制	控制	控制
Ind	控制	控制	控制	控制	控制	控制
样本数	9,021	9,021	9,021	5,929	5,929	5,929
Adj-R²	0.092	0.085	0.072	0.069	0.053	0.051
F	17.74***	16.15***	13.64***	13.15***	10.18***	9.918***

注：***、**、*分别表示1%、5%和10%的显著性水平，括号内的数据为 t 统计量。

6.4.6 本节小结

本节选取2010年至2015年的我国A股上市公司为研究样本,以核心高管任期的异质性作为核心高管背景特征的切入点,考查核心高管任期的异质性对内部控制与税收激进行为关系的影响以及不同的产权性质下上述关系是否存在显著差异。研究发现:(1)全样本视角下,核心高管任期的异质性削弱了内部控制对税收激进行为的抑制作用。(2)进一步区分不同的产权性质后,核心高管任期的异质性削弱了内部控制对税收激进行为的抑制作用;在作用的程度上,国有企业强于非国有企业。此外,按任期异质性高低分组后,核心高管任期的异质性越高,内部控制对税收激进行为的抑制作用越小。(3)为了使结论更加可靠,运用Logit回归等方法进行了稳健性测试,采用差分方程解决内生性问题,回归结果与主测试结果基本一致。

6.5 核心高管专业背景的异质性对内部控制与税收激进行为关系的影响

6.5.1 理论分析与假设提出

高管团队成员的专业背景折射出他们多元化的知识与多方面的技能,这些知识与技能对于企业制定战略、做出决策都会产生影响(Bantel、Jackson,1989;Hitt、Tyler,1991)。高阶理论认为,专业背景异质性较大的高管团队在沟通交流时,能够形成专业资源互补和相关信息共享的格局,在对信息进行有效加工的基础上,为战略决策提供有用的信息。在多重不确定性因素动态变化的环境中,专业背景的异质性使得团队成员能够更好地利用各种不同的信息,提升应对复杂环境和处理不确定性问题的能力(Bantel,1993;Calori 等,1994;Carmen 等,2005)。此外,专业背景异质性越高的高管团队,获取信息的渠道越宽,获取信息的内容越多元,分析复杂问题时越能集思广益,从而有助于提高决策质量(Dutton、Duncan,1987;Bantel、Jackson,1989;Amason、Sapienza,1997;Williams 等,1998;Simons 等,1999)。Carpenter 等(2002)通过实证研究发现,不同专业背景的高管有助于拓宽管理团队的知识领域与认知视角。囿于不同的认知水平,成员间会就某些问题发表不同的见解,进行适当的争辩。在辩论过程中,他们相互交换意见,形成一整套具有可操作性的解决方案,并在合理评估后做出相应的选择。Mohammed 等(2011)研究发现,专业背景异质性高的高管增强了企业的适应性与创造能力。Bantel 和 Jackson(1989)、李华晶和张玉利(2006)的研究表明,专业背景的异质性与企业绩效存在显著的正相关关系。由此可知,具有不同专业背景的高管在一起共同商议,有助于预判各种潜在的风险,并在最短的时间内予以确认,进而增强内部控制对税收激进行为的抑制作用。综上,本节提出以下假设:

假设6.5:限定其他条件,核心高管专业背景的异质性增强了内部控制对税收激进行为的抑制作用。

6.5.2 变量定义与模型构建

(1)变量定义

专业背景属于分类变量。关于核心高管专业背景的异质性($Hedu$),本节借鉴韩静等(2014)、朱国军等(2013)、孟晓华等(2012)、杨林(2013)及马富萍和郭晓川(2010)的研究经验,将核心高管专业背景的赫芬达尔指数作为核心高管专业背景异质性的替代变量,其计算公式为:

$$H = 1 - \sum_{i=1}^{n} P_i^2. \qquad (6.7)$$

其中:P_i 代表核心高管中第 i 类专业背景成员所占的百分比;n 代表专业背景的种类(取值为4),会计金融类取值为1,理工农医类取值为2,文史法哲类取值为3,其他取值为4。H 值介于0和1之间,值越大,表明核心高管专业背景的异质性越高。

(2)检验模型的构建

针对假设6.5,为考查核心高管专业背景的异质性对内部控制与税收激进行为关系的影响,本节构建了如下模型:

$$\begin{aligned} Rate = &\alpha_0 + \alpha_1 IC + \alpha_2 Hedu + \alpha_3 IC \times Hedu + \alpha_4 Tax\_rate + \alpha_5 ROA \\ &+ \alpha_6 Lev + \alpha_7 PPE + \alpha_8 Inven + \alpha_9 Intan + \alpha_{10} Size + \alpha_{11} Growth + \alpha_{12} TOP1 \\ &+ \alpha_{13} Age + \alpha_{14} Loss + \alpha_{15} EQINC + \alpha_{16} Audit + \sum Year + \sum Ind + \varepsilon. \end{aligned} \qquad (6.8)$$

在上述回归模型中,本节关注的是 α_3。如果 α_3 显著为负,那么假设6.5就得到验证,说明核心高管专业背景的异质性对内部控制与税收激进行为的关系发挥了负向调节效应,即核心高管专业背景的异质性增强了内部控制对税收激进行为的抑制作用。

6.5.3 实证分析与结果描述

表 6.35 列出了内部控制、核心高管专业背景的异质性与税收激进行为的主测试回归结果。由(1)列可知,内部控制(IC)与核心高管专业背景异质性($Hedu$)的交互项($IC \times Hedu$)的回归系数为 0.032,t 值为 0.54,未通过显著性检验。这表明核心高管专业背景的异质性并不会显著影响内部控制与税收激进行为的关系,假设 6.5 未得到验证。可能的原因有两个。一方面,内部控制的本质是控制风险(李维安、戴文涛,2013),内部控制各要素均围绕风险管理发挥作用。首先,风险评估要素甄别、分析及评价各种可能存在的风险;其次,控制活动要素设计相应的措施防范、化解及规避风险;再次,内部监督要素对上述风险管理过程进行监控;最后,信息与沟通要素提供相关资讯且贯穿税收风险管控的始终。核心高管专业背景中除会计、金融类专业涉及相关的风险管理知识,其他专业如理工农医类、文史法哲类等,几乎不涉及或较少涉及。由前文(5.1.3)的描述性统计可知,所学专业为会计、金融类的核心高管占比较低,仅为 5.2%。因此,核心高管专业背景即使差异较大,对内部控制的影响也有限,因为风险管理知识匮乏,难以对税收激进行为施加影响。另一方面,国内企业与国外企业在制度背景和内部管理制度上存在较大的差异,很多企业欠缺调解高管团队内部矛盾的能力与机制(贺小社等,2010)。因专业背景差异而产生的不同看法,通常难以转化为一致的意见。冲突在得不到有效解决的情况下,会导致专业背景异质性的正面影响减弱,从而延误决策,最终改变对税收激进行为的影响。因此,直接运用基于国外文献的高阶理论来解释本土企业遇到的问题,其解释力度往往较弱。只有通过深入挖掘本土企业的特点并进行修正,该理论才能在国内得到较好的应用。相关研究也表明,高管专业背景的异质性显著降低了创业企业的绩效(孙凯等,2018),高管专业背景异质性削弱了会计稳健性对投资不足的加剧作用(韩静等,2014)。由(2)(3)列可知,交互项的回归系数均不显著,回归结果与上述结论保持一致。

表 6.35 内部控制、核心高管专业背景的异质性与税收激进行为的回归结果

变量	(1) Rate1	(2) Rate2	(3) Rate3
IC	-0.061***	-0.089***	-0.053***
	(-7.20)	(-7.72)	(-6.10)
Hedu	-0.005	0.003	-0.006
	(-0.59)	(0.24)	(-0.74)
IC × Hedu	0.032	-0.083	0.068
	(0.54)	(-1.02)	(1.12)
控制变量	控制	控制	控制
Constant	0.586***	0.759***	0.519***
	(11.39)	(10.95)	(9.99)
Year	控制	控制	控制
Ind	控制	控制	控制
样本数	9,786	9,786	9,786
Adj-R^2	0.223	0.202	0.209
F	75.09	66.00	68.93

注：***、**、*分别表示1%、5%和10%的显著性水平，括号内的数据为 t 统计量。

6.5.4 进一步测试

(1) 按产权性质分组

表 6.36 列出了不同的产权性质下核心高管专业背景的异质性对内部控制与税收激进行为关系的影响。由(1)列可知，内部控制(IC)与核心高管专业背景异质性(Hedu)的交互项(IC × Hedu)的回归系数为 0.136，t 值为 1.71，在 10% 的水平上显著为正。这表明非国有企业核心高管专业背景的异质性越高，内部控制对税收激进行为的抑制作用越小，即非国有企业核心高管专业背景的异质性削弱了内部控制对税收激进行为的抑制作用。由(2)列可知，交互项的回归系数为 -0.062，t 值为 -0.63，未通过显著性检验。这表明国有企业核心高管专业背景的异质性并不会显著影响内部控制与税收激进行为的关系。因此，核心高管专业背景的异质性削弱了内部控制对税收激进行为的抑制作用且

这种抑制作用只存在于非国有企业,在国有企业并不明显。可能的原因有两个。一方面,与非国有企业高管专业背景异质性引起的团队内部冲突对避税决策质量的降低作用相比,其"根深蒂固"的强避税动机对税收激进行为的促进作用更大。另一方面,由前文(6.1.3)的描述性统计可知,非国有企业核心高管专业背景的异质性(均值为0.072)显著高于国有企业(均值为0.063)。也就是说,在内部控制对税收激进行为的抑制作用上,非国有企业核心高管专业背景异质性的削弱作用更明显。由(3)(4)列可知,非国有企业交互项的回归系数为0.167,t值为1.28;国有企业交互项的回归系数为-0.010,t值为-0.09;均未通过显著性检验。虽然两类企业交互项的回归系数都不显著,但从t值来看,非国有企业交互项的回归系数更接近显著性水平。这表明相较于国有企业,非国有企业核心高管专业背景的异质性更有可能削弱内部控制对税收激进行为的抑制作用,回归结果与上述结论保持一致。由(5)(6)列可知,非国有企业交互项的回归系数为0.185,t值为2.29,在5%的水平上显著为正;国有企业交互项的回归系数为-0.020,t值为-0.20,未通过显著性检验。非国有企业交互项的显著性水平高于国有企业,表明上述结论是稳健的。

表6.36 不同的产权性质下内部控制、核心高管专业背景的异质性与税收激进行为的回归结果

变量	(1)	(2)	(3)	(4)	(5)	(6)
	*Rate*1		*Rate*2		*Rate*3	
	非国有企业	国有企业	非国有企业	国有企业	非国有企业	国有企业
IC	-0.028**	-0.099***	-0.055***	-0.126***	-0.013	-0.096***
	(-2.53)	(-6.95)	(-3.63)	(-6.64)	(-1.13)	(-6.78)
Hedu	-0.011	0.001	-0.006	0.015	-0.013	-0.001
	(-1.16)	(0.08)	(-0.48)	(0.74)	(-1.37)	(-0.03)
IC × *Hedu*	0.136*	-0.062	0.167	-0.010	0.185**	-0.020
	(1.71)	(-0.63)	(1.28)	(-0.09)	(2.29)	(-0.20)
控制变量	控制	控制	控制	控制	控制	控制
Constant	0.409***	0.769***	0.582***	0.949***	0.304***	0.736***
	(5.93)	(9.21)	(6.13)	(8.53)	(4.34)	(8.82)
Year	控制	控制	控制	控制	控制	控制

续表6.36

变量	(1)	(2)	(3)	(4)	(5)	(6)
	Rate1		Rate2		Rate3	
	非国有企业	国有企业	非国有企业	国有企业	非国有企业	国有企业
Ind	控制	控制	控制	控制	控制	控制
样本数	5,697	4,089	5,697	4,089	5,697	4,089
Adj-R^2	0.252	0.192	0.216	0.171	0.236	0.182
F	52.91	27.19	43.43	23.86	48.50	25.64

注：***、**、*分别表示1%、5%和10%的显著性水平,括号内的数据为t统计量。

(2)按核心高管专业背景异质性高低分组

本节将核心高管专业背景的异质性分成两组:大于专业背景异质性中位数的为专业背景异质性高组,小于专业背景异质性中位数的为专业背景异质性低组,以检验内部控制对税收激进行为发挥抑制作用的具体路径。按专业背景异质性高低分组的回归结果如表6.37所示。由(1)(2)列可知,专业背景异质性高组和低组的内部控制(IC)的回归系数分别为−0.050、−0.065,且均在1%的水平上显著。利用Chow-test测试内部控制回归系数在两组中是否存在显著差异,结果显示未通过显著性检验,表明内部控制的回归系数在两组之间并不存在显著差异。这也说明核心高管专业背景的异质性并不会显著影响内部控制与税收激进行为的关系。当税收激进行为的度量指标替换为Rate2及Rate3时,上述结论依然成立。

表6.37 按专业背景异质性高低分组的回归结果

变量	(1)	(2)	(3)	(4)	(5)	(6)
	Rate1		Rate2		Rate3	
	专业异质性高	专业异质性低	专业异质性高	专业异质性低	专业异质性高	专业异质性低
IC	−0.050***	−0.065***	−0.077***	−0.086***	−0.045**	−0.058***
	(−2.63)	(−7.00)	(−2.91)	(−6.92)	(−2.29)	(−6.16)
控制变量	控制	控制	控制	控制	控制	控制

续表 6.37

变量	(1)	(2)	(3)	(4)	(5)	(6)
	*Rate*1		*Rate*2		*Rate*3	
	专业异质性高	专业异质性低	专业异质性高	专业异质性低	专业异质性高	专业异质性低
Constant	0.504***	0.599***	0.731***	0.741***	0.428***	0.546***
	(4.47)	(10.48)	(4.71)	(9.64)	(3.70)	(9.48)
Year	控制	控制	控制	控制	控制	控制
Ind	控制	控制	控制	控制	控制	控制
样本数	1,558	8,228	1,558	8,228	1,558	8,228
Adj-R^2	0.223	0.226	0.214	0.200	0.201	0.211
F	14.11	67.67	13.47	58.28	12.53	62.18

注：***、**、*分别表示1%、5%和10%的显著性水平，括号内的数据为 t 统计量。

6.5.5 稳健性测试

为了证明本节的结论是一般性结果，而非偶然产生的，本节采用了如下方法进行稳健性测试。需要说明的是，本节的稳健性测试并未采用 White 稳健性修正和 Cluster 调整及固定效应模型等方法，原因详见前文(5.3.5)所述。

(1)将税收激进行为的度量指标改为 0-1 变量，Logit 回归结果如表 6.38 所示。由表可知，税收激进行为的度量指标无论采用何种方式进行测试，交互项($IC \times Hedu$)的回归系数都不显著，回归结果与主测试结果吻合。

(2)采用差分方程进行分析，样本数量减少至 6854 个，回归结果如表 6.38 所示。由表可知，交互项的回归系数均未通过显著性检验，与主测试结果基本一致。这说明在考虑了内生性问题的情况下，本节的研究结论依然稳健。

(3)将税收激进行为的度量指标替换为会计—税收差异(BTD)及其变体(DD_BTD)，回归结果如表 6.39 所示。由(1)(2)列可知，交互项的回归系数均不显著，其余回归结果与主测试结果基本一致。

(4)将内部控制的度量指标替换为内部控制指数的百分比，回归结果如表 6.39 所示，与主测试结果基本一致。

表 6.38　Logit 与差分方程回归结果

变量	(1)	(2)	(3)	(4)	(5)	(6)
	\multicolumn{3}{c}{Logit 回归}	\multicolumn{3}{c}{差分方程}			
	*Rate*1	*Rate*2	*Rate*3	*Rate*1	*Rate*2	*Rate*3
IC	-1.230***	-1.705***	-1.060***	-0.028***	-0.048***	-0.014
	(-4.40)	(-6.02)	(-3.82)	(-3.22)	(-3.74)	(-1.57)
Hedu	-0.020	0.137	-0.124	0.011	0.020	-0.009
	(-0.08)	(0.52)	(-0.47)	(0.90)	(1.09)	(-0.69)
IC×*Hedu*	0.473	-1.083	1.774	0.035	-0.172	0.084
	(0.24)	(-0.54)	(0.90)	(0.52)	(-1.63)	(1.21)
控制变量	控制	控制	控制	控制	控制	控制
Constant	9.852***	12.814***	7.728***	0.016*	0.014	0.008
	(5.79)	(7.45)	(4.57)	(1.67)	(1.04)	(0.86)
Year	控制	控制	控制	控制	控制	控制
Ind	控制	控制	控制	控制	控制	控制
样本数	9,786	9,786	9,786	6,854	6,854	6,854
Pseudo R²	0.143	0.151	0.136			
Adj-R²				0.066	0.051	0.050
LRchi2	1933.60***	2047.05***	1839.09***	14.16***	10.98***	10.79***

注：***、**、*分别表示1%、5%和10%的显著性水平，其中Logit回归括号内的数据为z统计量，差分方程括号内的数据为t统计量。

表 6.39　替换税收激进行为和内部控制度量的回归结果

变量	(1)	(2)	(3)	(4)	(5)
	\multicolumn{2}{c}{替换税收激进行为的度量}	\multicolumn{3}{c}{替换内部控制的度量}		
	BTD	*DD_BTD*	*Rate*1	*Rate*2	*Rate*3
IC	-0.017***	-0.035***	-0.008***	-0.012***	-0.007***
	(-3.80)	(-4.97)	(-7.04)	(-7.30)	(-6.17)
Hedu	0.000	0.007**	-0.007	-0.001	-0.007
	(0.19)	(1.98)	(-0.87)	(-0.11)	(-0.87)

续表 6.39

变量	(1)	(2)	(3)	(4)	(5)
	替换税收激进行为的度量		替换内部控制的度量		
	BTD	*DD_BTD*	*Rate*1	*Rate*2	*Rate*3
IC × Hedu	0.042	0.054	0.008	−0.005	0.012
	(1.35)	(1.60)	(1.05)	(−0.48)	(1.43)
控制变量	控制	控制	控制	控制	控制
Constant	0.086***	0.197***	0.244***	0.265***	0.227***
	(3.18)	(4.62)	(14.63)	(11.75)	(13.47)
Year	控制	控制	控制	控制	控制
Ind	控制	控制	控制	控制	控制
样本数	9,786	9,786	9,786	9,786	9,786
Adj-R²	0.153	0.198	0.223	0.201	0.209
F	47.54***	64.38***	75.04	65.81	68.97

注：***、**、*分别表示 1%、5% 和 10% 的显著性水平，括号内的数据为 t 统计量。

6.5.6 本节小结

本节选取 2010 年至 2015 年的我国 A 股上市公司为研究样本，以核心高管专业背景的异质性作为核心高管背景特征的切入点，考查核心高管专业背景的异质性对内部控制与税收激进行为关系的影响以及不同的产权性质下上述关系是否存在显著差异。研究发现：(1)全样本视角下，核心高管专业背景的异质性并不会显著影响内部控制与税收激进行为的关系。(2)进一步区分不同的产权性质后，核心高管专业背景的异质性削弱了内部控制对税收激进行为的抑制作用且这种抑制作用只存在于非国有企业，在国有企业并不明显。此外，按专业背景异质性高低分组后，内部控制对税收激进行为的影响并不存在显著差异。(3)为了使结论更加可靠，本节运用 Logit 回归等方法进行了稳健性测试，采用差分方程解决内生性问题，回归结果与主测试结果基本一致。

6.6 核心高管职业背景的异质性对内部控制与税收激进行为关系的影响

6.6.1 理论分析与假设提出

企业高管的职业背景深刻影响其认知基础和管理模式。高阶理论认为,职业背景异质性高的高管团队能够综合利用成员拥有的各项技能,汇集多样化的信息,有益于新观点的形成(Simons 等,1999)。职业背景异质性所引起的思维碰撞与观点融合,不仅有助于避免考虑不周全的问题,而且还能增强解决创新性问题的能力,尤其是解决复杂问题的能力(Jehn 等,1999)。职业背景异质性高的高管带来的差异化视角甚至截然相反的观点都有成为有益资源的可能性。团队成员可以据此开展头脑风暴,对企业经营管理中所遇到的问题进行积极的讨论或沟通,从而有效规避团队盲目思考造成的决策失误。具有不同职业经历的高管可以共享他人的知识,实现信息的互补。借助知识分享与信息融合,团队整体的知识储备得以增加,而这种效果通常是成员个体知识积累所无法达到的(Reagans 等,2005)。Harrison 和 Klein(2007)研究认为,可以将高管团队看作是企业的信息处理工具之一,职业背景异质性较高的高管可以为团队带来更丰富的信息及更多元的见解,团队成员在企业的决策过程中也表现得更积极主动。对于常规性问题的解决,职业背景异质性较低的高管团队具有相对优势;反之,对于非常规性问题的解决,尤其是不确定性问题,职业背景异质性较高的高管团队则更具优势。这是因为职业背景异质性较高的高管可以聚集多方面的知识,发表多元化的观点,从而对多种解决方案进行全面探讨(Knockaert 等,2011)。在复杂的经营环境中,高管团队异质性较高更有助于解决公司避税决策所面临的各种不确定性问题。不同职业背景的高管共同讨论这些不确定性问题时,往往会充分评估风险,加强内部控制建设与实施,从而抑制税收激进行为。综上,本节提出以下假设:

假设 6.6:限定其他条件,核心高管职业背景的异质性增强了内部控制对税收激进行为的抑制作用。

6.6.2 变量定义与模型构建

(1)变量定义

职业背景属于分类变量。关于核心高管职业背景的异质性($Hjob$),本文借鉴朱晋伟和彭瑾瑾(2017)、赵丙艳等(2015)、杨林(2013)、孟晓华等(2012)、顾慧君和杨忠(2012)、马富萍和郭晓川(2010)等人的研究经验,将核心高管职业背景的赫芬达尔指数作为核心高管职业背景异质性的替代变量,其计算公式如下:

$$H = 1 - \sum_{i=1}^{n} P_i^2. \qquad (6.9)$$

其中:P_i 代表核心高管中第 i 类职业背景成员所占的百分比;n 代表职业背景的种类(取值为4),高管曾经从事的职业为会计、金融类取值为1,生产研发类取值为2,营销管理类取值为3,其他取值为4。H 值介于0和1之间,值越大,表明核心高管职业背景的异质性越高。

(2)模型构建

针对假设6.6,为考查核心高管职业背景的异质性对内部控制与税收激进行为关系的影响,本节构建了如下模型:

$$\begin{aligned} Rate &= \alpha_0 + \alpha_1 IC + \alpha_2 Hjob + \alpha_3 IC \times Hjob + \alpha_4 Tax\_rate + \alpha_5 ROA \\ &+ \alpha_6 Lev + \alpha_7 PPE + \alpha_8 Inven + \alpha_9 Intan + \alpha_{10} Size + \alpha_{11} Growth + \alpha_{12} TOP1 \\ &+ \alpha_{13} Age + \alpha_{14} Loss + \alpha_{15} EQINC + \alpha_{16} Audit + \sum Year + \sum Ind + \varepsilon. \end{aligned} \qquad (6.10)$$

在上述回归模型中,本节关注的是 α_3。如果 α_3 显著为负,那么假设6.6就得到验证,说明核心高管职业背景的异质性对内部控制与税收激进行为的关系发挥了负向调节效应,即核心高管职业背景的异质性增强了内部控制对税收激进行为的抑制作用。

6.6.3 实证分析与结果描述

表6.40列出了内部控制、核心高管职业背景的异质性与税收激进行为的主测试回归结果。由(1)列可知,内部控制(IC)与核心高管职业背景异质性($Hjob$)的交互项($IC \times Hjob$)的回归系数为0.091,t 值为1.67,交互项与税收激进行为在10%的水平上呈显著正相关。这说明核心高管职业背景的异质性越高,内部控制对税收激进行为的抑制作用越小,即核心高管职业背景的异质性

削弱了内部控制对税收激进行为的抑制作用,假设6.6未得到验证。可能的原因是,核心高管职业背景异质性较高,会导致团队内部产生冲突,沟通交流不畅,削弱团队的行为整合能力,增加工作任务执行的难度,由此导致对某项决策的理解不一致,减少或阻碍战略决策的变化(孙海法等,2006),进而对企业的内部控制质量产生负面影响,削弱对税收激进行为的抑制作用。因此,在高管职业背景异质性对内部控制与税收激进行为关系的影响方面,"社会类化理论"依然发挥主要作用。以往在不同的行业或企业工作的经历,使高管形成了自身特有的认知结构、价值观及行为方式。高管团队进行战略决策时会因为个体差异难以达成意见上的统一,而且容易激化矛盾、加剧冲突,进而降低决策质量及有效性。研究表明,创业团队成员在职业背景方面的多样性会对团队产生不利影响(Ensley等,2002)。高管团队职业背景的异质性不利于企业绩效的提升(刘兵等,2015),尤其对短期绩效和创新绩效有显著的负面影响(王雪莉等,2013),与工作相关的高管团队的职业异质性对企业海外股权并购产生负面影响(张诚、赵剑波,2012)。职业背景的异质性本应有利于高管团队从不同的角度分析问题,改善决策质量,实际上却显著减少了企业的研发投入。由(3)列可知,交互项与税收激进行为在10%的水平上呈显著正相关,回归结果与上述结论保持一致。由(2)列可知,交互项的回归系数为正且接近10%的显著性水平。

表6.40 内部控制、核心高管职业背景的异质性与税收激进行为的回归结果

变量	(1) *Rate*1	(2) *Rate*2	(3) *Rate*3
IC	-0.060*** (-6.88)	-0.083*** (-7.11)	-0.051*** (-5.82)
Hjob	-0.019** (-2.23)	-0.016 (-1.44)	-0.017** (-2.02)
IC × Hjob	0.091* (1.67)	0.099 (1.13)	0.112* (1.79)
控制变量	控制	控制	控制
Constant	0.579*** (11.14)	0.736*** (10.50)	0.512*** (9.75)

续表 6.40

变量	(1) Rate1	(2) Rate2	(3) Rate3
Year	控制	控制	控制
Ind	控制	控制	控制
样本数	9,786	9,786	9,786
Adj-R^2	0.224	0.202	0.209
F	75.25***	66.04***	69.04***

注：***、**、*分别表示1%、5%和10%的显著性水平，括号内的数据为 t 统计量。

6.6.4 进一步测试

(1) 按产权性质分组

为考查不同的产权性质下核心高管职业背景的异质性对内部控制与税收激进行为关系的影响是否存在差异，本节依据上市公司的股权性质，将样本划分为非国有企业和国有企业两组样本，并分别对其进行回归分析，回归结果如表 6.41 所示。由(1)列可知，非国有企业内部控制与职业背景异质性的交互项($IC \times Hjob$)的回归系数为 0.102，t 值为 1.21，未通过显著性检验。这表明非国有企业核心高管职业背景的异质性未明显削弱内部控制对税收激进行为的抑制作用。由(2)列可知，国有企业交互项的回归系数为 0.110，t 值为 1.76，在 10% 的水平上显著为正。这表明国有企业核心高管职业背景的异质性削弱了内部控制对税收激进行为的抑制作用，与全样本的回归结果一致。因此，核心高管职业背景的异质性削弱了内部控制对税收激进行为的抑制作用；在作用的程度上，国有企业强于非国有企业。由(3)(4)列可知，非国有企业交互项的回归系数为 0.078，t 值为 0.57；国有企业交互项的回归系数为 0.169，t 值为 1.46；均未通过显著性检验。虽然两类企业交互项的回归系数都不显著，但从 t 值来看，国有企业交互项的回归系数更接近显著性水平。由(5)(6)列可知，非国有企业交互项的回归系数为 0.091，t 值为 1.07，未通过显著性检验；国有企业交互项的回归系数为 0.168，t 值为 1.83，在 10% 的水平上显著为正。国有企业交互项回归系数的显著性水平高于非国有企业，表明上述结论是稳健的。

表6.41 不同的产权性质下内部控制、核心高管职业背景的异质性与税收激进行为的回归结果

变量	(1) Rate1 非国有企业	(2) Rate1 国有企业	(3) Rate2 非国有企业	(4) Rate2 国有企业	(5) Rate3 非国有企业	(6) Rate3 国有企业
IC	-0.030***	-0.096***	-0.047***	-0.122***	-0.018	-0.093***
	(-2.72)	(-6.68)	(-3.13)	(-6.38)	(-1.58)	(-6.43)
Hjob	-0.025**	-0.016	-0.030**	-0.009	-0.019*	-0.021
	(-2.39)	(-1.17)	(-2.08)	(-0.49)	(-1.77)	(-1.52)
IC × Hjob	0.102	0.110*	0.078	0.169	0.091	0.168*
	(1.21)	(1.76)	(0.57)	(1.46)	(1.07)	(1.83)
控制变量	控制	控制	控制	控制	控制	控制
Constant	0.424***	0.768***	0.544***	0.947***	0.334***	0.729***
	(6.16)	(9.16)	(5.75)	(8.48)	(4.78)	(8.70)
Year	控制	控制	控制	控制	控制	控制
Ind	控制	控制	控制	控制	控制	控制
样本数	5,697	4,089	5,697	4,089	5,697	4,089
$Adj\text{-}R^2$	0.253	0.192	0.217	0.171	0.235	0.183
F	53.01***	27.23***	43.57***	23.82***	48.42***	25.74***

注：***、**、*分别表示1%、5%和10%的显著性水平,括号内的数据为t统计量。

(2) 按职业背景异质性高低分组

本节将核心高管职业背景的异质性分成两组:大于职业背景异质性中位数的为职业背景异质性高组,小于职业背景异质性中位数的为职业背景异质性低组,以检验内部控制对税收激进行为发挥抑制作用的具体路径。按职业背景异质性高低分组的回归结果如表6.42所示。由(1)(2)列可知,职业背景异质性高组和低组的内部控制(IC)回归系数分别为-0.051、-0.065,且均在1%的水平上显著。利用Chow-test测试内部控制回归系数在两组中是否存在显著差异,结果显示,职业背景异质性高组的内部控制回归系数更小。这说明职业背景异质性高组的内部控制对税收激进行为的抑制作用显著小于职业背景异质性低组,即核心高管职业背景异质性越高,内部控制对税收激进行为的抑制作用越小。当税收激进行为的度量指标替换为Rate2及Rate3时,上述结论依然成立。

表6.42 按职业背景异质性高低分组的回归结果

变量	(1) 职业异质性高	(2) 职业异质性低	(3) 职业异质性高	(4) 职业异质性低	(5) 职业异质性高	(6) 职业异质性低
	*Rate*1	*Rate*1	*Rate*2	*Rate*2	*Rate*3	*Rate*3
IC	−0.051***	−0.065***	−0.086***	−0.096***	−0.035*	−0.059***
	(−2.80)	(−6.97)	(−3.65)	(−6.88)	(−1.81)	(−6.28)
控制变量	控制	控制	控制	控制	控制	控制
Constant	0.551***	0.602***	0.841***	0.739***	0.437***	0.547***
	(4.95)	(10.53)	(5.21)	(9.73)	(3.74)	(9.57)
Year	控制	控制	控制	控制	控制	控制
Ind	控制	控制	控制	控制	控制	控制
样本数	1,949	7,837	1,949	7,837	1,949	7,837
Adj-R²	0.216	0.228	0.169	0.209	0.195	0.215
F	16.30***	65.42***	12.30***	58.51***	14.44***	60.66***

注：***、**、*分别表示1%、5%和10%的显著性水平，括号内的数据为 *t* 统计量。

6.6.5 稳健性测试

为了证明本节的结论是一般性结果，而非偶然产生的，本节采用了如下方法进行稳健性测试。

（1）将税收激进行为的度量指标改为0−1变量，Logit回归结果如表6.43所示。由表可知，交互项（*IC*×*Hjob*）的回归系数虽不显著但方向正确，其余结果与主测试结果基本一致。

（2）将税收激进行为的度量指标替换为会计—税收差异（*BTD*）及其变体（*DD_BTD*），回归结果如表6.44所示。由（1）列可知，交互项的回归系数为正且接近10%的显著性水平。由（2）列可知，交互项的回归系数在10%的水平上显著为正，其余回归结果与主测试结果基本一致。

（3）将内部控制的度量指标替换为内部控制指数的百分比，回归结果如表6.44所示，与主测试结果基本一致。

(4)对回归系数的 t 值进行 White 稳健性修正和 Cluster 调整,回归结果如表 6.45 所示。由表可知,交互项的回归系数均为正且接近 10% 的显著性水平,与主测试结果基本吻合。

(5)对公司和年度进行 Cluster 处理,回归结果如表 6.45 所示。由表可知,回归结果与主测试结果基本一致。

(6)采用固定效应模型进行分析,回归结果如表 6.46 所示。由表可知,交互项的回归系数均为正且接近 10% 的显著性水平,其余回归结果与主测试结果基本一致。

(7)采用差分方程进行分析,样本数量减少至 6854 个,回归结果如表 6.46 所示。由(4)(6)列可知,交互项的回归系数均在 5% 的水平上显著为正,其余回归结果与主测试结果基本一致。这说明在考虑了内生性问题的情况下,本节的研究结论依然稳健。

表 6.43　Logit 回归结果

变量	(1) *Rate*1	(2) *Rate*2	(3) *Rate*3
IC	-1.256***	-1.636***	-1.147***
	(-4.42)	(-5.68)	(-4.07)
Hjob	-0.198	-0.232	-0.249
	(-0.73)	(-0.85)	(-0.92)
IC × *Hjob*	0.182	1.395	0.872
	(0.08)	(0.62)	(0.40)
控制变量	控制	控制	控制
Constant	9.984***	12.550***	8.114***
	(5.80)	(7.21)	(4.75)
Year	控制	控制	控制
Ind	控制	控制	控制
样本数	9,786	9,786	9,786
Pseudo R^2	0.143	0.151	0.136
LRchi2	1934.40***	2047.46***	1840.31***

注:***、**、*分别表示 1%、5% 和 10% 的显著性水平,括号内的数据为 z 统计量。

表6.44 替换税收激进行为和内部控制度量的回归结果

变量	(1) 替换税收激进行为的度量 BTD	(2) DD_BTD	(3) 替换内部控制的度量 Rate1	(4) Rate2	(5) Rate3
IC	-0.016***	-0.034***	-0.008***	-0.011***	-0.007***
	(-3.62)	(-4.84)	(-6.78)	(-6.85)	(-5.93)
Hjob	-0.004	-0.001	-0.020**	-0.017	-0.018**
	(-1.60)	(-0.18)	(-2.40)	(-1.54)	(-2.14)
IC×Hjob	0.023	0.058*	0.016*	0.017	0.018**
	(1.02)	(1.65)	(1.78)	(1.38)	(1.98)
控制变量	控制	控制	控制	控制	控制
Constant	0.079***	0.187***	0.248***	0.274***	0.229***
	(2.95)	(4.41)	(14.88)	(12.17)	(13.64)
Year	控制	控制	控制	控制	控制
Ind	控制	控制	控制	控制	控制
样本数	9,786	9,786	9,786	9,786	9,786
Adj-R^2	0.153	0.197	0.224	0.201	0.209
F	47.53***	64.25***	75.21***	65.89***	69.09***

注：***、**、*分别表示1%、5%和10%的显著性水平,括号内的数据为t统计量。

表6.45 对公司和年度进行White稳健性修正和Cluster调整的回归结果

变量	(1) White稳健性修正 Rate1	(2) Rate2	(3) Rate3	(4) Cluster调整 Rate1	(5) Rate2	(6) Rate3
IC	-0.060***	-0.083***	-0.051***	-0.060***	-0.083***	-0.051***
	(-6.00)	(-6.71)	(-5.00)	(-9.84)	(-7.95)	(-7.40)
Hjob	-0.019**	-0.016	-0.017**	-0.019**	-0.016*	-0.017**
	(-2.33)	(-1.46)	(-2.07)	(-2.28)	(-1.74)	(-1.99)
IC×Hjob	0.091	0.099	0.112	0.091**	0.099	0.112**
	(1.36)	(1.06)	(1.58)	(2.18)	(1.52)	(2.51)
控制变量	控制	控制	控制	控制	控制	控制

续表 6.45

变量	(1)	(2)	(3)	(4)	(5)	(6)
	White 稳健性修正			Cluster 调整		
	*Rate*1	*Rate*2	*Rate*3	*Rate*1	*Rate*2	*Rate*3
Constant	0.579***	0.736***	0.512***	0.494***	0.742***	0.412***
	(9.99)	(10.17)	(8.58)	(10.30)	(15.36)	(8.02)
Year	控制	控制	控制	控制	控制	控制
Ind	控制	控制	控制	控制	控制	控制
样本数	9,786	9,786	9,786	9,786	9,786	9,786
Adj-R²	0.224	0.202	0.209	0.224	0.202	0.209
F	55.33***	54.44***	53.77***	55.33***	54.44***	53.77***

注：***、**、*分别表示1%、5%和10%的显著性水平，括号内的数据为 t 统计量。

表 6.46 固定效应模型和差分方程的回归结果

变量	(1)	(2)	(3)	(4)	(5)	(6)
	固定效应模型			差分方程		
	*Rate*1	*Rate*2	*Rate*3	*Rate*1	*Rate*2	*Rate*3
IC	−0.038***	−0.050***	−0.029***	−0.023***	−0.035***	−0.011
	(−3.59)	(−3.57)	(−2.58)	(−2.64)	(−2.65)	(−1.20)
Hjob	−0.013	−0.025	−0.007	−0.017	−0.045**	−0.012
	(−1.06)	(−1.46)	(−0.61)	(−1.36)	(−2.43)	(−0.91)
IC × Hjob	0.105	0.118	0.071	0.137**	0.147	0.149**
	(1.43)	(1.06)	(1.35)	(2.02)	(1.48)	(2.10)
控制变量	控制	控制	控制	控制	控制	控制
Constant	0.572***	0.563***	0.535***	0.016*	0.015	0.008
	(5.22)	(4.05)	(4.54)	(1.68)	(1.08)	(0.84)
Year	控制	控制	控制	控制	控制	控制
Ind	控制	控制	控制	控制	控制	控制
样本数	9,786	9,786	9,786	6,854	6,854	6,854
Adj-R²	0.091	0.085	0.072	0.067	0.052	0.051
F	19.57***	18.12***	15.07***	14.23***	11.06***	10.87***

注：***、**、*分别表示1%、5%和10%的显著性水平，括号内的数据为 t 统计量。

6.6.6 本节小结

本节选取 2010 年至 2015 年的我国 A 股上市公司为研究样本,以核心高管职业背景的异质性作为核心高管背景特征的切入点,考查核心高管职业背景的异质性对内部控制与税收激进行为关系的影响以及不同的产权性质下上述关系是否存在显著差异。研究发现:(1)全样本视角下,核心高管职业背景的异质性削弱了内部控制对税收激进行为的抑制作用。(2)进一步区分不同的产权性质后,核心高管职业背景的异质性削弱了内部控制对税收激进行为的抑制作用;在作用的程度上,国有企业强于非国有企业。此外,按职业背景异质性高低分组后,核心高管职业背景的异质性越高,内部控制对税收激进行为的抑制作用越小。(3)为了使结论更加可靠,本节运用 Logit 回归等方法进行了稳健性测试,采用差分方程解决内生性问题,回归结果与主测试结果基本一致。

7 研究结论、政策性建议及研究展望

7.1 研究结论

经济越发达,税收问题越突出。近年来,我国企业的税收激进问题也越来越严重,导致国家财政收入大量流失,企业税收激进议题也由此受到理论界与实务界的重点关注。作为一种重要的公司内部治理机制,内部控制影响到企业经营管理的方方面面,其中必然包括避税决策。那么,内部控制会对税收激进行为产生什么影响?依据高阶理论,不同背景特征的高管团队具有不同的行为选择,从而对企业的战略决策产生不同的影响。因此,内部控制作为企业核心高管主导的一项制度建设和维护行为,不可避免地受到核心高管背景特征的影响。由此推断,在内部控制对税收激进行为发挥抑制作用的过程中,不同背景特征的核心高管通过影响内部控制,进而对税收激进行为发挥不同的作用,它们之间的作用机制是什么?这种作用在非国有企业与国有企业之间是否存在显著差异?这些问题很重要,但鲜有文献进行深入探讨。

基于对上述议题的思考,加之对现有研究成果的完善,本研究的逻辑起点和研究动因形成了。本文选取 2010 年至 2015 年的我国 A 股上市公司为研究样本,将核心高管特征(区分为同质性与异质性两个维度)、内部控制与税收激进行为纳入一个完整的研究框架,深入探讨三者之间的作用机制。考虑到我国当前的制度背景,根据企业的实际控制人,对样本数据进行划分,继而分析不同的产权性质下核心高管背景特征对内部控制与税收激进行为关系的影响。本文的研究结论如下。

第一,关于内部控制与税收激进行为的关系。(1)全样本视角下,内部控制质量越高,企业税收激进程度越低。高质量的内部控制能够有效抑制企业的税收激进行为。(2)进一步区分不同的产权性质后,国有企业内部控制对税收激进行为的抑制作用显著大于非国有企业。

第二,关于核心高管的性别对内部控制与税收激进行为关系的影响。(1)全样本视角下,核心高管性别的同质性(以女性比例作为替代变量)削弱了内部控制对税收激进行为的抑制作用。按女性比例高低分组后,核心高管中女性所占比例越高,内部控制对税收激进行为的抑制作用越小。进一步区分不同的产权性质后,核心高管性别的同质性削弱了内部控制对税收激进行为的抑制作用;在作用的程度上,非国有企业强于国有企业。(2)全样本视角下,核心高管性别的异质性削弱了内部控制对税收激进行为的抑制作用。按性别异质性高低分组后,核心高管性别的异质性越高,内部控制对税收激进行为的抑制作用越小。进一步区分不同的产权性质后,核心高管性别的异质性削弱了内部控制对税收激进行为的抑制作用;在作用的程度上,国有企业强于非国有企业。

第三,关于核心高管的年龄对内部控制与税收激进行为关系的影响。(1)全样本视角下,核心高管年龄的同质性(以平均年龄作为替代变量)削弱了内部控制对税收激进行为的抑制作用。按年龄大小分组后,核心高管年龄越大,内部控制对税收激进行为的抑制作用越小。进一步区分不同的产权性质后,核心高管年龄的同质性削弱了内部控制对税收激进行为的抑制作用;在作用的程度上,非国有企业强于国有企业。(2)全样本视角下,核心高管年龄的异质性削弱了内部控制对税收激进行为的抑制作用。按年龄异质性高低分组后,核心高管年龄的异质性越高,内部控制对税收激进行为的抑制作用越小。进一步区分不同的产权性质后,核心高管年龄的异质性削弱了内部控制对税收激进行为的抑制作用;在作用的程度上,国有企业强于非国有企业。

第四,关于核心高管的学历对内部控制与税收激进行为关系的影响。(1)全样本视角下,核心高管学历的同质性(以平均学历作为替代变量)并不会显著影响内部控制与税收激进行为之间的关系。按学历高低分组后,内部控制对税收激进行为的影响并不存在显著差异。进一步区分不同的产权性质后,核心高管学历的同质性削弱了内部控制对税收激进行为的抑制作用且这种抑制作用只存在于非国有企业,在国有企业并不明显。(2)全样本视角下,核心高管学历的异质性削弱了内部控制对税收激进行为的抑制作用。按学历异质性高低分组后,核心高管学历的异质性越高,内部控制对税收激进行为的抑制作用越小。进一步区分不同的产权性质后,核心高管学历的异质性削弱了内部控制对税收激进行为的抑制作用;在作用的程度上,国有企业强于非国有企业。

第五,关于核心高管的任期对内部控制与税收激进行为关系的影响。(1)全样本视角下,核心高管任期的同质性(以平均任期作为替代变量)削弱了内部控制对税收激进行为的抑制作用。按任期长短分组后,核心高管任期越长,内部控制对税收激进行为的抑制作用越小。进一步区分不同的产权性质后,核心高管任期的同质性削弱了内部控制对税收激进行为的抑制作用;在作用的程度上,非国有企业强于国有企业。(2)全样本视角下,核心高管任期的异质性削弱了内部控制对税收激进行为的抑制作用。按任期异质性高低分组后,核心高管任期的异质性越高,内部控制对税收激进行为的抑制作用越小。进一步区分不同的产权性质后,核心高管任期的异质性削弱了内部控制对税收激进行为的抑制作用;在作用的程度上,国有企业强于非国有企业。

第六,关于核心高管的专业背景对内部控制与税收激进行为关系的影响。(1)全样本视角下,核心高管专业背景的同质性(以具有会计、金融或经济管理类专业背景的成员的比例作为替代变量)并不会显著影响内部控制与税收激进行为的关系。按会计等专业比例高低分组后,内部控制对税收激进行为的影响并不存在显著差异。进一步区分不同的产权性质后,核心高管专业背景的同质性削弱了内部控制对税收激进行为的抑制作用且这种抑制作用只存在于非国有企业,在国有企业并不明显。(2)全样本视角下,核心高管专业背景的异质性并不会显著影响内部控制与税收激进行为的关系。按专业背景异质性高低分组后,内部控制对税收激进行为的影响并不存在显著差异。进一步区分不同的产权性质后,核心高管专业背景的异质性削弱了内部控制对税收激进行为的抑制作用且这种抑制作用只存在于非国有企业,在国有企业并不明显。

第七,关于核心高管的职业背景对内部控制与税收激进行为关系的影响。(1)全样本视角下,核心高管职业背景的同质性(以具有会计、金融或经济管理类职业背景的成员的比例作为替代变量)削弱了内部控制对税收激进行为的抑制作用。按会计等职业比例高低分组后,核心高管中具有会计、金融或经济管理类职业背景的成员的比例越高,内部控制对税收激进行为的抑制作用越小。进一步区分不同的产权性质后,核心高管职业背景的同质性削弱了内部控制对税收激进行为的抑制作用;在作用的程度上,非国有企业强于国有企业。(2)全样本视角下,核心高管职业背景的异质性削弱了内部控制对税收激进行为的抑制作用。按职业背景异质性高低分组后,核心高管职业背景的异质性越高,内部控制对税收激进行为的抑制作用越小。进一步区分不同的产权性质后,核心高管职业背景的异质性削弱了内部控制对税收激进行为的抑制作用;在作用的程度上,国有企业强于非国有企业。

综上所述,本文在考查内部控制对税收激进行为产生影响的基础上,从趋同和差异角度,将上市公司核心高管的背景特征区分为同质性与异质性两个维度,探究其对内部控制与税收激进行为关系的影响。本文从高管特征的微观视角拓展内部控制与税收激进行为问题的研究,深入理解三者之间的作用机制。期望本文的研究结论有助于税收监管部门更准确地识别核心高管背景特征影响内部控制与税收激进行为关系的作用机制,从而制定更具针对性的监管政策,以提高税收征管效率;有助于上市公司加强高管团队建设,遴选和聘用合适的核心高管,为构建及实施税收合规的内部控制体系创造良好环境,减少企业因税收激进行为导致的违规风险。此外,本文的研究结论对深化产权制度改革以抑制税收激进行为也有裨益。

7.2 政策性建议

税收激进行为会使国家财政收入受到损失,会使税法调节社会收入分配的功效遭到破坏,企业可能因此面临较严重的税收处罚和较大的声誉风险,甚至未来的长远发展受阻。为了抑制税收激进行为,有效防范和合理控制税收风险,制定相应措施就显得势在必行。基于本文的理论分析和实证研究结论,内部控制会显著影响税收激进行为,上市公司核心高管背景特征的同质性与异质性通过影响内部控制,进而对税收激进行为产生不同程度的影响。有鉴于此,本文结合我国税收征纳双方的实际情况及相关制度背景,提供一些政策性建议。

7.2.1 构建税收合规的内部控制制度

本文的研究结论表明,高质量的内部控制能够有效地抑制企业的税收激进行为。因此,企业应结合自身的经营情况、税收风险特征和已有的内部控制体系,科学规划税收业务的管理流程及控制措施,构建税收合规的内部控制制度。具体可以从以下方面着手。第一,税收合规的内部控制应当涵盖企业的各种涉税业务和事项。税收合规的内部控制总体上应当贯穿业务执行、管理监督及战略决策全过程,重点聚焦关键业务、重要事项及税收高风险领域。内部控制制度应当包括企业日常经营业务中的涉税事项的政策条款,明确各项涉税会计事务的处理流程及业务经办人员的职责和权限。第二,税收合规的内部控制应当保证企业的涉税业务和事项符合税法的规定。税收合规的内部控制应当确保税收业务事项的会计核算符合最新的涉税会计处理办法。内部控制制度应当规范企业按税法规定真实准确地填报、备案及保存纳税申报表等有关涉税业务资料,确保企业按税法规定的程序及时限申报纳税及缴纳税款。第三,税收合规的内部控制应当建立并完善税法的收集和更新制度。税收合规的内部控制应当建立及时汇编企业适用的税法并实时更新有关内容的制度,确保企业财务会计系统的设置和更改与税收法律法规的要求同步,保证会计信息的输出能够反映会计准则及税收法律法规的最新变化。第四,税收合规的内部控制应当依据企业的变化及时加以调整。税收合规的内部控制应当与企业的生产经营规模、业务范围及风险承受能力等相适应,应当在机构设置、权责分配及业务流程等方面相互制约、相互监督。第五,税收合规的内部控制在实施的过程中应当有相应的激励机制和约束机制。企业应当将税收合规的内部控制的建设成效与责任单位及人员的业绩考核相结合,促进其有效实施,从而全面控制税收风险,不断提高税法遵从度。

7.2.2 加强上市公司核心高管的遴选

本文的研究结论表明,上市公司核心高管背景特征的同质性与异质性通过影响内部控制,进而对税收激进行为产生不同程度的影响。因此,企业应有效制定和实施包括管理者团队在内的人力资源管理政策,加强对核心高管人员的选拔和聘用。具体而言,在性别方面,应进一步增加男性在核心高管团队中的比例。在内部控制相关岗位保证男性管理者的比例,确保其积极作用得到发挥。在年龄方面,应选聘年轻的高管,使高管团队年轻化。一方面,年轻的高管对自身的职业生涯有更长远的预期。他们会为企业的长远发展着想,会关注企业的长期绩效。另一方面,年轻的高管更容易接受新鲜事物,不会墨守成规,保持对环境变化的敏感度。这些都有助于提升企业的内部控制质量,从而降低税收激进行为引发的税收风险。对于年龄较大的高管人员,企业应根据公司当前的治理现状判断是否聘用,重点考查他们的管理理念和模式是否与公司现阶段的经营目标相吻合。在学历方面,不必过于注重高管的高学历,但应保证高管团队的学历水平相当。学历水平接近的高管有相似的知识储备和经历,能够缩小认知差异,减少沟通成本,促进信息在团队中充分共享,避免团队因思维与价值观不同陷入僵局。在任期方面,应缩短核心高管的任期,提高团队的凝聚力和工作效率。企业可以尝试建立高管在不同岗位的定期轮换制度,这既符合内部控制的要求,也减弱了企业的税收激进程度。在专业背景方面,不必刻意关注高管所学专业及团队的专业差异,这有助于上市公司多方位、多渠道地选拔核心高管。在职业背景方面,应聘用一些曾经从事非会计、金融类职业的管理者,且尽量减少高管团队职业背景的差异性,即选拔具有某一职业背景的"专才"。本文认为,选聘职业背景为"生产研发类"的高管(详见 6.6.2 所述)较好。生产研发类职业背景出身的高管对企业生产流程、生产工艺更加了解,而内部控制依附于生产流程及工艺设计。在此类高管的主导下建立的内部控制制度更符合实际,内部控制质量也更高,从而使得企业的税收激进程度下降。

7.2.3 制定切实有效的税收监管措施

本文的研究结论表明,上市公司核心高管背景特征的同质性与异质性会对内部控制与税收激进行为的关系产生不同程度的影响,且这种影响在不同产权性质的企业中可能存在显著差异,这就为税收稽查和税收征管提供了新的思路。因此,税收监管机构可以依据管理者的背景特征及产权性质制定更为有效的监管措施,关注税收激进的企业特征,向具有这些特征的企业提供更多的监管资源,给予它们更多的关注,以提高税收征管效率,抑制企业的税收激进行为。譬如,本研究发现,核心高管年龄、任期的同质性削弱了内部控制对税收激进行为的抑制作用,即核心高管平均年龄越大,平均任期越长,企业税收激进的程度有所上升。依据上述研究结论,税收监管部门可以有针对性地对企业进行重点稽查。在做好选案工作时,可以将高管年龄较大、任期较长的企业作为避税监管的重点,分配更多的监管资源,以达到最优的工作效果。税收监管机构可以通过"大数据"将高管特征、企业产权性质、财务指标等与企业的避税活动有关的信息纳入数据库,形成一个全国性的税收监管网络。通过该网络体系,各地区、各部门加强联系与协作,提高税收监管的精准性。对于已经发现的税收激进行为,税收监管机构除对负有直接责任的高管人员进行行政处罚外,还可以采取其他的惩罚措施。譬如,在税务、财政、证券监督等官方网站曝光责任高管的姓名,将其避税行为记录于纳税档案中,限制其在税收领域任职等,从而在高管人员做出税收激进决策时起到更大的震慑作用。此外,税收监管机构应通过再教育等培训方式提升监管人员的业务水平,使其掌握具有避税行为的企业的特征,构建提示企业可能存在避税倾向的预警机制。

7.2.4 深化国有企业的产权制度改革

本文的研究结论表明,核心高管部分背景特征的异质性削弱了内部控制对税收激进行为的抑制作用;在作用的程度上,国有企业强于非国有企业。这表明国有企业在内外部多重因素的作用下,也存在避税行为。因此,应继续深化国有企业产权制度改革,以解决委托—代理问题,从而抑制其税收激进行为。《中共中央关于全面深化改革若干重大问题的决定》明确指出,推动国有企业完善现代企业制度,进一步深化国有企业改革。党的十九大报告提出,深化国有企业改革,发展混合所有制经济,培育具有全球竞争力的世界一流企业。国有企业进行混合所有制改革以抑制税收激进行为的意义主要体现在以下方面。首先,可以促进投资主体的多元化,有利于缓解"一股独大"引发的内部人控制和监管失效等问题。在国有企业中引入非国有资本,可以使国有企业拥有多种不同性质的投资人。股权多元化有助于政企分离的实现,使企业真正成为市场竞争的主体。在不同性质的股权主体的制约和监督下,高管为谋求个人私利或追逐短期利益的行为如税收激进等将得到有效遏制。其次,可以有效减少国有产权因代理问题而产生的监督成本较高的问题,摆脱产权不清的困境。将产权转移到对高管人员进行有效监督的股东手中,高管的税收激进行为将受到监督。再次,可以有效改善国有企业的治理机制,提升内部控制的有效性。以混合所有制改革为契机,适当引入非国有资本,可以使得不同性质的股东交互持股,从而达到股东相互制约的均衡状态。非国有股东能够有效地参与企业高层治理,使得内部控制质量得以提升,继而降低企业的税收激进程度。

7.3 研究局限与展望

7.3.1 研究局限

本研究存在的局限主要有以下两个方面:

第一,未能探讨核心高管背景特征视角下内部控制对增值税避税的影响。本文(包括目前现有的文献)中的税收激进仅指企业所得税避税,并未涉及增值税。自2016年"营业税改征增值税"以来,增值税成为我国的第一大税种。然而,囿于现行会计核算体系及财务报告制度,增值税作为"价外税"只在资产负债表中得到了反映,并未出现在损益表中。加之纳税申报表无法公开获取,我们无法对增值税进行避税实证分析,因此无法开展其与相关变量之间的作用机制的研究。

第二,研究数据受客观条件限制,导致变量的度量可能存在偏差。如核心高管背景特征的数据主要来自数据库中已披露的公司年报信息,部分年报披露的信息并不充分且不完全,导致有些属于核心高管范畴的相关信息缺失,相应数据难以获取。此外,一些上市公司年度内发生高管变更的频率在一次或一次以上,这些都可能使核心高管相关背景特征的度量存在一定的偏差。

7.3.2 研究展望

本文从核心高管特征层面对内部控制与税收激进行为的关系进行了较为深入的研究,且取得了一些研究成果。但囿于文章篇幅及个人的研究水平,有实际意义的若干选题未得到探讨,有待将来进一步研究。具体而言,主要有以下三个方面:

首先,核心高管背景特征的研究可进一步深入。反映高管的价值观念、风险偏好及行为决策等的背景特征,其范畴是非常广的,本文仅选取了其中具有代表性且可观测的特征指标予以分析。事实上,个体人口特征除了上述显性特征外,还有隐性特征,如高管的人际关系或社会网络(包括老乡关系、校友关系)、政治背景、宗教信仰等。它们如何作用于内部控制,继而影响企业的税收激进行为? 这都有待于未来进一步探讨。

其次,税收激进行为的抑制机制仍有研究的余地。本文仅研究了核心高管背景特征视角下内部控制这一公司内部治理机制对税收激进行为的抑制效应,而抑制税收激进行为的外部因素还有很多。例如,在"互联网+"背景下,媒体在日常生活中发挥着越来越重要的作用,被视为转轨经济背景下重要的公司外部治理机制,可有效缓解各种代理问题。研究表明,媒体的关注会抑制税收激进行为,主要是因为媒体的关注会增加管理层基于税收激进行为的机会主义成本(田高良等,2016)。再如,机构投资者持股比例越高,企业避税的程度越低(蔡宏标、饶品贵,2015)。又如,证券分析师不再跟进时,上市公司的避税程度会显著降低(周冬华等,2017)。那么,核心高管的人口背景特征增强了还是削弱了上述外部监督机制对税收激进行为的抑制作用呢?这些重要且现实的问题都有待未来深入研究。对这些问题的研究能够为税收监管部门完善税收征管机制提供有益的参考。

再次,影响内部控制与税收激进行为关系的因素还有待丰富。本文在考查内部控制对税收激进行为的影响机制的基础上,基于高阶理论引入核心高管背景特征作为内部控制与税收激进行为关系的调节变量,进一步剖析内部控制影响税收激进行为的内在机制,为探索二者的作用机制进行了一次有益的尝试。然而,内部控制与税收激进行为之间还可能存在其他重要的调节变量。研究表明,实施高管股权激励能提升内部控制的有效性,股权激励行权业绩约束越严格,激励有效期越长,高管股权激励对内部控制有效性的正面影响越明显(张艺琼、冯均科,2018)。再如,企业诚信文化与内部控制有效性正相关,企业诚信度越高,其内部控制有效性亦越高(徐亚琴等,2018)。又如,内部控制的作用受到所处地区治理环境的影响,较好的外部制度环境有助于推动企业加强内部控制建设,而较差的外部制度环境对企业的内部控制建设会产生较大的负面影响(郑军等,2014)。那么,上述因素是如何影响内部控制与税收激进行为的关系?这些都将为深入理解内部控制与税收激进行为的关系提供新的视角。

参 考 文 献

[1]张继德,纪佃波,孙永波.企业内部控制有效性影响因素的实证研究[J].管理世界,2013(8):179-180.

[2]张先治,戴文涛.公司治理结构对内部控制影响程度的实证分析[J].财经问题研究,2010(7):89-95.

[3]陈传明,孙俊华.企业家人口背景特征与多元化战略选择:基于中国上市公司面板数据的实证研究[J].管理世界,2008(5):124-133.

[4]陈骏,徐玉德.内部控制与企业避税行为[J].审计研究,2015(3):100-107.

[5]陈军梅.税收征管、内部控制质量与公司避税[J].税务与经济,2014(6):68-75.

[6]陈怡秀,孙世敏,屠立鹤.在职消费经济效应的影响因素:基于高管异质性视角的研究[J].经济管理,2017(5):85-100.

[7]范经华,张雅曼,刘启亮.内部控制、审计师行业专长、应计与真实盈余管理[J].会计研究,2013(4):81-88,96.

[8]方红星,金玉娜.公司治理、内部控制与非效率投资:理论分析与经验证据[J].会计研究,2013(7):63-69,97.

[9]缪艳娟,李志斌.企业内部控制规范实施:内在需求抑或外部推动:基于江苏企业问卷调查的实证分析[J].商业经济与管理,2014(7):31-41.

[10]韩静,陈志红,杨晓星.高管团队背景特征视角下的会计稳健性与投资效率关系研究[J].会计研究,2014(12):25-31,95.

[11]何霞,苏晓华.高管团队背景特征、高管激励与企业R&D投入:来自A股上市高新技术企业的数据分析[J].科技管理研究,2012(6):100-108.

[12]张萍,徐巍.媒体监督能够提高内部控制有效性吗:来自中国上市公司的经验证据[J].会计与经济研究,2015,29(5):88-105.

[13]何韧,王维诚,王军.管理者背景与企业绩效:基于中国经验的实证研

究[J]. 财贸研究,2010,21(1):109 - 118.

[14]姜付秀,伊志宏,苏飞,等. 管理者背景特征与企业过度投资行为[J]. 管理世界,2009(1):130 - 139.

[15]江轩宇. 税收征管、税收激进与股价崩盘风险[J]. 南开管理评论,2013(5):152 - 160.

[16]金鑫,雷光勇. 审计监督、最终控制人性质与税收激进度[J]. 审计研究,2011(5):98 - 106.

[17]李万福,陈晖丽. 内部控制与公司实际税负[J]. 金融研究,2012(9):195 - 206.

[18]李焰,秦义虎,张肖飞. 企业产权、管理者背景特征与投资效率[J]. 管理世界,2011(1):135 - 144.

[19]李连华,张怡璐. 新闻曝光、政府干预与企业内部控制制度演进[J]. 财经论丛,2015(12):49 - 58.

[20]刘慧龙,吴联生. 制度环境、所有权性质与企业实际税率[J]. 管理世界,2014(4):42 - 52.

[21]刘欣华,吕萨萨. 管理者特征对上市公司避税行为的影响[J]. 北京工商大学学报(社会科学版),2015(4):49 - 57.

[22]刘启亮,罗乐,何威风,等. 产权性质、制度环境与内部控制[J]. 会计研究,2012(3):52 - 61,95.

[23]刘行,叶康涛. 企业的避税活动会影响投资效率吗[J]. 会计研究,2013(6):47 - 53,96.

[24]鲁倩,贾良定. 高管团队人口统计学特征、权力与企业多元化战略[J]. 科学学与科学技术管理,2009(5):181 - 187.

[25]卢洪友,张楠. 地方政府换届、税收征管与税收激进[J]. 经济管理,2016(2):160 - 168.

[26]罗党论,魏翥. 政治关联与民营企业避税行为研究:来自中国上市公司的经验证据[J]. 南方经济,2012(11):29 - 39.

[27]吕伟,陈丽花,隋鑫. 避税行为干扰了市场对信息的理解吗[J]. 山西财经大学学报,2011(10):13 - 20.

[28]盛明泉,吴琪,张春强. 管理层背景特征、薪酬激励与企业竞争力[J].

江西财经大学学报,2017(6):32 – 41.

[29]孙刚.税务稽查、公司避税与债务融资成本[J].山西财经大学学报,2013(3):78 – 89.

[30]赵渊贤,吴伟荣.企业外部规制影响内部控制有效性研究:来自中国上市公司的经验证据[J].中国软科学,2014(4):126 – 137.

[31]汪猛,徐经长.企业避税、通货膨胀预期与经营业绩[J].会计研究,2016(5):40 – 47,95.

[32]王分棉,张鸿.环境不确定性、高管特征与组织冗余:来自中国上市公司的证据[J].中央财经大学学报,2016(4):102 – 111.

[33]王静,郝东洋,张天西.税收规避、公司治理与管理者机会主义行为[J].山西财经大学学报,2014(3):77 – 89.

[34]王益民,王艺霖,程海东.高管团队异质性、战略双元与企业绩效[J].科研管理,2015(11):89 – 97.

[35]魏春燕.审计师行业专长与客户的避税程度[J].审计研究,2014(2):74 – 83.

[36]向锐,徐玖平,杨雅婷.审计委员会主任背景特征与公司内部控制质量[J].审计研究,2017(4):73 – 80.

[37]肖华,张国清.内部控制质量、盈余持续性与公司价值[J].会计研究,2013(5):73 – 80,96.

[38]肖挺,刘华,叶芃.高管团队异质性与商业模式创新绩效关系的实证研究:以服务行业上市公司为例[J].中国软科学,2013(8):125 – 135.

[39]谢建,唐国平,项雨柔.管理层能力、产权性质与企业避税[J].江西财经大学学报,2016(2):43 – 59.

[40]谢盛纹,田莉.CEO 权力、审计行业专长与税收激进度[J].审计与经济研究,2014(5):31 – 39.

[41]徐昭.高管特征、激励机制与行为选择:基于并购企业价值创造视角[J].现代财经,2017(11):74 – 87.

[42]余怒涛,范书梦,郑延.高管团队特征、环境绩效与公司价值:基于中国化工行业上市公司的实证研究[J].财务研究,2017(2):68 – 78.

[43]张玲,朱婷婷.税收征管、企业避税与企业投资效率[J].审计与经济研

究,2015(2):83-92.

[44]张兆国,刘亚伟,亓小林.管理者背景特征、晋升激励与过度投资研究[J].南开管理评论,2013(4):32-42.

[45]郑建明,孙诗璐,靳小锋.盈余质量、CEO背景特征与股价崩盘风险[J].财经问题研究,2018(12):82-89.

[46]郑军,林钟高,彭琳.产权性质、治理环境与内部控制的治理效应:来自中国上市公司的经验证据[J].财经理论与实践,2014(2):73-78.

[47]朱晋伟,彭瑾瑾.高管团队特征对企业绩效的影响研究:基于国际化程度的调节效应[J].软科学,2017(6):81-85,95.

[48]廖义刚.环境不确定性、内部控制质量与持续经营审计意见:来自财务困境上市公司的经验证据[J].财经论丛,2015(9):50-58.

[49]林钟高,陈俊杰.终极控制人性质、内部控制缺陷与企业风险[J].财经理论与实践,2016(4):84-92.

[50]李颖琦,陈春华,俞俊利.我国上市公司内部控制评价信息披露:问题与改进:来自2011年内部控制评价报告的证据[J].会计研究,2013(8):62-68.

[51]周继军,张旺峰.内部控制、公司治理与管理者舞弊研究:来自中国上市公司的经验证据[J].中国软科学,2011(8):141-154.

[52]方红星,刘丹.内部控制质量与审计师变更:来自我国上市公司的经验证据[J].审计与经济研究,2013(2):16-24.

[53]黄政,吴国萍.内部控制质量与股价崩盘风险:影响效果及路径检验[J].审计研究,2017(4):48-55.

[54]李越冬,刘伟伟.内部控制重大缺陷影响因素分析[J].会计之友,2014(15):86-94.

[55]孙海法,姚振华,严茂胜.高管团队人口统计特征对纺织和信息技术公司经营绩效的影响[J].南开管理评论,2006(6):61-67.

[56]林新奇,蒋瑞.高层管理团队特征与企业财务绩效关系的实证研究[J].浙江大学学报(人文社会科学版),2011(3):190-197.

[57]任颋,王峥.女性参与高管团队对企业绩效的影响:基于中国民营企业的实证研究[J].南开管理评论,2010(5):81-91.

[58]吴德军,黄丹丹.高管特征与公司环境绩效[J].中南财经政法大学学

报,2013(5):109-114.

[59]魏立群,王智慧.我国上市公司高管特征与企业绩效的实证研究[J].南开管理评论,2002(4):16-22.

[60]佟爱琴,邵鑫,杜旦.高管特征与公司绩效相关性研究:基于国有与非国有控股上市公司的对比[J].科学学与科学技术管理,2012(1):166-172.

[61]贺远琼,杨文.高管团队特征与企业多元化战略关系的 Meta 分析[J].管理学报,2010(1):91-97.

[62]康艳玲,黄国良,陈克兢.高管特征对研发投入的影响:基于高技术产业的实证分析[J].科技进步与对策,2011(8):147-151.

[63]罗红霞,李红霞,刘璐.公司高管个人特征对企业绩效的影响:引入中介变量:投资效率[J].经济问题,2014(1):110-114.

[64]卢馨,张乐乐,李慧敏,等.高管团队背景特征与投资效率:基于高管激励的调节效应研究[J].审计与经济研究,2017(2):66-77.

[65]何威风,刘启亮.我国上市公司高管背景特征与财务重述行为研究[J].管理世界,2010(7):144-155.

[66]顾亮,刘振杰.我国上市公司高管背景特征与公司治理违规行为研究[J].科学学与科学技术管理,2013(2):152-164.

[67]杜兴强,赖少娟,裴红梅.女性高管总能抑制盈余管理吗:基于中国资本市场的经验证据[J].会计研究,2017(1):39-45,95.

[68]张兆国,刘永丽,谈多娇.管理者背景特征与会计稳健性:来自中国上市公司的经验证据[J].会计研究,2011(7):11-18,97.

[69]周业安,程栩,郭杰.高管背景特征与资本结构动态调整:国际比较与中国经验[J].经济理论与经济管理,2012(11):11-12.

[70]曾三云,刘文军,龙君.制度环境、CEO 背景特征与现金持有量[J].山西财经大学学报,2015(4):57-66.

[71]王士红.所有权性质、高管背景特征与企业社会责任披露:基于中国上市公司的数据[J].会计研究,2016(11):53-60,96.

[72]陈忠卫,常极.高管团队异质性、集体创新能力与公司绩效关系的实证研究[J].软科学,2009(9):78-83.

[73]谢凤华,姚先国,古家军.高层管理团队异质性与企业技术创新绩效关

系的实证研究[J].科研管理,2008(6):65-73.

[74]周晓惠,田蒙蒙,聂浩然.高管团队异质性、盈余管理与企业绩效[J].南京审计大学学报,2017(3):75-85.

[75]杨林.高管团队异质性、企业所有制与创业战略导向:基于中国中小企业板上市公司的经验证据[J].科学学与科学技术管理,2013(9):159-171.

[76]马富萍,郭晓川.高管团队异质性与技术创新绩效的关系研究:以高管团队行为整合为调节变量[J].科学学与科学技术管理,2010(12):186-191.

[77]孟晓华,曾赛星,张振波,等.高管团队特征与企业环境责任:基于制造业上市公司的实证研究[J].系统管理学报,2012(11):825-834.

[78]张诚,赵剑波.高管团队异质性、企业所有制与海外股权并购[J].北京工商大学学报(社会科学版),2012(2):55-61.

[79]池国华,杨金,邹威.高管背景特征对内部控制质量的影响研究:来自中国A股上市公司的经验证据[J].会计研究,2014(11):67-74.

[80]杨瑞平,梁张颖.高管团队背景特征对内部控制影响研究:来自房地产上市公司的证据[J].经济问题,2016(9):102-106.

[81]刘进,池趁芳.高管团队特征、薪酬激励对内部控制质量影响的实证研究:来自创业板上市公司的经验数据[J].工业技术经济,2016(2):60-67.

[82]李端生,周虹.高管团队特征、垂直对特征差异与内部控制质量[J].审计与经济研究,2017(2):24-34.

[83]蔡宏标,饶品贵.机构投资者、税收征管与企业避税[J].会计研究,2015(10):59-65,97.

[84]郑红霞,韩梅芳.基于不同股权结构的上市公司税收筹划行为研究:来自中国国有上市公司和民营上市公司的经验证据[J].中国软科学,2008(9):122-131.

[85]吴联生.国有股权、税收优惠与公司税负[J].经济研究,2009(10):109-120.

[86]彭韶兵,王伟.上市公司"出身"与税收规避[J].宏观经济研究,2011(1):41-49.

[87]曹书军,刘星,张婉君.财政分权、地方政府竞争与上市公司实际税负[J].世界经济,2009(4):69-83.

[88]刘行,李小荣.金字塔结构、税收负担与企业价值:基于地方国有企业的证据[J].管理世界,2012(8):91-105.

[89]代彬,彭程,刘星.高管控制权、审计监督与激进避税行为[J].经济管理,2016(3):67-79.

[90]范子英,田彬彬.税收竞争、税收执法与企业避税[J].经济研究,2013(9):99-111.

[91]徐业坤,钱先航,李维安.政治不确定性、政治关联与民营企业投资:来自市委书记更替的证据[J].管理世界,2013(5):116-130.

[92]田高良,司毅,韩洁,等.媒体关注与税收激进:基于公司治理视角的考察[J].管理科学,2016(2):104-121.

[93]陈冬,唐建新.机构投资者持股、避税寻租与企业价值[J].经济评论,2013(6):133-143.

[94]颜淑姬.家族企业公司治理、税收规避与企业价值:基于代理理论框架的分析[J].财政监督,2015(8):54-61.

[95]孔梦茹.避税与股价崩盘风险:来自上市公司的经验证据[D].杭州:浙江大学,2023.

[96]廖歆欣,刘运国.企业避税、信息不对称与管理层在职消费[J].南开管理评论,2016(2):87-99.

[97]黄蓉,易阳,宋顺林.税率差异、关联交易与企业价值[J].会计研究,2013(8):47-53.

[98]刘华,张天敏,徐建斌.高管个人特征与公司税负[J].税务与经济,2012(4):58-64.

[99]訾豪.管理者短视主义对企业避税行为的影响研究[D].上海:上海师范大学,2023.

[100]王娜,叶玲.管理者过度自信、产权性质与税收规避:基于我国上市公司的经验证据[J].山西财经大学学报,2013(6):81-90.

[101]黄旭,徐朝霞,李卫民.中国上市公司高管背景特征对企业并购行为的影响研究[J].宏观经济研究,2013(10):67-73,113.

[102]徐长福.何谓异质性:从定义的指谓分析来看[J].求是学刊,2013(4):15-22.

[103] 金鑫,俞俊利.政府治理、终极控制与上市公司税收激进行为[J].中南财经政法大学学报,2015(5):117-125,160.

[104] 李超,田高良.上市公司内部控制质量与权益资本成本关系研究[J].中国注册会计师,2011(9):61-65.

[105] 杨玉凤,王火欣,曹琼.内部控制信息披露质量与代理成本相关性研究:基于沪市2007年上市公司的经验数据[J].审计研究,2010(1):82-88,46.

[106] 毛洁.内部控制、资本结构与代理成本:基于创业板上市公司的实证研究[J].财会通讯,2012(6):87-90.

[107] 彭桃英,汲德雅.媒体监督、内部控制质量与管理层代理成本[J].财经理论与实践,2014(2):61-65.

[108] 曹晓丽,甘日香.内部控制、企业避税与企业价值:基于我国A股上市公司的实证研究[J].财会通讯,2016(27):76-78,104.

[109] 李维安,戴文涛.公司治理、内部控制、风险管理的关系框架:基于战略管理视角[J].审计与经济研究,2013(4):3-12.

[110] 徐经长,王胜海.核心高管特征与公司成长性关系研究:基于中国沪深两市上市公司数据的经验研究[J].经济理论与经济管理,2010(6):58-65.

[111] 刘兵,刘佳鑫,李奕芳.高管团队异质性与企业绩效的关系:管理自主权的调节作用[J].科技管理研究,2015(11):147-153.

[112] 李正卫,张萍萍,李孝缪,等.高管团队异质性对企业绩效的影响:以我国IT产业上市公司为例[J].浙江工业大学学报(社会科学版),2011(3):254-258,318.

[113] 周建,李小青.董事会认知异质性对企业创新战略影响的实证研究[J].管理科学,2012(6):1-12.

[114] 赵丙艳,葛玉辉,刘喜怀.高管团队异质性、行为整合对决策绩效的影响:基于我国物流企业的实证研究[J].中国流通经济,2015(7):54-60.

[115] 彭效冉,许浩然.产品市场势力对公司避税行为的影响[J].山西财经大学学报,2016(11):70-80.

[116] 郭葆春,张丹.中小创新型企业高管特征与R&D投入行为研究:基于高阶管理理论的分析[J].证券市场导报,2013(1):16-22,27.

[117] 范合君,叶胜然.中国女性领导者真的能够抑制企业过度投资吗:基

于经济周期不同阶段的实证研究[J].经济管理,2014(4):73-81.

[118] 王福胜,程富.管理防御视角下的CFO背景特征与会计政策选择:来自资产减值计提的经验证据[J].会计研究,2014(12):32-38.

[119] 顾慧君,杨忠.外部资源与企业转型:以高管团队异质性为调节变量的实证研究[J].东南大学学报(哲学社会科学版),2012(4):36-39,126-127.

[120] 李华晶,张玉利.高管团队特征与企业创新关系的实证研究:以科技型中小企业为例[J].商业经济与管理,2006(5):9-13.

[121] 王雪莉,马琳,王艳丽.高管团队职能背景对企业绩效的影响:以中国信息技术行业上市公司为例[J].南开管理评论,2013(4):80-93.

[122] 张艺琼,冯均科.合约特征、高管股权激励与公司内部控制有效性:基于倾向得分匹配法的实证检验[J].山西财经大学学报,2018(4):86-100.

[123] 徐亚琴,翟胜宝,汪顺.企业诚信文化与内部控制有效性:基于A股上市公司的实证研究[J].财务研究,2018(1):12-23.

[124] ARMSTRONG C S,BLOUIN J L,LARCKER D F. The incentives for tax planning[J]. Journal of accounting and economics,2012,53(1-2):391-411.

[125] ASHBAUGH-SKAIFE H,COLLINS D W,LAFOND R. The effect of SOX internal control deficiencies on firm risk and cost of equity[J]. Journal of accounting research,2009,47(1):1-43.

[126] ASHBAUGH-SKAIFE H,COLLINS D W,KINNEY W R Jr,et al. The effect of SOX internal control deficiencies and their remediation on accrual quality[J]. Accounting review,2008,83(1):217-250.

[127] BADERTSCHER B A,KATZ S P,REGO S O. The separation of ownership and control and corporate tax avoidance[J]. Journal of accounting and economics,2013,56(2-3):228-250.

[128] BANTEL K A,JACKSON S E. Top management and innovations in banking:does the composition of the top team make a difference[J]. Strategic management journal,1989,10(1):107-124.

[129] BARKER V L,MUELLER G C. CEO characteristics and firm R&D spending[J]. Management science,2002,48(6):782-801.

[130] BENEISH M D,BILLINGS M B,HODDER L D. Internal control weak-

nesses and information uncertainty[J]. The accounting review,2008,83(3):665 - 703.

[131]BENEISH M D,YOHN T L. Information friction and investor home bias: a perspective on the effect of global IFRS adoption on the extent of equity home bias [J]. Journal of accounting and public policy,2008,27(6):433 - 443.

[132]BOEKER W. Strategic change: the influence of managerial characteristics and organizational growth[J]. Academy of management journal,1997,40(1): 152 - 170.

[133]BOONE C,OLFFEN W V,WITTELOOSTUIJN A V,et al. The genesis of top management team diversity: selective turnover among top management teams in Dutch newspaper publisher industry,1970 - 1994[J]. Academy of management journal,2004,47(5):633 - 656.

[134]BRONSON S N,CARCELLO J V,RAGHUNANDAN K. Firm characteristics and voluntary management reports on internal control[J]. Auditing,2006,25 (2):25 - 39.

[135]BUYL T,BOONE C,HENDRIKS W,et al. Top management team functional diversity and firm performance: the moderating role of CEO characteristics[J]. Journal of management studies,2011,48(1):151 - 177.

[136]CAMELO-ORDAZ C,HERNANDEZ-LARA A B,VALLE-CABRERA R. The relationship between top management teams and innovative capacity in companies[J]. Journal of management development,2005,24(8):683 - 705.

[137]CANNELLA A A,PARK J H,LEE H U. Top management team functional background diversity and firm performance: examining the roles of team member colocation and environmental uncertainty [J]. Academy of management journal, 2008,51(4):768 - 784.

[138]CARPENTER M A. Research notes and commentaries: the implications of strategy and social context for the relationship between top management team heterogeneity and firm performance[J]. Strategic management journal,2002,23(3): 275 - 284.

[139]CARPENTER M A,GELETKANYCZ M A,SANDERS W G. Upper ech-

elons research revisited: antecedents, elements, and consequences of top management team composition[J]. Journal of management, 2004, 30(6): 749 – 778.

[140] CERTO S T, LESTER R H, DALTON C M, et al. Top management teams, strategy and financial performance: a meta-analytic examination[J]. Journal of management studies, 2006, 43(4): 813 – 839.

[141] CHAN K C, FARRELL B, LEE P. Earnings management of firms reporting material internal control weaknesses under section 404 of the Sarbanes-Oxley Act[J]. Auditing, 2008, 27(2): 161 – 179.

[142] CHEN H L, HSU W T, HUANG Y S. Top management team characteristics, R&D investment and capital structure in the IT industry[J]. Small business economics, 2010, 35(3): 319 – 333.

[143] CHENG C S A, HUANG H H, LI Y H, et al. The effect of hedge fund activism on corporate tax avoidance[J]. Accounting review, 2012, 87(5): 1493 – 1526.

[144] CHEN K P, CHU C Y C. Internal control versus external manipulation: a model of corporate income tax evasion[J]. Rand journal of economics, 2005, 36(1): 151 – 164.

[145] CHEN S P, CHEN X, CHENG Q, et al. Are family firms more tax aggressive than non-family firms[J]. Journal of financial economics, 2010, 95(1): 41 – 61.

[146] CLARK E, SOULSBY A. Understanding top management and organizational change through demographic and processual analysis[J]. Journal of management studies, 2007, 44(6): 932 – 954.

[147] COHEN D A, DEY A, LYS T Z. Real and accrual-based earnings management in the pre-and post-Sarbanes-Oxley periods[J]. Accounting review, 2008, 83(3): 757 – 787.

[148] DESAI M A, DHARMAPALA D. Corporate tax avoidance and firm value[J]. The review of economics and statistics, 2009, 91(3): 537 – 546.

[149] DESAI M A, DHARMAPALA D. Corporate tax avoidance and high-powered incentives[J]. Journal of financial economics, 2006, 79(1): 145 – 179.

[150] DESAI M A, DYCK A, ZINGALES L. Theft and taxes[J]. Journal of fi-

nancial economics,2007,84(3):591-623.

[151] DONOHOE M P,KNECHEL W R. Does corporate tax aggressiveness influence audit pricing[J]. Contemporary accounting research,2014,31(1):284-308.

[152] DOYLE J T,GE W L,MCVAY S. Accruals quality and internal control over financial reporting[J]. The accounting review,2007,82(5):1141-1170.

[153] DOYLE J,GE W L,MCVAY. Determinants of weaknesses in internal control over financial reporting[J]. Journal of accounting and economics,2007(11):193-223.

[154] DYRENG S D,HANLON M,MAYDEW E L. The effects of executives on corporate tax avoidance[J]. The accounting review,2010,85(4):1163-1189.

[155] DYRENG S D,HANLON M,MAYDEW E L. Long-run corporate tax avoidance[J]. The accounting review,2008,83(1):61-82.

[156] FELDSTEIN M. Tax avoidance and the deadweight loss of the income tax[J]. Review of economics and statistics,1999,81(4):674-680.

[157] FINKELSTEIN S,HAMBRICK D C. Strategic leadership:top executives and their effects on organizations[M]. Minneapolis:West Publishing Company,1996.

[158] FRANK M M,LYNCH L J,REGO S O. Tax reporting aggressiveness and its relation to aggressive financial reporting[J]. The accounting review,2009,84(2):467-496.

[159] GOH B W. Audit committees,boards of directors,and remediation of material weaknesses in internal control[J]. Contemporary accounting research,2009,26(2):549-579.

[160] GUPTA S,NEWBERRY K. Determinants of the variability in corporate effective tax rates:evidence from longitudinal data[J]. Journal of accounting and public policy,1997,16(1):1-34.

[161] HAMBRICK D C,CHO T S,CHEN M J. The influence of top management team heterogeneity on firms' competitive moves[J]. Administrative science quarterly,1996,41(4):659-684.

[162] HAMBRICK D C, MASON P A. Upper echelons: the organization as a reflection of its top managers[J]. Academy of management review, 1984, 9(2): 193-206.

[163] HAMBRICK D C. Upper echelons theory: an update[J]. Academy of management review, 2007, 32(2): 334-343.

[164] HALEBLIAN J, FINKELSTEIN S. Top management team size, CEO dominance, and firm performance: the moderating roles of environmental turbulence and discretion[J]. Academy of management journal, 1993, 36(4): 844-863.

[165] HANLON M, HEITZMAN S. A review of tax research[J]. Journal of accounting and economics, 2010, 50(2/3): 127-178.

[166] HANLON M, SLEMROD J. What does tax aggressiveness signal: evidence from stock price reactions to news about tax shelter involvement[J]. Journal of public economics, 2009, 93(1-2): 126-141.

[167] HIGGINS D, OMER T C, PHILLIPS J. D. The influence of a firm's business strategy on its tax aggressiveness[J]. Contemporary accounting research, 2015, 32(2): 674-702.

[168] HOITASH R, HOITASH U, JOHNSTONE K M. Internal control material weaknesses and CFO compensation[J]. Contemporary accounting research, 2012, 29(3): 768-803.

[169] KHURANA I K, MOSER W J. Institutional shareholders' investment horizons and tax avoidance[J]. Journal of the American Taxation Association, 2013, 35(1): 111-134.

[170] KIMBERLY J R, EVANISKO M J. Organizational innovation: the influence of individual, organizational, and contextual factors on hospital adoption of technological and administrative innovations[J]. Academy of management journal, 1981, 24(4): 689-713.

[171] KIM J B, LI Y H, ZHANG L D. Corporate tax avoidance and stock price crash risk: firm-level analysis[J]. Journal of financial economics, 2011, 100(3): 639-662.

[172] LANIS R, RICHARDSON G. Corporate social responsibility and tax ag-

gressiveness: an empirical analysis[J]. Journal of accounting and public policy, 2012,31(1):86-108.

[173] LEE H U, PARK J H. Top team diversity, internationalization and the mediating effect of international alliances[J]. British journal of management, 2006, 17(3):195-213.

[174] MANZON G B, PLESKO G A. The relation between financial and tax reporting measures of income[J]. Tax law review, 2002, 55(2):175-214.

[175] MCGUIRE S T, WAND D C, WILSON R J. Dual class ownership and tax avoidance[J]. The accounting review, 2014, 89(4):1487-1516.

[176] MICHEL J G, HAMBRICK D C. Diversification posture and top management team characteristics[J]. Academy of management journal, 1992, 35(1):9-37.

[177] MILLS L G. Book-tax differences and internal revenue service adjustments[J]. Journal of accounting research, 1998, 36(2):343-356.

[178] MINNICK K, NOGA T. Do corporate governance characteristics influence tax management[J]. Journal of corporate finance, 2010, 16(5):703-718.

[179] MURRAY A I. Top management group heterogeneity and firm performance[J]. Strategic management journal, 1989, 10(S1):125-141.

[180] NOGA T J, SCHNADER A L. Book-tax differences as an indicator of financial distress[J]. Accounting horizons, 2013, 27(3):469-489.

[181] OGNEVA M, SUBRAMANYAM K R, RAGHUNANDAN K. Internal control weakness and cost of equity: evidence from SOX section 404 disclosures[J]. The accounting review, 2007(5):1255-1297.

[182] PENG W Q, WEI K C J. Women executives and corporate investment: evidence from the S&P 1500[D]. Hong Kong: Hong Kong University of Science and Technology, 2007.

[183] PHILLIPS J D. Corporate tax-planning effectiveness: the role of compensation-based incentives[J]. The accounting review, 2003, 78(3):847-874.

[184] PORCANO T. Corporate tax rates: progressive, proportional or regressive[J]. Journal of the American Taxation Association, 1986, 8(1):17-31.

[185] REGO S O. Tax-avoidance activities of U. S. multinational corporations [J]. Contemporary accounting research,2003,20(4):805-833.

[186] REGO S O,WILSON R. Equity risk incentives and corporate tax aggressiveness[J]. Journal of accounting research,2012,50(3):775-810.

[187] RICHARD O C,SHELOR R M. Linking top management team age heterogeneity to firm performance:juxtaposing two mid-range theories[J]. International journal of human resource management,2002,13(6):958-974.

[188] RICHARDSON G,TAYLOR G,LANIS R. The impact of board of director oversight characteristics on corporate tax aggressiveness:an empirical analysis [J]. Journal of accounting and public policy,2013,32(3):68-88.

[189] RICE S C,WEBER D P. How effective is internal control reporting under SOX 404:determinants of the disclosure of existing material weaknesses[J]. Journal of accounting research,2012,50(3):811-843.

[190] SLEMROD J. The economics of corporate tax selfishness[J]. National tax journal,2004,57(4):877-899.

[191] TAYLOR R N. Age and experience as determinants of managerial information processing and decision making performance[J]. Academy of management journal,1975,18(1):74-81.

[192] TIHANYI L,ELLSTRAND A E,DAILY C M,et al. Composition of the top management team and firm international diversification[J]. Journal of management,2000,26(6):1157-1177.

[193] WIERSEMA M F,BANTEL K A. Top management team demography and corporate strategic change[J]. Academy of management journal,1992,35(1):91-121.

[194] WILSON R. An examination of corporate tax shelter participants[J]. The accounting review,2009,84(3):969-999.

[195] YIM S. The acquisitiveness of youth:CEO age and acquisition behavior [J]. Journal of financial economics,2013,108(1):250-273.

后　　记

　　终于写至"后记",博士论文初成。回顾读博的学习经历与论文写作的过程,心中不由百感交集。读博于我而言,是人生中的一个重大抉择。在读博期间,我受到了太多人的谆谆教诲与默默支持。

　　感谢恩师刘骏教授。当初您不嫌我资质平庸,将我招至门下,引领我进入科研的殿堂。在我求学期间,您不但教我研究学问,还教我为人处世。博士论文从设计、写作至修改,无不凝结着您的心血。您渊博的学识、开阔的视野、独到的见解及高尚的人格让我受益终身。

　　感谢会计学院的张蕊教授、章卫东教授、蒋尧明教授、曹玉珊教授、周冬华教授、荣莉教授、彭晓洁教授、邹玲教授、廖义刚教授、熊家财副教授。感谢你们在课堂上授业解惑,让徘徊在学术门外的我能够一步步接近梦想,更感谢你们对我的论文提出宝贵且中肯的意见,让我的论文不断完善。感谢周贵文老师、查利曼老师在我读博期间无微不至地关心我和照顾我。

　　感谢王清博士、于海燕博士、唐衍军博士、罗西博士、肖洁博士、陈丹博士、罗国民博士、王信平博士等,在我求学的路上给予我帮助与支持。与你们交流让我颇受启迪,获益良多。那些日子里,大家一起探讨学术、感悟人生,这些将成为我人生中最美好、最快乐的记忆。

　　最后,感谢我的父母、姐姐与哥哥,感谢我的妻子。正是有了你们的理解、付出与支持,我才能够毫无后顾之忧,心无旁骛地专注于学业,追逐自己的梦想。你们的爱永远是我不忘初心、继续前进的动力。

付　春

二〇一九年十二月

于江财蛟桥园